China Ready!

China Ready! prepares students and independent learners to work in the hospitality and tourism industry for high-value tourism business coming from China to English-speaking countries. The book focuses on listening and speaking skills – essential skills for learners.

This book's features include the following:

- Important cultural and social awareness factors for interacting with clients from China
- Vocabulary
- Real-life scenarios
- Situational role playing and interactive listening
- Experiential exercises to encourage learning outside the classroom

The book is aimed at students who have attained the Common European Framework Reference (CEFR) A2 level and will bring them up to the CEFR B2/C1 level or 汉语水平考试 (HSK) 4/5.

Catherine Hua Xiang (项骅) is the East Asian language coordinator at the London School of Economics and Political Science (伦敦政经经济学院). She is also the programme director of the bachelor of science in international relations programme and the Chinese and UK director of LSE Confucius Institute for Business London. As an experienced academic leader and applied linguist in higher education, she is skilled in intercultural communication, translation, foreign languages, lecturing, TV, and public speaking. Her previous publications include *Mastering Chinese – The Complete Course for Beginners, Cases on Audio-visual Media in Language Education,* and *Teaching and Learning Chinese in Higher Education: Theoretical and Practical Issues*. Originally from Shanghai, Catherine has been living and working in the UK for 20 years.

Xuan Lorna Wang (王暄) is the deputy head of the Department of Hospitality at the University of Surrey (萨里大学), where she also leads an executive course on hotel investment and asset management and supervises doctoral students. She earned her PhD at Oxford Brookes University and holds a visiting professorship at the University of Angers, France. Lorna is a senior fellow of Higher Education Academy and fellow of the Hospitality Professional Association. She serves on the editorial boards of leading international journals, including the *International Journal of Contemporary Hospitality Management;* the *Journal of Hospitality and Tourism Research;* the *Journal of Revenue and Pricing Management;* and the *Service Industries Journal.*

'Chinese is the most spoken language in the world and China has become the dominant source market for many destinations worldwide. Learning a language is the first step to understand another culture. It's time to have a book on Chinese for hospitality and tourism! Both current and future industry professionals would benefit from learning a few sentences from this book. Speak to impress!'

— *Cathy Hsu*, *PhD, Chair Professor, School of Hotel and Tourism Management, The Hong Kong Polytechnic University*

'There are quite a few beginners' books to help foreign visitors who go to visit China. With an increasing number of Chinese visitors coming to the UK and the West, people working in hotels, restaurants, shops, tourist attractions, etc. where Chinese visitors go may want to learn some Chinese in order to provide better service to their Chinese customers. What beginners' book would they start with? Hardly any on the market in the past. But they can stop searching now. *China Ready! Chinese for Hospitality and Tourism* is for them. This textbook covers the most common occasions and situations in places where Chinese visitors may need service and assistance. This user-friendly textbook provides useful phrases and expressions, pinyin and character texts, and, more importantly, cultural awareness tips which will help users of the book to enhance the service and assistance they provide to Chinese visitors.'

— *Lianyi Song*, *Principal Teaching Fellow, Department of East Asian Languages and Cultures, SOAS, University of London*

China Ready!

Chinese for Hospitality and Tourism

**Catherine Hua Xiang and
Xuan Lorna Wang**

Routledge
Taylor & Francis Group

LONDON AND NEW YORK

First published 2022
by Routledge
2 Park Square, Milton Park, Abingdon, Oxon OX14 4RN

and by Routledge
605 Third Avenue, New York, NY 10158

Routledge is an imprint of the Taylor & Francis Group, an informa business

© 2022 Catherine Hua Xiang and Xuan Lorna Wang

British Library Cataloguing-in-Publication Data
A catalogue record for this book is available from the British Library

Library of Congress Cataloging-in-Publication Data
Names: Xiang, Catherine Hua, author. | Wang, Xuan Lorna, author.
Title: China ready! : Chinese for hospitality and tourism / Catherine Hua Xiang,
    Xuan Lorna Wang.
Description: London ; New York : Routledge, 2020.
Identifiers: LCCN 2020032563 (print) | LCCN 2020032564 (ebook) |
    ISBN 9781138480315 (hardback) | ISBN 9781138480322 (paperback) |
    ISBN 9781351063180 (ebook)
Subjects: LCSH: Chinese language—Conversation and phrase books—English. |
    Chinese language—Conversation and phrase books (for restaurant and hotel
    personnel) | Chinese language—Conversation and phrase books (for tourism
    industry employees) | Chinese language—Spoken Chinese.
Classification: LCC PL1125.E6 X525 2020 (print) | LCC PL1125.E6 (ebook) |
    DDC 495.180071—dc23
LC record available at https://lccn.loc.gov/2020032563
LC ebook record available at https://lccn.loc.gov/2020032564

ISBN: 978-1-138-48031-5 (hbk)
ISBN: 978-1-138-48032-2 (pbk)
ISBN: 978-1-351-06318-0 (ebk)

Typeset in Times New Roman
by Apex CoVantage, LLC

Visit the eResources: www.routledge.com/9781138480322

To our readers who enjoy learning and travelling

Contents

Acknowledgements

We thank everyone who has been involved in the production of the book. First of all, we thank our editors, Andrea Hartill and Ellie Auton, and their colleagues at Routledge, Taylor & Francis Group, for their ongoing support and assistance throughout the production process. Our sincere thanks go to our reviewers for their feedback and Yunfeng Liu for her contribution to the audio production of this book. We also would like to thank our colleagues Xiaojie Guo, Yuanyuan Huang, and Yao He at the London School of Economics for their Chinese-language assistance. Finally, our special thanks go to our parents and our family for their love and support throughout the writing of this book.

Preface

Welcome to *China Ready! Chinese for Hospitality and Tourism*. This is a Chinese coursebook for intermediate learners for specific purposes. The aim of the course is to learn conversational skills so that you can navigate everyday situations in the hospitality and tourism industries. Building vocabulary and applying language use in contexts is the essence of this coursebook. Let's start this exciting journey!

China ready: our approach and the book's contents

China Ready! is for learners who have studied elementary Chinese for general purposes and who now wish to specialize. It can be used in a classroom setting or by independent learners. We want you to master the key expressions needed to interact with Mandarin-speaking hotel guests and tourists and to develop a good understanding of Chinese culture. Our approach is communicative, situation based and cultural.

Be China ready by getting the pronunciation right

We understand that tones can be challenging, even for intermediate learners. We think it is important to help you continue practising throughout the course, so we provide relevant words for each lesson. This allows you combine your need to improve your pronunciation and your need to build subject-specific vocabulary.

Be China ready by engaging in situational communication

The main focus of the course involves learning listening and speaking skills in hospitality and tourism industries. We have carefully designed a wide range of situational dialogues that you might encounter. There are also dozens of activities that aim to engage you in real-life communication and apply what you have learnt in your own contexts. Many activities encourage you to speak out loud, which is vital in becoming confident in Mandarin. Vocabulary is another important aspect of the course. Each new word is presented with an example sentence, with hospitality and tourism contexts in mind. The course does not focus on grammar, because we believe that you should have learnt the basic grammar that you need for this course.

Be China ready by setting priorities

The 'key expressions' sections of the book help you identify the most useful phrases and sentence patterns you need to learn. We break down the learning of these expressions into small chunks, starting from key words and working up to key phrases, the aim of which is to build your accuracy and fluency. You then learn how these key expressions are used in situational dialogues or texts. At the end of each lesson is a revision activity that requires you to engage in role play by using the key expressions in your own context again.

Be China ready by building cultural awareness

Understanding cultural differences is key to language learning. This is especially true when it comes to the hospitality and tourism industries, where you need to be customer and service oriented. There is a cultural tip section in every lesson of the book. We aim to build some essential cultural awareness so that you can effectively communicate with Chinese guests. Although reading and writing Chinese characters are nonessential for this course, we have kept Chinese characters throughout the course, for the benefit of interested learners. This book contains many cultural awareness tips (CATs) that serve as a bedrock for helping you to express politeness to Chinese people.

How to use this book and the accompanying online resources

Each lesson contains the following sections: **warm-up, key expressions, new words, situational dialogues, activities, texts** and monologues in the later chapters, and **cultural tips**. All the key expressions are followed by situational dialogues or texts in a themed manner. You choose how to work through it. For example, you can decide to focus on a particular situation that is more relevant or immediate to the roles and responsibilities you have at work and return to other parts of the book later on. Lesson 1 acts as a useful phrase chapter that you can refer back to from time to time.

For each activity, we specify the skills that we aim to help you practise. For example, some aim to develop **speaking** or **listening** skills or focus on **comprehension**, **vocabulary**, **grammar** (mainly sentence structure), and interactive activities such as **role play** and **interactive listening**. All the audio files are free for you to download from the website. These include transcripts of all listening activities, audio of the new words, and additional UNESCO site pronunciations (see Appendix).

Furthermore, we encourage learning beyond classroom settings. Each lesson offers an **experiential exercise**, which sets tasks for you to complete on your own. These exercises consolidate what you should learn from the coursebook and encourage you to apply and explore how language can be used in authentic situations.

Display of Pinyin

Please note the display of Pinyin in the book follows the Chinese convention in principle – i.e. the Pinyin is placed directly on top of each Chinese character. This is mostly applied at words or phrases level. However, there are places words are grouped for you as per English convention for the purpose of meeting the requirement of the page layout, such as at the sentence level or long dialogues/texts.

A note on the Chinese language used in the book

The Chinese that we teach in this book is Mandarin Chinese – the standard official language of mainland China. It is also spoken widely in Hong Kong, Taiwan, Singapore, and Malaysia. There will be regional differences in some word choices. However, we aim to cover the most commonly used expressions and words, which should be understood without difficulty when dealing with guests and tourists from all the regions and countries just mentioned.

A note on hotel and tourist contexts used in the book

We understand that hotel services and facilities vary. The coursebook aims to cover situations and services applying to most hotels, and we acknowledge that it is not possible to be fully inclusive. Similarly, different English-speaking nations have unique cultural heritages, local food and drinks and tourist attractions. For these reasons, we want you to focus on the key expressions and sentence patterns that can be applied to different settings, by changing your vocabulary accordingly. Although the majority of the situational dialogues and tourist sites are set in UK contexts, the language input in the book can be easily transferred to contexts in any other English-speaking nation.

Language learning becomes easier if it is practised. We hope this coursebook offers you the practical knowledge you can use every day. Enjoy the learning journey, and we wish you the best of luck with your studies.

Catherine Hua Xiang
Xuan Lorna Wang
April 2020, London

Lesson 1　日常礼貌用语
Polite daily expressions

Learning objectives

By the end of this lesson, you will be able to:

* Use the most common expressions and their linguistic functions, such as greeting, answering enquiries and apologizing
* Use polite titles to address guests
* Enhance cultural awareness on politeness in China

Warm-up

1　What polite expressions in Chinese do you already know?
2　What do you know about how politeness works in China?

Key expressions: greetings

🔊) Listen to and memorize the following key expressions:

Nín hǎo

1 您好!   Hello.

Nín zǎo

2 您早!   Good morning to you.

Méi wèn tí

3 没问题。   No problem.

Qǐng wèn

4 请问, xxx?   Excuse me, xxx?

Qǐng zuò

5 请坐。   Please sit down.

Qǐng shāo děng

6 请稍等。   Please wait a moment.

Méi guān xi

7 没关系。   That's ok. Not a problem.

Duì bu qǐ

8 对不起。   Sorry.

Bú yào jǐn

9　不要紧。　It's not a big deal.

Bié kè qi

10　别客气。　You're welcome.

Nín guì xìng

11　您贵姓?　What's your surname?

Dǎ rǎo nín le

12　打扰您了。　Sorry to bother you.

Xiè xie

13　谢谢。　Thank you.

Xià wǔ hǎo

14　下午好。　Good afternoon.

Wǎn shang hǎo

15　晚上好。　Good evening.

Wǎn ān

16　晚安。　Good night.

Zài jiàn

17　再见。　Goodbye.

Huān yíng nín zài lái

18　欢迎您再来。　Welcome back.

Nín màn zǒu

19　您慢走。　You take care (literally: you go slowly.)

Zhù nín yí lù píng ān

20　祝您一路平安。　Wishing you a safe journey.

yǔ yīn

a 语音 Phonetics

biàn yīn biàn dú

1 辨音辨读 Read aloud the following words, paying specific attention to the accuracy of your pronunciation and tone:

nín hǎo	méi wèn tí	qǐng zuò	qǐng shāo děng	méi guān xi
您好	没问题	请坐	请稍等	没关系

duì bu qǐ	bú yào jǐn	bié kè qi	xiè xie	xià wǔ hǎo	wǎn ān
对不起	不要紧	别客气	谢谢	下午好	晚安

zài jiàn
再见

lǎng dú

2 朗读 Read aloud the following phrases, paying specific attention to the fluency of your speech:

nín guì xìng	dǎ rǎo nín le	huān yíng nín zài lái	nín màn zǒu
您贵姓	打扰您了	欢迎您再来	您慢走

zhù nín yí lù píng ān
祝您一路平安

jù zi tì huàn liàn xí

b 句子替换练习 Substitution exercises

Work in pairs, and complete the following dialogue by substituting the underlined part of the dialogue with the given words:

Nín hǎo
1A 您好。

Nín zǎo
1B 您早。

Nín hǎo
您好

Zǎo shang hǎo
早上好

Xià wǔ hǎo
下午好

Wǎn shang hǎo
晚上好

Zài jiàn
2A 再见。

Nín màn zǒu
2B 您慢走。

Zài jiàn
再见

Huān yíng nín zài lái
欢迎您再来

Zhù nín yí lù píng ān
祝您一路平安

Activity 1: speaking – try to greet others by using polite expressions.

Activity 2: listening – listen to and complete the following dialogues.

Dialogue 1

Nín hǎo   Wǒ xiǎng yù dìng míng tiān de zǎo cān
A: 您好！我想预订明天的早餐。

Hǎo de qǐng wèn   Nín zhù jǐ hào fáng jiān
B: 好的, 请问 ____? 您住几号房间?

Qī líng èr hào fáng   Wǒ xìng Lǐ
A: 七零二号房。我姓李。

wǒ bāng nín dìng yí xia wèi zi Wèi zi dìng hǎo le
B: _____, 我帮您订一下位子。位子订好了。

Xiè xie
A: 谢谢！

B: _____ 。

Dialogue 2

Nǐ hǎo　néng bāng wǒ zhǎo yī gè　　　shǒu jī de chōng diàn qì ma
A: 你好，能帮我找一个　iPhone 手机的充电器吗?

mǎ shàng gěi nín
B: _____ ，马上给您。

Dialogue 3

Fēi cháng gǎn xiè nǐ men rè qíng de fú wù wǒ men zhè jiù qù jī chǎng le
A: 非常感谢你们热情的服务我们这就去机场了。

Bié kè qi
B: 别客气，_____ 。

Activity 3: comprehension – match each following Chinese expression with its English equivalent.

Qǐng zuò
1　请坐。　　　　　　　　A　Welcome back.

Dǎ rǎo nín le
2　打扰您了。　　　　　　B　It's not a big deal.

Bié kè qi
3　别客气。　　　　　　　C　You're welcome.

Nín màn zǒu
4　您慢走。　　　　　　　D　Please sit down.

Bú yào jǐn
5　不要紧。　　　　　　　E　Sorry to bother you.

Huān yíng nín zài lái
6　欢迎您再来。　　　　　F　Take care.

Key expressions: polite expressions of addressing people

🔊 Listen to and memorize the following key expressions:

nǚ shì
女士   madam; lady

xiān sheng
先生   sir; gentleman

fūrén
夫人   madam

tàitai
太太   wife; Mrs

xiǎojiě
小姐   miss

jīnglǐ
经理   manager

bùzhǎng
部长   minister

júzhǎng
局长   director of a bureau

zhǔrèn
主任   director

yǔ yīn
a 语音 Phonetics

Read aloud the following words, paying specific attention to the accuracy of your pronunciation and tone:

nǔ shì	xiānsheng	fū rén	tài tai	xiǎojiě	jīnglǐ
女士	先生	夫人	太太	小姐	经理

bùzhǎng	júzhǎng	zhǔrèn
部长	局长	主任

jù zi tì huàn liàn xí
b 句子替换练习 Substitution exercises

Work in pairs, and complete the following dialogue by substituting the underlined part of the dialogue with the given words:

Zhè wèi nǔ shì xìng Lín
1A 这位<u>女士</u>姓林。

Nín hǎo
1B 您好。

xiānshēng	fū rén	tài tai	xiǎojiě
先生	夫人	太太	小姐

Gěi nín jiè shào yí xia zhè shì wǒ men de jīng lǐ
2A 给您介绍一下,这是我们的<u>经理</u>。

Rèn shi nín hěn gāoxìng
2B 认识您很高兴。

bùzhǎng	júzhǎng	zhǔrèn
部长	局长	主任

The most common honorific titles are similar to the English titles of Mr, Sir, Mrs, Ms, Miss, and Madam, among others. Chinese titles, unlike English ones, always follow the name of the person, and they can stand alone. You can of course simply use 'guest' 客人 *kè ren* as a general term.

Men

- **Xiānshēng** 先生 (born first, Mr, Sir.): This is a term commonly used as a respectful form of address for all men, especially male law enforcement officials. Originally it was reserved for teachers and other professionals such as doctors and lawyers, but its use expanded during the Republic of China era to include all male members of society. It can either follow the surname or the given names (or courtesy name).

Women

- **Xiǎojiě** 小姐 (young woman/lady, Miss, Lady): this honorific was originally used to refer to young women and unmarried women. It follows the surname of the woman or can be used alone as a title of address. 小姐 indicates only that the birth name is being used and no longer refers to marital status. Today, however, in mainland China, it could be associated with a slang term for a female sex worker or be used in restaurants to address female servers, through verbal inflections of tone or other indications.
- **Tàitai** 太太 (Madam): this honorific is used to refer to married women. It is added after the surname of the husband or can be used alone as a title of address. It is used in familial and personal relations but completely absent in formal business contexts since it emphasizes age and marital bond.
- **Nǚshì** 女士 (Ms, Mrs): in proper usage, this honorific follows a married woman's birth name only – for example, Hillary Rodham 女士, not Hillary Clinton 女士. However, it is loosely used by those looking for a Chinese equivalent to 'Ms'. An older single woman is often addressed as 女士, but this term presumes that the woman is married.
- **Fūrén** 夫人 (Madam; Mrs): traditionally used to refer to a lady of high rank, the term has fallen into disuse since the late 20th century, except in formal contexts. For example, President Xi Jinping and Mrs Xi are addressed as 习近平主席和夫人 *xí jìn píng zhǔ xí hé fū rén*. Or one can translate women's names derived from the surname of their husbands; for example, in Chinese, Mrs Thatcher is called 撒切尔夫人 *sā qiè ěr fū rén*. It is used following the husband's full name or surname or can be used as a title on its own (e.g. Madame Chiang is 蒋(夫人) *jiǎng fū rén*). It can also be used to address female law enforcement officials.

Activity 4: translation – translate the following sentences into English.

Wǒ men jiǔ diàn yǒu zhuān mén wéi nǚ shì tí gòng de dǎ chē fú wù

1 我们酒店有专门为女士提供的打车服务。

Xiān sheng nín hǎo   qǐngwèn jǐ wèi

2A 先生您好,请问几位?

Liǎng wèi   wǒ hé wǒ de tài tai

2B 两位 ,我和我的太太。

Zhāng jīng lǐ huì hé tā de fū rén yì qǐ lái cān jiā wǎn yàn

3 张经理会和他的夫人一起来参加晚宴。

de zhōngwén yì si shì xiǎojiě

4 Miss的中文意思是小姐。

Xiān sheng shì duì nán shì de zūn chēng

5 先生是对男士的尊称。

Dì èr pái zhōng jiān nà wèi shì wǒ men gōng sī de dǒng shì zhǎng

6 第二排中间那位是我们公司的董事长。

Key expressions: enquiries and answers

🔊 Listen to and memorize the following key expressions:

Nín yǒu shén me shì qing

1 您有什么事情? How can I help you?

Wǒ néng wéi nín zuò diǎn shén me

2 我能为您做点什么? Is there anything I can do for you?

Nín hái yǒu bié de xū yào ma

3　您还有别的需要吗？ Is there anything else I can help with?

Zhè huì dǎ rǎo nín ma

4　这会打扰您吗？ Will this disturb you?

Nín xūyào　　　ma

5　您需要 xxx 吗？ Do you need xxx/need to xxx?

Nín xǐhuan　　　ma

6　您喜欢 xxx 吗？ Do you like xxx?

Nín nénggòu　　　ma

7　您能够 xxx 吗？ Can you xxx?

Qǐng nín jiǎng màn yì diǎn

8　请您讲慢一点。Could you please speak more slowly?

Qǐng nín zài chóng fù yí biàn hǎo ma

9　请您再重复一遍好吗？ Could you please repeat that?

Hǎo de

10　好的。OK.

Shì de

11　是的。That's right.

Wǒ míng bai le

12　我明白了。I got it.

Shì wǒ yīng gāi zuò de

13　是我应该做的。This is what I am here for.

Wǒ mǎ shàng qù bàn

14　我马上去办。I will take care of this immediately.

Bù　　yìdiǎn dōu bù má fan

15　不，一点都不麻烦。No trouble at all.

Fēi cháng gǎn xiè

16　非常感谢！Thank you so much.

Xiè xie nín de hǎo yì

17　谢谢您的好意。Thank you for your kindness.

yǔ yīn

a 语音 Phonetics

biàn yīn biàn dú

1 辨音辨读 Read aloud the following words, paying specific attention to the accuracy of your pronunciation and tone:

shì qing	xū yào	xǐ huan	néng gòu	chóng fù	míng bai
事情	需要	喜欢	能够	重复	明白

yīng gāi	mǎ shàng	má fan	gǎn xiè
应该	马上	麻烦	感谢

lǎng dú

2 朗读 Read aloud the following phrases, paying specific attention to the fluency of your speech:

yǒu shén me shì qing	hái yǒubié de xū yào	qǐng jiǎng màn yì diǎn
有什么事情	还有别的需要	请讲慢一点

qǐng zài chóng fù yí biàn	mǎ shàng qù bàn	xiè xie nín de hǎo yì
请再重复一遍	马上去办	谢谢您的好意

jù zi tì huàn liàn xí

b 句子替换练习 Substitution exercises

Work in pairs, and complete the following dialogue by substituting the underlined part of the dialogue with the given words:

Nín xū yào kā fēi ma

1A 您需要咖啡吗？

Xū yào   xiè xie

1B 需要，谢谢。

chá	miànbāo	kě lè	tāng	shuǐ	zhǐjīn
茶	面包	可乐	汤	水	纸巾

Nín yǒu shén me shì qing

2A 您有什么事情？

wǒ xiǎng yào yī bēi hóng chá

2B 我想要一杯红茶。

Wǒ néng wéi wéi nín zuò diǎn shén me

我 能 为 您 做 点 什 么

Nín hái yǒu bié de xū yào ma

您还有别的需要吗

New words

dǎ rǎo

打扰　v.　to disturb; to interrupt

Duì bu qǐ dǎ rǎo nín xiū xi le

对不起打扰您休息了。

xū yào

需要　v.　need; to need

Nín xūyào wǒ zuò xiē shénme

您需要我做些什么？

néng gòu

能够　v.　can/be able to

Wǒ xiāng xìn wǒ de yuàn wàng yí dìng néng gòu shí xiàn

我 相 信 我 的 愿 望 一 定 能 够 实 现。

chóng fù

重复　v.　repeat

Nín kěyǐ zài chóngfù yí biàn ma

您可以再重复一遍吗？

míng bai

明白　v.　understand

Nín de yìsi wǒ míng bai le

您的意思我明白了。

yīnggāi

应该　aux.　should

Nǐ yīng gāi zǎo yì diǎn dào

你应该早一点到。

mǎshàng

马上 adv.   immediately

Nín fàngxīn   wǒ mǎshàng jiù wánchéng

您 放 心 , 我 马 上 就 完 成 。

má fan

麻 烦   v.   trouble; to trouble

Jīn tiān zhēn de shì tài má fan nǐ le

今 天 真 的 是 太 麻 烦 你 了 。

fēi cháng

非 常   adv. very; extremely

Nǐ men jiǔ diàn de fú wù fēi cháng zhōu dào

你 们 酒 店 的 服 务 非 常 周 到 。

gǎn xiè

感 谢   v.   to thank

Gǎn xiè nǐ men rè qíng de fú wù

感 谢 你 们 热 情 的 服 务 。

hǎo yì

好 意 n.   kindness

Xiè xie nín de hǎo yì

谢 谢 您 的 好 意 。

Activity 5: speaking – construct a short dialogue of making a request and offering help, using the new words and grammar you have learnt.

Activity 6: comprehension – match each following Chinese sentence with its English equivalent.

Wǒ xiāng xìn wǒ de yuàn wàng yí dìng néng gòu shí xiàn

1 我 相 信 我 的 愿 望 一 定 能 够 实 现 。

Jīn tiān zhēn de shì tài má fan nǐ le

2 今 天 真 的 是 太 麻 烦 你 了 。

Nín kěyǐ zài chóngfù yí biàn ma

3 您可以再重复一遍吗？

Nǐ yīng gāi zǎo yì diǎn dào

4 你应该早一点到。

Nín fàngxīn　wǒ mǎshàng jiù wánchéng

5 您放心，我马上就完成。

Nín de yìsi wǒ míngbai le

6 您的意思我明白了。

A　I understand what you mean.
B　You should arrive earlier.
C　It's really too much trouble for you today.
D　I believe that my wishes will come true.
E　Don't worry, I will finish it right away.
F　Can you please repeat it again?

Key expressions: apologizing

🔊 Listen to and memorize the following key expressions:

Zhè shì wǒ de guò cuò

1 这是我的过错。　It's my fault.

Dǎ rǎo nín le

2 打扰您了。　Sorry to disturb you.

Shì wǒ gōng zuò mǎ hu le   yídìng gǎizhèng

3 是我工作马虎了，一定改正。 It's my oversight. It won't happen again.

Zhè wán quán shì wǒ gōng zuò shàng de shī wù

4 这完全是我工作上的失误。 It's totally my fault.

Zhēn bù hǎo yì si   ràng nín shòu lèi le

5 真不好意思，让您受累了。 I am really sorry I have tired you.

Duì bu qǐ   ràng nín jiǔ děng le

6 对不起，让您久等了。 Sorry to keep you waiting.

Fēi cháng bào qiàn   gāng cái shì wǒ shuōcuò le

7 非常抱歉 ，刚才是我说错了。 My apologies. I said it wrong.

Gāng cái de tán huà qǐng nín néng liàng jiě

8 刚才的谈话请您能谅解。 I hope you would forgive me for the conversation just now.

Shì wǒ gǎo cuò le   xiàng nín dàoqiàn

9 是我搞错了，向您道歉。 I made a mistake. My apologies to you.

Shuō huà bú dàng   shǐdé nín bù yúkuài   qǐng liàngjiě

10 说话不当，使得您不愉快，请谅解。 Please forgive me for my inappropriate comments. I don't mean to upset you.

Shí zài duì bu qǐ

11 实在对不起。 Really sorry.

Nín tí de yìjiàn hěnhǎo   wǒmen yídìng cǎinà bìng gǎijìn gōngzuò

12 您提的意见很好，我们一定采纳并改进工作。

Thank you for your suggestion. We will definitely take it into consideration and improve what we do.

yǔ yīn

a 语音 Phonetics

biàn yīn biàn dú

1 **辨音辨读** Read aloud the following words, paying specific attention to the accuracy of your pronunciation and tone:

guò cuò	dǎ rǎo	mǎ hu	gǎizhèng	shī wù	tán huà
过错	打扰	马虎	改正	失误	谈话

liàng jiě	dàoqiàn	yúkuài	cǎinà	gǎijìn	
谅解	道歉	愉快	采纳	改进	

lǎng dú

2　朗读　Read aloud the following phrases, paying specific attention to the fluency of your speech:

dǎ rǎo nín le
打扰您了

yídìng gǎizhèng
一定改正

ràng nín shòu lèi le
让您受累了

ràng nín jiǔ děng le
让您久等了

qǐng nín néng liàng jiě
请您能谅解

shuō huà bú dàng
说话不当

yídìng cǎinà
一定采纳

gǎijìn gōngzuò
改进工作

jù zi tì huàn liàn xí

b 句子替换练习 Substitution exercises

Work in pairs, and complete the following dialogue by substituting the underlined part of the dialogue with the given words:

Nǐ men zhè yàng de xíng wéi tài lìng rén shēng qì le
1A　你们这样的行为太令人生气了。

Zhè shì wǒ de guò cuò
1B　这是我的过错。

Shì wǒ gōng zuò mǎ hu le   yídìng gǎizhèng
是我工作马虎了 ，一定改正

Zhè wán quán shì wǒ gōng zuò shàng de shī wù
这完全是我工作上的失误

Zhēn bù hǎo yì si   ràng nín shòu lèi le
真不好意思，让您受累了

Duì bu qǐ   ràng nín jiǔ děng le
对不起，让您久等了

Shí zài duì bu qǐ
实在对不起

Nǐ men de fú wù tài du bù hǎo
2A　你们的服务态度不好。

Shí zài duì bu qǐ
2B　实在对不起。

Shuō huà bú dàng   shǐdé nín bù yúkuài   qǐng liàngjiě
说 话 不 当，使得 您 不愉快，请 谅解
Fēi cháng bào qiàn   gāng cái shì wǒ shuōcuò le
非 常 抱 歉，刚 才 是 我 说错 了
Nín tí de yìjiàn hěn hǎo   wǒmen yídìng cǎinà bìng gǎijìn gōngzuò
您 提 的 意见 很 好，我们 一定 采纳 并 改进 工作

🔊 *New words*

shí zài
实在 adv. really
Nǐ men jiǔ diàn de huán jìng shí zài tài bàng le
你们 酒店 的 环境 实在 太棒 了。

guòcuò
过错 n. fault
Zhè bú shì tā yí gè rén de guò cuò
这 不是 他 一个 人 的 过错。

mǎ hu
马虎 n. carelessness/oversight
Zài gōng zuò zhōng bù néng mǎ hu
在 工作 中 不能 马虎。

yí dìng
一定 adv. surely
Wǒmen de fú wù yí dìng huì ràng nín mǎn yì de
我们 的 服务 一定 会 让 您 满意 的。

gǎizhèng
改正 v. to modify
Wǒ yí dìng huì gǎi zhèng zì jǐ de quē diǎn
我 一定 会 改正 自己 的 缺点。

wánquán
完全 adv. totally
Gōng zuò rén yuán yào wán quán zhàn zài gù kè de lì chǎng shàng kǎo lǜ wèn tí
工作 人员 要 完全 站 在 顾客 的 立场 上 考虑 问题。

shī wù

失误 n. error; oversight

Zhè shì wǒ de shī wù　wǒ jīn hòu yí dìng xiǎo xīn

这是我的<u>失误</u>，我今后一定小心。

bù hǎo yì si

不好意思　v. sorry

Bù hǎo yì si dǎ rǎo le

<u>不好意思</u>打扰了。

shòulèi

受累 v. getting tired

Yuán gōng zuò cuò le　jīng lǐ yě huì gēn zhe shòu lèi

员工做错了　，经理也会跟着<u>受累</u>。

bàoqiàn

抱歉 n. sorry; regret

Duì yú zhè jiàn shì qing　wǒ gǎn dào fēi cháng bào qiàn

对于这件事情　，我感到非常<u>抱歉</u>。

gāngcái

刚才 adv. a moment ago

Gāng cái Wáng zǒng qù kāi huì le

<u>刚才</u>王总去开会了。

tánhuà

谈话 n. conversation

Qǐng Wáng mì shū zhěng lǐ yí xia tán huà de nèi róng

请王秘书整理一下<u>谈话</u>的内容。

liàngjiě

谅解 v. to forgive

Xī wàng nín néng liàng jiě

希望您能<u>谅解</u>。

cuò le

错了 adv. wrongly

Bù hǎo yì sī dǎ rǎo nǐ men le   shì wǒ gǎo cuò le dìng dān

不好意思打扰你们了, 是我搞错了订单。

xiàng   dào qiàn

向 xxx 道歉 v. to apologize to xxx

Duì bu qǐ   wǒ xiàng nín dào qiàn

对不起, 我向您道歉。

bú dàng

不当 adv. improperly

Zhuǎn huàn chā tóu shǐ yòng bú dàng huì yǒu wēi xiǎn

转换插头使用不当会有危险。

shǐ dé

使得 v. to make . . . to cause . . . , to lead to . . .

Tā de gōng zuò tài du shǐ dé gù kè duì tā bù mǎn

他的工作态度使得顾客对他不满。

cǎi nà

采纳 v. to take on board/accept (suggestions)

Xiè xie nín néng cǎi nà wǒ de jiàn yì

谢谢您能采纳我的建议。

bìng

并 conj. and

Gǎn xiè nín lǐ jiě bìng zhī chí wǒ de gōng zuò

感谢您理解并支持我的工作。

gǎi jìn

改进 v. to improve

Huì yì shàng   dà jiā tí chū le xǔ duō gǎi jìn de fāng fǎ

会议上, 大家提出了许多改进的方法。

🔊

Activity 7: listening – listen to and complete the dialogue with the right expressions.

Lún dūn shí jiān wǎn shang jiǔ diǎn　　　　jiǔdiàn qiántái de diànhuà xiǎng le
伦 敦 时 间 晚 上 九 点 ,JURYS 酒 店 前 台 的 电 话 响 了

　　Wǎn shang hǎo
A: 晚上好! ＿＿＿＿＿＿＿。

　　Nín hǎo　wǔ líng èr fángjiān de diànshìjī huài le
B:您好 ,五零二房间的电视机坏了。

　　Shí zài duì bu qǐ　wǒmen huì lìkè ānpái gōngzuòrényuán dào nín fángjiān wéixiū
A:实在对不起,我们会立刻安排工作人员到您房间维修。

B:＿＿＿＿＿＿＿＿。

　　Míng tiān zǎo shang shí diǎn
A: 明天早上十点 ,＿＿＿＿＿＿＿?

　　Bú huì
B:不会。

　　Hǎo de　nà wǒ míng zǎo huì tōng zhī hòu qín bù jīng lǐ
A:好的,那我明早会通知后勤部经理。

　　Xiè xie nǐ
B:谢谢你,
A: ＿＿＿＿＿, ＿＿＿＿＿＿＿。

　　Wǎn ān
B: 晚安!

　　Wǎn ān
A: 晚安!

Activity 8: role play – imagine that you are a restaurant manager and that you are talking with a customer who has the following complaint.

A: customer; B: restaurant manager

　　Wǒ men dōu děng le bàn gè xiǎo shí le,　yí dào cài hái méi yǒu shàng　érqiě lián yī bēi
A: 我们都等了半个小时了 ,一道菜还没有上 ,而且连一杯
　rèshuǐ dōu méiyǒu
热水都没有。

Nín hǎo

B: 您好 ,……

Activity 9: comprehension – using the following list of letters and following list of numbers, match the letter of each corresponding expression to its number.

Qǐng wèn jiǔ diàn kè fáng fú wù de diàn huà shì duō shǎo
1   请问酒店客房服务的电话是多少？   ____

Gěi nín tiān má fan le
2   给您添麻烦了！   ____

Gǎo cuò le   xiàng nín dàoqiàn
3   搞错了，向您道歉。   ____

Fēi cháng gǎn xiè nín men tígòng de yōu zhì fú wù
4   非常感谢您们提供的优质服务。   ____

Rèn shi nín wǒ hěn gāo xìng
5   认识您我很高兴！   ____

Nín hǎo   zhè shì wǒ de míngpiàn
6   您 好,这是我的名片。   ____

Xiǎo Wáng   má fan nǐ yù dìng yí xià shí èr hào de fēi jī piào
7   小 王 ,麻烦你预定一下十二号的飞机票。 ____

Méi guān xi
A   没关系。

Bié kè qi   zhè shì wǒmen yīnggāi zuò de
B   别客气,这是我们应该做的。

Zhù nín yí lù píng ān
C   祝您一路平安！

Qǐng shāo děng
D   请稍等。

E
Bù yìdiǎn dōu bù máfan
不，一点都不麻烦。

F
Hǎo wǒ mǎshàng qù bàn
好，我马上去办。

G
Yí dìng gǎi zhèng
一定改正。

H
Qǐng nín zài chóng fù yí biàn hǎo ma
请您再重复一遍好吗?

I
Rèn shi nín wǒ yě hěn gāo xìng
认识您我也很高兴!

J
Qǐng duō zhǐ jiào
请多指教。

◀))

Activity 10: interactive listening – imagine that you are a receptionist, listen to what a guest says on the audio, and respond accordingly.

CAT 1: Understand politeness the Chinese way

Understanding *li* (being polite and courteous) is important in Chinese culture. This is

lǐ yí zhī bāng

because China is known as 'a land of courtesies and formalities' (礼仪之邦), where

kè qi

proper etiquette preserves face and shows respect to others. A concept such as 客气, which means 'the behaviour of the guest', is often associated with being modest and hum-

bié kè qi

ble. For example, you may have heard the common Chinese expression '别客气' (you needn't be so polite). Being polite and showing courtesies could help enhance one's own image and also pave the way for new friendships and opportunities.

We provide some essential CATs throughout this book. The following tips that serve as a bedrock for helping you to express politeness to Chinese people:

1   *Pay compliments* (e.g. on style, on experience and knowledge, etc.) to the people you meet and appropriately respond to their praise;

2   *Formally or informally invite people* (e.g. 'come have tea when you're free' or 'let's go for a meal next time'), which can be perceived as a kind of courtesy. How do you then

respond to your Chinese friends' invitation? The answer is simple: you accept it, but you don't have to feel obliged, or you decline it politely so that you do not cause trouble for the inviter.

3   *Be aware of status and relationships* (e.g. elder or younger; senior or junior; employer or employee; teacher or student) when interacting with Chinese people, especially when making certain requests or asking for a favour. For instance, you may need a delegate/name list from the Chinese company for the conference that will take place at your hotel. You should not ask someone who is more senior, both in status and in age, to provide the list.

4   *Show politeness by being indirect or adding modals* (e.g. would or could). As you will learn from this book, to be polite in Chinese, many words are available for you to use or add to your sentence. Enjoy learning and practising!

Experiential exercise

The experiential exercise encourages you to apply what you've learnt beyond the classroom setting. For each exercise, please try to use at least five new words and key expressions that you have learnt in each lesson.

Here, at the beginning of your new learning journey, you could start a learning vlog to record and share your learning experiences while completing the experiential exercises in this book. For this first lesson, please practise the short dialogue you've completed for activity 5 with your fellow classmate or another learner, and then find a Chinese friend or a native Chinese speaker to give you some feedback.

Revision

*   Practise the key expressions that you learnt in this chapter, and determine how many you can recall.
*   How many ways of addressing guests do you remember?

Lesson 2　问候与欢迎
Greetings and welcoming guests

Learning objectives

By the end of this lesson, you will be able to:

- Use basic politeness expressions in hotel settings
- Greet and welcome Chinese guests as a host in the hospitality and tourism industries
- Use culturally appropriate customs and etiquette when greeting Chinese guests

Warm-up

When you meet and greet Chinese guests, it is important to know their roles and titles. It is equally useful to let them know who you are in the hotel. How many titles do you recall from the previous lesson? Please listen to some useful roles and titles that are used in the hotel setting and beyond.

Activity 1: pronunciation – listen to and repeat after the recording, paying attention to the pronunciation.

jiǔ diàn háng yè zhí wèi
酒店 行业 职位   *roles and positions in hotels*

jiǔ diàn jīnglǐ
酒店经理   hotel manager

jiǔ diàn fù jīnglǐ
酒店副经理   hotel deputy manager

jiǔ diàn zhíbān jīnglǐ
酒店值班经理   hotel duty manager

kèhù guānxì jīnglǐ
客户关系经理   guest relations manager

hòuqínbù zhǔguǎn
后勤部主管   housekeeping supervisor

lǐbīnbù zhǔguǎn
礼宾部主管   concierge supervisor

cān tīng jīng lǐ
餐厅经理   restaurant manager

qí tā háng yè zhí wèi
其他行业职位   *other job titles*

zǒngcái
总裁   president

shǒuxí zhíxíng guān
首席执行官   CEO

cáiwù zǒngjiān
财务总监   finance director

yíngxiāo zǒngjiān
营销总监   marketing director

xiāoshòu jīnglǐ
销售经理   sales manager

sīrén zhùlǐ

私人助理 personal assistant

gùwèn

顾问 consultant

Activity 2: speaking – after you hear the English word on the recording, say the equivalent word for it in Chinese, paying attention to tone. You will hear the standard pronunciation after your attempt.

Activity 3: vocabulary – working in pairs, student A picks a word in Chinese from the list and says it out loud; student B listens and translates it back into English; and then they change roles.

Activity 4: vocabulary – match each following Chinese word to its English equivalent.

xiāoshòu jīnglǐ

1 销售经理 A CEO

zǒngcái

2 总裁 B president

jiǔdiàn zhíbān jīnglǐ

3 酒店值班经理 C concierge supervisor

lǐbīn bù zhǔguǎn

4 礼宾部主管 D housekeeping supervisor

cáiwù zǒngjiān

5 财务总监 E sales manager

hòuqín bù zhǔguǎn

6 后勤部主管 F finance director

shǒuxí zhíxíng guān

7 首席执行官 G hotel duty manager

Activity 5: speaking – use the preceding job titles to introduce your colleagues or other people you know.

Key expressions: welcoming guests and making introductions

🔊 Listen to and memorize the following key expressions:

Huān yíng guāng lín

1 欢 迎 光 临 。 Welcome.

Huān yíng guāng lín fàn diàn jiǔ diàn bīn guǎn

2 欢 迎 光 临 xxx 饭店 / 酒店 / 宾馆 。 Welcome to xxx Hotel.

Shàng wǔ hǎo Zhōng wǔ hǎo Wǎn shang hǎo
3   上午好 / 中午好 / 晚上好。   Good morning/good afternoon/good evening.

Qǐng wèn nín guì xìng
4   请问您贵姓？   May I have your surname please?

Qǐng wèn nín zěn me chēng hu
5   请问您怎么称呼？   May I ask your name please? How should I address you?

Xìng huì   xìnghuì
6   幸会、幸会！   Pleased to meet you.

Zhè shì wǒ de míng piàn
7   这是我的名片。   This is my business card.

Lù shang xīn kǔ le
8   路上辛苦了。   Hope your journey wasn't too tiring.

Zhù nín rù zhù yú kuài
9   祝您入住愉快。   Wishing you a nice stay here.

Ruò yǒu rèn hé xū yào   qǐng suí shí fēn fù
10   若有任何需要，请随时吩咐。   If there is anything you need, please let me know any time.

yǔ yīn
a   语音 Phonetics

biàn yīn biàn dú
1   辨音辨读 Read aloud the following words, paying specific attention to the accuracy of your pronunciation and tone:

fàn diàn   jiǔ diàn   bīn guǎn   chēng hu   xìnghuì   míng piàn
饭店   酒店   宾馆   称呼   幸会   名片

xīn kǔ   fēn fù
辛苦   吩咐

lǎng dú
2   朗读 Read aloud the following phrases, paying specific attention to the fluency of your speech:

huān yíng guāng lín   shàng wǔ hǎo   zhōng wǔ hǎo   wǎn shang hǎo
欢迎光临   上午好   中午好   晚上好

nín guì xìng   lù shang xīn kǔ le   rù zhù yú kuài   suí shí fēn fù
您贵姓   路上辛苦了   入住愉快   随时吩咐

jù zi tì huàn liàn xí

b 句子替换练习 **Substitution exercises**

Work in pairs, and complete the following dialogue by substituting the underlined part of the dialogue with the given words:

Nín de míng zì shì

1A 您的名字是？

Wǒ xìng Zhāng

1B 我姓张。

Qǐng wèn nín guì xìng

请问您贵姓

Qǐng wèn nín zěn me chēng hu

请问您怎么称呼

Nín hǎo　wǒ shì jiǔ diàn de jīng lǐ

2A 您好，我是酒店的经理。

Nín hǎo

2B 您好。

Hěn gāo xìng rèn shi nín

很高兴认识您

Xìng huì　xìng huì

幸会、幸会

Situational dialogue 1 – introducing yourself and others

duì huà　　　zì wǒ jiè shào jí jiè shào tā rén

对话 1：自我介绍及介绍他人

A group of Chinese business delegates have just arrived at the hotel. They are four VIP guests, and they are here for a two-day conference.

*Guest 1 – Mr Zhang, the president (*zǒng cái 总裁*) of a well-known Chinese company. He is in his 50s.*

*Guest 2 – Ms Sun, the finance director (*cái wù zǒng jiān 财务总监*) of the company. She is in her 40s.*

*Guest 3 – Ms Li, the marketing director (*yíng xiāo zǒng jiān 营销总监*) of the company. She is in her 30s.*

*Guest 4 – Mr Chen, Mr Zhang's personal assistant (*sī rén zhù lǐ 私人助理*). He is in his 30s.*

The hotel deputy general manager (DGM – James

jiǔ diàn fù zǒng jīng lǐ
酒店副总经理), hotel duty man-

zhí bān jīng lǐ
ager (DM – Paul 值班经理), guest relations manager (GRM –Emma

kè hù guān xì jīng lǐ
客户关系经理),

lǐ bīn zhǔ guǎn
and concierge supervisor (礼宾主管) are in the hotel lobby to meet and greet the guests.

ménwèi Gè wèi xià wǔ hǎo　Huān yíng lái dào Xī ěr dùn jiǔdiàn
门卫：各位下午好。欢迎来到希尔顿酒店。

lǐbīn zhǔguǎn　Xià wǔ hǎo　lùshang xīnkǔ le　Xíng li ràng wǒ lái ba
礼宾主管：下午好，路上辛苦了。行李让我来吧。

Jiǔ diàn fù zǒng jīng lǐ lǐng zhe zhí bān jīng lǐ hé kè hù guān xì jīng lǐ zài jiǔ diàn mén kǒu děng
（酒店副总经理领着值班经理和客户关系经理在酒店门口等
kè ren
客人。）

jiǔdiàn fùzǒngjīnglǐ　Xià wǔ hǎo Zhāng zǒng　huānyíng nín lái dào wǒmen jiǔdiàn
酒店副总经理：下午好，张总， 欢迎您来到我们酒店。

Xìng huì xìnghuì
幸会、幸会！

liǎng rén wòshǒu
[两人握手]

jiǔdiàn fùzǒngjīnglǐ　Wǒ jiào　shì wǒmen jiǔdiàn de zǒngjīnglǐ Wǒ hé wǒ de
酒店副总经理：我叫 James，是我们酒店的总经理。我和我的

tuánduì fēicháng gāoxìng nǐmen zhè cì guójì shāngwù yántǎohuì ānpái zài wǒmen de
团队非常高兴你们这次国际商务研讨会安排在我们的

jiǔdiàn   Zhè wèi shì wǒ men de zhí bān jīng lǐ   xiānsheng zhè shì wǒmen kè fú bù
酒店。这位是我们的值班经理 David 先生，这是我们客服 部

jīnglǐ   nǚshì
经理Emma 女士。

zhí bān jīng lǐ   Zhāng zǒng nín hǎo Gǎn xiè nín xuǎn zé rù zhù wǒ men jiǔ diàn   Zài nín rù
值班经理：张总您好 。感谢您选择入住我们酒店。在您入

zhù qī jiān   ruò yǒu rènhé xūyào   qǐng suíshí fēnfù
住期间，若有任何需要，请随时吩咐。

liǎng rén wòshǒu
[两人握手]

kèhù guānxì jīnglǐ   Duì de   Zhāng zǒng wǒ fùzé kè fú   rú guǒ nín yǒu rèn
客户关系经理：对的，张总，我负责客服，如果您有任

hé yì jiàn huò jiàn yì   qǐng gēn wǒ shuō
何意见或建议，请跟我说。

张先生：　　Zhāng xiān sheng　Xiè xie jǐ wèi　Zhè shì wǒ men dì yī cì rù zhù guì jiǔ diàn　xiè xie
张先生：　　谢谢几位。这是我们第一次入住贵酒店，谢谢

dàjiā de rèqíng zhāodài　Zhè shì wǒ de míng piàn　Wǒ yě lái jièshào yíxià wǒ de jǐ wèi
大家的热情招待。这是我的名片。我也来介绍一下我的几位

tóngshì　Zhè wèi shì wǒ men gōng sī de cái wù zǒng jiān　Sūn nǚ shì
同事。这位是我们公司的财务总监，　孙女士。

Sūn nǚ shì　Nǐ men hǎo　xìnghuì　Zhè shì wǒ de míngpiàn
孙女士：你们好，幸会。这是我的名片。

jǐ wèi jīng lǐ　Huān yíng nín　Sūn zǒng
几位经理：欢迎您，孙总。

Zhāng xiān sheng　Zhè wèi shì wǒ men gōng sī de yíng xiāo zǒng jiān　Lǐ nǚ shì
张先生：　这位是我们公司的营销总监，　李女士。

Lǐ nǚ shì　Hěn gāo xìng rèn shi dà jiā　Zhè shì wǒ de míng piàn
李女士：很高兴认识大家。这是我的名片。

jǐ wèi jīnglǐ　Nín hǎo　Lǐ zǒng　Rèn shi nín wǒ men hěn róng xìng
几位经理：您好，李总。认识您我们很荣幸。

Zhāng xiān sheng　Zhè wèi shì Chén xiān sheng　wǒ de sīrén zhùlǐ　dà jiā dōu jiào tā
张先生：这位是陈先生，我的私人助理，大家都叫他

xiǎo Chén　Yǒu guān wǒ men zhù sù hé huì yì ān pái de shì qing huì yóu tā hé gè wèi lián
小陈。有关我们住宿和会议安排的事情会由他和各位联

luò
络。

Chén xiān sheng　Gè wèi hǎo　Zhè shì wǒ de míng piàn　Dào shí hòu hái yào má fan gè
陈先生：　各位好。这是我的名片。到时候还要麻烦各

wèi　Wǒ men xiǎng xiān qù kàn yí xià huì chǎng bù zhì　xiànzài fāngbiàn ma
位。我们想先去看一下会场布置，　现在方便吗？

jiāohuàn míngpiàn
[交换名片　]

jiǔdiàn fùzǒng jīnglǐ　Dāng rán　qǐng gēn wǒmen lái
酒店副总经理：当然，请跟我们来。

🔊 *New words*

xìnghuì

幸会 phrase. nice to meet you

Wáng zǒng nín hǎo   xìng huì xing huì

王总您好   ,幸会幸会!

tuánduì

团队 n. team

Zhè shì wǒmen jiǔ diàn kè fú tuánduì de chéngyuán

这是我们酒店客服团队的成员。

guó jì

国际 adj. international

Jiā qiáng guó jì hé zuò jiāo liú fēi cháng zhòng yào

加强国际合作交流非常重要。

shāngwù

商务 n. business commerical affairs

Wǒmen yǒu zhuān mén wéi shāng wù rén shì tí gòng de kè fáng

我们有专门为商务人士提供的客房。

yántǎohuì

研讨会n. seminar; conference

Yán tǎo huì zài jīn tiān xià wǔ sì diǎn jǔ xíng

研讨会在今天下午四点举行。

xuǎnzé

选择 n./v. choice/to choose

Zuò chū zhè ge xuǎn zé fēi cháng kùn nan

做出这个选择非常困难。

rù zhù

入住 v. to check in

Gǎn xiè nín rù zhù wǒ men jiǔ diàn

感谢您入住我们酒店。

qī jiān

期间 n. period

Zài nín rù zhù qī jiān   yǒu wèntí wǒ dōu huì bāng nín jiě jué

在您入住期间，有问题我都会帮您解决。

ruò

若 conj. if

Ruò nín yǒu kùn nan   jiù gàosù wǒ

若您有困难 ，就告诉我。

rèn hé

任何 determiner. any

Nín yǒu rèn hé kùn nan   wǒmen dōu jìnlì qù bāng nín jiějué

您有任何困难，我们都尽力去帮您解决。

suíshí

随时 adv. at any time

Zǒng jīng lǐ suí shí dōu huì lái jiǎn chá gōng zuò

总经理随时都会来检查工作。

fēn fù

吩咐 v. to command; to order (used by speaker who has a lower status or to show politeness)

Yǒu rèn hé xū qiú nín kě yǐ suí shí fēn fù

有任何需求您可以随时吩咐。

fùzé

负责 v. to be responsible for

Wǒ fù zé jiǔ diàn de guǎn lǐ gōng zuò

我负责酒店的管理工作。

guì

贵 adj. expensive; respectfully (a politeness marker when referring to others)

Gǎn xiè guì jiǔ diàn de rè qíng fú wù

感谢贵酒店的热情服务。

rèqíng

热情 adj./n. enthusiastic; warm/enthusiasm; warmth

Zhè jiā jiǔdiàn de fúwù hěn rèqíng

这家酒店的服务很热情。

zhāodài

招待 v. to serve, to entertain; n. hospitality, reception

Gǎn xiè nín de rè qíng zhāo dài

感谢您的热情招待。

yóu

由 prep. by

Jīn tiān de huì yì yóu Wáng zǒng zhǔ chí

今天的会议由王总主持。

liánluò

联络 v. to keep in touch; to connect

Wǒmen suí shí lián luò

我们随时联络。

dàoshíhòu

到时候 adv. by the time

Dào shí hòu wǒ huì tōng zhī nín

到时候我会通知您。

huìchǎng

会场 n. conference venue

Jīn tiān xià wǔ sān diǎn zài huì chǎng jǔ xíng diǎn lǐ

今天下午三点在会场举行典礼。

bùzhì

布置 v. to arrange

Wǒ yǐ jīng bǎ huì yì shì bù zhì hǎo le

我已经把会议室布置好了。

jiāohuàn

交换 v. to exchange

Wǒ men jiāo huàn yí xia míng piàn ba

我们交换一下名片吧。

Activity 6: role play – while imagining that you are the hotel duty manager, Frank, and considering how you would welcome a group of business guests, please complete the following dialogue.

Frank:
Xià wǔ hǎo　huān yíng lái dào wǒmen jiǔ diàn　　wǒ shì jiǔ diàn fù
下午好 , 欢迎来到我们酒店　　　, 我是酒店副

jīng lǐ
经理 Frank, ＿＿＿, ＿＿＿!

Guests:
Nín hǎo　wǒmen shì dì yī cì rù zhù guì jiǔ diàn　xièxiè nín de rèqíng zhāodài
您好 , 我们是第一次入住贵酒店, 谢谢您的热情招待。

Frank:
Nín tài kèqi le　gǎnxiè nín xuǎnzé wǒmen jiǔdiàn
您太客气了, 感谢您选择我们酒店　, ＿＿＿＿＿＿。

Wǒ fù zé jiǔ diàn de rì cháng shì wù　rú guǒ nín zài rù zhù qī jiān yǒu
我负责酒店的日常事务, 如果您在入住期间有

rèn hé xū yào
任何需要, ＿＿＿＿＿＿。

Guests:
Wǒmen xiǎng míngtiān zài guì jiǔdiàn zhàokāi yī cì shāngwù
我们想明天在贵酒店召开一次商务

huìyì　nín fāngbiàn dài wǒmen cānguān yíxià huìyìshì ma
会议, 您方便带我们参观一下会议室吗?

Frank:
Méi wèn tí
没问题, ＿＿＿。

🔊

Activity 7: listening – listen to and repeat the following expressions first, and then determine whether you can replace the underlined part with other relevant information.

Nín hǎo　wǒ shì jiǔdiàn de zhíbān jīnglǐ　fùzé jiǔdiàn de
1 您好 , 我是酒店的值班经理, 负责酒店的
rìcháng xíngzhèng shìwù
日常行政事务。

Ruò nín zài rù zhù qī jiān yǒu rèn hé xū yào　qǐng suíshí yǔ wǒ liánxì
2 若您在入住期间有任何需要 , 请随时与我联系。

Nín duì huìyìshì de bùzhì hái mǎnyì ma
3 您对会议室的布置还满意吗?

Nín shì wǒmen de guìbīn   kěyǐ xiǎngshòu jīchǎng jiēsòng fúwù

4 您是我们的贵宾，可以<u>享受机场接送服务</u>。

Wǒmen jiǔ diàn kě yǐ jǔ xíng rèn hé lèi xíng de shāng wù huó dòng

5 我们酒店可以<u>举行任何类型</u>的商务活动。

Qǐng fàng xīn   wǒmen huì wèi nín tí gòng zuì zhuān yè de fú wù

6 请放心 ，我们会为您提供<u>最专业的服务</u>。

Key expressions: welcoming guests

🔊 Listen to and memorize the following key expressions:

Huān yíng rù zhù   jiǔdiàn

1 欢迎入住 **xxx** 酒店 。Welcome to xxx Hotel.

Qǐng zhè biān zǒu   xíngli liú zài zhèlǐ jiù hǎo   Wǒmen huì ān pái sòng dào gè

2 请这边走 ，行李留在这里就好 。我们会安排送到各

wèi de fáng jiān

位的房间。 Please come this way. Please just leave your luggage here. We will arrange delivery to your room.

Gè wèi hǎo   wǒ jiào   shì jiǔdiàn de zhíbān jīnglǐ

3 各位好 ，我叫 Paul，是酒店的值班经理。 Hello everyone, my name is Paul and I am the duty manager of the hotel.

Xī wàng nǐ men zài wǒmen jiǔ diàn zhù dé yú kuài

4 希望你们在我们酒店住得愉快。 I hope you enjoy your stay in our hotel.

Qǐng dà jiā zài dàtīng xiūxi yí xia

5 请大家在大厅休息一下。 Please take a rest in the lobby.

Yǒu shén me xū yào   qǐng suíshí fēnfù

6 有什么需要 ，请随时吩咐。 If you need anything, please feel free to ask.

---

yǔ yīn

a 语音 **Phonetics**

biàn yīn biàn dú

1 辨音辨读 Read aloud the following words, paying specific attention to the accuracy of your pronunciation and tone:

xíngli	ān pái	fángjiān	xī wàng	dàtīng	xiūxi
行李	安排	房间	希望	大厅	休息

lǎng dú

2　朗读　Read aloud the following phrases, paying specific attention to the fluency of your speech:

huānyíng rù zhù　　qǐng zhè biān zǒu　　zhíbān jīnglǐ　　xiūxi yíxia

欢迎入住　请这边走　值班经理　休息一下

jù zi tì huànliàn xí

b　句子替换练习　**Substitution exercises**

Work in pairs, and complete the following dialogue by substituting the underlined part of the dialogue with the given words:

Wǒ shì jiǔ diàn de zhíbān jīng lǐ

1A　我是酒店的值班经理。

Nín hǎo

1B　您好。

lǎo bǎn	kè fú	qián tái	qīng jié gōng	xíng li yuán
老板	客服	前台	清洁工	行李员

Xièxie　kě yǐ rù zhù jiǔ diàn le ma

2A　谢谢,可以入住酒店了吗?

Shì de　huān yíng rù zhù wǒmen jiǔ diàn

2B　是的,欢迎入住我们酒店。

qǐng zhè biān zǒu

请这边走

xī wàng nǐ men zài wǒmen jiǔ diàn zhù dé yú kuài

希望你们在我们酒店住得愉快

yǒu shén me xū yào　qǐng suí shí fēn fù

有什么需要,请随时吩咐

Situational dialogue 2 – tourist group check-in

duì huà　　tuán tǐ yóu kè rù zhù

对话　2:团体游客入住

A group of 20 Chinese tourists (including two children) have just arrived at the hotel with their tour guide. They are going to stay for three nights before travelling to Edinburgh, Scotland. The hotel DM and the concierge supervisor (CS) are in the hotel lobby to meet and greet the guests.

ménwèi　　Wǎn shang hǎo　　huānyíng guāng lín Jià rì jiǔdiàn
门卫：晚上好，欢迎光临假日酒店。

Lǐ bīn jīng lǐ lái dào jiǔ diàn mén kǒu　　huānyíng kèren
[礼宾经理来到酒店门口，欢迎客人。]

líbīn jīnglǐ　　Gè wèi wǎn shang hǎo　lùshang xīnkǔ le　Qǐng zhè biān zǒu　xíngli liú zài
礼宾经理：各位晚上好，路上辛苦了。请这边走，行李留在

zhèlǐ jiù hǎo　　wǒmen huì ān pái sòng dào gè wèi de fáng jiān
这里就好，我们会安排送到各位的房间。

Zhí bān jīng lǐ lái dào dà tīng hé dǎo yóu jí kè ren dǎ zhāo hu
[值班经理来到大厅和导游及客人打招呼]

zhíbān jīnglǐ　　Gè wèi hǎo　wǒ jiào　　　shì jiǔdiàn de zhíbān jīnglǐ　Huān yíng gè
值班经理：各位好，我叫Paul，是酒店的值班经理。欢迎各

wèi lái lún dūn　láidào wǒmen jiǔdiàn　　Xī wàng gè wèi zài wǒmen jiǔ diàn zhù de
位来伦敦，来到我们酒店。希望各位在我们酒店住得

yú kuàiQǐng dà jiā zài dà tīngxiū xi　yí xia　nǐmen　de dǎoyóuhuì bāngzhù gèwèi
愉快。请大家在大厅休息一下，你们的导游会帮助各位

bànlǐ rùzhù shǒuxù　　Qǐng wù bì jiāng hù zhào jiāo gěi dǎo yóu　Yǒu shén me xū
办理入住手续。请务必将护照交给导游。有什么需

yào qǐng suíshí fēnfù
要，请随时吩咐。

yóukè　Nǐ hǎo　Wǒ de shǒu jī méi diàn le　dànshì wàng le dài diàn yuán zhuǎnhuàn
游客：你好。我的手机没电了，但是忘了带电源转换
　　　chātóu　nǐmen zhèˊr yǒuméiyǒu
　　　插头，你们这儿有没有？

zhíbān jīnglǐ　Yǒu de　nín qù qiántái jièyòng yíxia　tuìfáng de shíhou qǐng jìde
值班经理：有的，您去前台借用一下，退房的时候请记得
　　　huán jiùshìle
　　　还就是了。

yóukè　Hǎo de　hǎode　xiè xie le
游客：好的，好的，谢谢了。

zhíbān jīnglǐ　Bú kè qi
值班经理：不客气。

🔊 *New words*

jiù hǎo
就好 adj. alright, OK
Zài zhè lǐ bào míng jiù hǎo
在这里报名就好。

shǒuxù
手续 n. formalities procedure
Nín de shǒu xù bàn wánle
您的手续办完了。

wùbì
务必 v. to ensure
Qǐng wù bì zài zhè li qiān dào
请务必在这里签到。

dǎo yóu
导游 n. tour guide
Dà jiā hǎo　wǒ shì gè wèi de dǎo yóu
大家好，我是各位的导游。

qiántái

前台 n. reception

Wǒ zài jiǔ diàn qián tái děng nǐ

我在酒店前台等你。

zhuǎn huàn

转换   v. to convert

Nǐ néng bāng wǒ zhuǎn huàn yí xia gé shì ma

你能帮我转换一下格式吗?

chā tóu

插头 n. plug

Zhè ge chā tóu huài le

这个插头坏了。

jiè yòng

借用 v. to borrow

Wǒ xiǎng jiè yòng yí xia nín de ěr jī

我想借用一下您的耳机。

jì de

记得 v. to remember

Wǒ hái jì de zhè ge gùshi

我还记得这个故事。

tuì fáng

退房 v. to check out

Míng tiān zhōng wǔ shí èr diǎn yǐ qián tuì fáng

明天中午十二点以前退房。

huán

还 v. to give back; to return

Nǐ de ěr jī wǒ xiān huán gěi nǐ

你的耳机我先还给你。

jiù shì

就是 adv. exactly

Zhè jiù shì wǒmen jiǔ diàn jīng lǐ

这就是我们酒店经理。

Activity 8: grammar – please decide whether the following sentences are grammatically correct. When an expression is incorrect, correct it.

Nín hǎo　wǒ shì jiǔdiàn jīnglǐ　huānyíng guānglín wǒmen jiǔdiàn
1　您好,我是酒店经理,欢迎光临我们酒店!

Gè wèi xià wǔ hǎo　lùshang fāngbiàn le　xíngli ràng wǒ lái ná ba
2　各位下午好,路上方便了,行李让我来拿吧!

Zhāng zǒng nín duì wǒmen jiǔdiàn de fúwù hái kèqi ma
3　张总,　您对我们酒店的服务还客气吗?

Wǒ shì jiǔ diàn de zhí bān jīng lǐ　zài nín rùzhù qījiān　yǒu
4　我是酒店的值班经理,在您入住期间,有

rènhé xūyào　qǐng suíshí gào zhī
任何需要,请随时告知。

Rèn shi nín wǒ hěn xìng huì
5　认识您我很幸会!

Text – welcoming important business clients

duǎn wén　huān yíng zhòng yào kè ren
短文:欢迎重要客人

Jīn tiān duì yú zhí bān jīng lǐ　lái shuō shì jíqí mánglù de yìtiān　Yǒu yí
今天对于值班经理 Paul 来说是极其忙碌的一天。有一

gè guó nèi de shāng wù tuán shǒu cì zài tā de jiǔ diàn jǔ bàn shāng wù zhǎn lǎn jí yán tǎo
个国内的商务团首次在他的酒店举办商务展览及研讨

huó dòng Yì zǎo　hé tóngshìmen jiù zài dàtīng huānyíng yuǎndàoérlái de
活动。一早,Paul 和同事们就在大厅欢迎远道而来的

jiābīn　　Tā men zhǔ yào shì běn cì shāng wù huó dòng de zhǔ bàn fāng　bāokuò gāi gōngsī de
嘉宾。他们主要是本次商务活动的主办方，包括该公司的

zǒngcái　cáiwù zǒngjiān　yíngxiāo zǒngjiān děng　Tā men jiāng zài jiǔ diàn jǔ bàn wéi qī sān
总裁、财务总监、营销总监等。他们将在酒店举办为期三

tiān de chǎn pǐn kāi fā yán tǎo huì　cānhuì zhě bāokuò gōngsī yuángōng hé láizì shìjiè
天的产品开发研讨会，参会者包括公司员工和来自世界

gèdì yèjiè de zhuānjiā　tāmen yě dōuhuì rùzhù gāi jiǔdiàn　Jiǔdiàn jīnglǐ jí　kèhù
各地业界的专家，他们也都会入住该酒店。酒店经理及客户

guānxì jīnglǐ dōu shífēn zhòngshì cǐcì huódòng yǐjí zhōngguó jiābīn duì jiǔdiàn fúwù
关系经理都十分重视此次活动以及中国嘉宾对酒店服务

de mǎnyì dù　Zhè duì yú jiǔ diàn jīn hòu chéng jiē lèi sì de zhōng guó shāng wù huó dòng
的满意度。这对于酒店今后承接类似的中国商务活动

lái shuō yǒu zhe zhòng dà de yì yì　yě wéi qí jīlěi le bùkěhuòquē de jīngyàn
来说有着重大的意义，也为其积累了不可或缺的经验。

🔊 *New words*

duì　　láishuō
对…来说 for someone; as far as … is concerned
Duì wǒmen lái shuō　nín de píng jià hěn zhòng yào
对我们来说，您的评价很重要。

jíqí
极其 adv. extremely
Zhè cì de Lún dūn zhī lǚ jí qí nán wàng
这次的伦敦之旅极其难忘。

shǒucì
首次 phrase. for the first time
Zhè shì wǒmen jiǔ diàn shǒu cì jǔ bàn guó jiā jí de huì yì
这是我们酒店首次举办国家级的会议。

shāngwù
商务 n. business/commercial
Dì liù jiè zhōng yīng shāng wù lùn tán zài Lún dūn jǔ bàn
第六届中英商务论坛在伦敦举办。

zhǎnlǎn

展览 n. exhibition

Lún dūn měi nián huì jǔ bàn yì bǎi duō chǎng cì zhǎn lǎn

伦敦每年会举办一百多场次展览。

yántǎo

研讨 n. seminar discussion

Huān yíng cān jiā zhè cì yán tǎo

欢迎参加这次研讨。

yuǎndàoérlái

远道而来 v./adj. travel from far away/faraway

Ràng wǒmen huān yíng yuǎn dào ér lái de péng yǒu men

让我们欢迎远道而来的朋友们。

jiābīn

嘉宾 n. guest

Tā men jiāng zuò wéi jiā bīn chū xí cǐ cì yán tǎo huì

他们将作为嘉宾出席此次研讨会。

zhǔbàn fāng

主办方 n. host

Zhè cì huì yì de zhǔ bàn fāng yāo qǐng le lái zì shì jiè gè dì de jiā bīn

这次会议的主办方邀请了来自世界各地的嘉宾。

wéiqī

为期 v. to last for (time/duration)

Zhōng guó jiǔ diàn yè dài biǎo tuán zài duì Yīng guó jìn xíng wéi qī sān tiān de shí

中国酒店业代表团在对英国进行为期三天的实

dì kǎo chá

地考察。

shìjiè gèdì

世界各地 phrase. all over the world

Zhè ge jǐng diǎn xī yǐn le lái zì shì jiè gè dì de yóu kè

这个景点吸引了来自世界各地的游客。

yèjiè
业界 adv. in the industry
Zhè cì de yè jiè dài biǎo lái zì shì jiè gè dì
这次的业界代表来自世界各地。

zhòngshì
重视 v. to value
Wǒmen gāo dù zhòng shì nín de yì jiàn
我们高度重视您的意见。

yǐjí
以及 conj. and
Qǐng dài shū   běn zi yǐ jí huó yè jiā
请带书 ,本子以及活页夹。

mǎnyì dù
满意度 n. satisfaction
Wǒmen zhèng zài jìn xíng kè hù mǎn yì dù diào chá
我们正在进行客户满意度调查。

zhòngdà
重大 adj. major, important, significant
Gāi shì fā shēng le zhòng dà shì gù
该市发生了重大事故。

yìyì
意义 n. significance, meaning
Nín de píng jià duì wǒmen lái shuō yǒu zhòng dà yì yì
您的评价对我们来说有重大意义。

qí
其 pron. its
Zhè xiē shì qing jǐn kuài chǔ lǐ   qí zhòng yào xìng bù kě hū shì
这些事情尽快处理,其重要性不可忽视。

gāi

该 aux. v. should

Nǐ gāi zhòng shì zhè jiàn shì qíng

你<u>该</u>重视这件事情。

jīlěi

积累 v. to accumulate

Zhè jiā gōng sī chǔ yú zī běn jī lěi shí qī

这家公司处于资本<u>积累</u>时期。

bùkěhuòquē

不可或缺 adj. indispensable

Qín fèn shì chéng gōng bù kě huò quē de yào sù

勤奋是成功<u>不可或缺</u>的要素。

jīngyàn

经验 n. experience

Shí xí shì yī zhǒng bǎo guì de jīng yàn

实习是一种宝贵的<u>经验</u>。

Activity 9: vocabulary – complete each following sentence with what you've learnt from the preceding new words.

Wǒmen xū yào diào chá zhōng guó   duì wǒmen jiǔdiàn fúwù de

1 我们需要调查中国（　　）对我们酒店服务的（　　）。

Jiǔ diàn jīng lǐ jí qí   cǐcì shāngwù yántǎohuì

2 酒店经理极其（　　）此次商务研讨会。

Rè liè huān yíng   de   jiābīn

3 热烈欢迎 （　　）的嘉宾。

Huì yì de zhǔ bàn fāng   cān huì rén yuán zài   fēi cháng yǒu míng

4 会议的主办方 （　　）参会人员在（　　）非常有名。

dāng kèhù guānxì jīnglǐ yǐjīng sānnián le   le hěnduō bùkěhuòquē de

5 Sam 当客户关系经理已经三年了，（　　）了很多不可或缺的（　　）。

Zhōng guó dài biǎo tuán jiāng zài Yīng guó jìn xíng   wǔtiān de fǎngwèn

6 中国代表团将在英国进行 （　　）五天的访问。

Rú guǒ nín yǒu shén me xū yào   qǐng suí shí

7 如果您有什么需要，请随时（   ）。

Nín hǎo   wǒ shì zhāng zǒng de sī rén zhù lǐ xiǎo Chén

8 您好，我是张总的私人助理小陈，（   ）！

kěyǐ jìcún zài wǒmen jiǔdiàn qiántái

9 （   ）可以寄存在我们酒店前台。

Chéng bàn zhè cì shāng wù huó dòng duì wǒ men jiǔ diàn lái shuō   fēifán

10 承办这次商务活动对我们酒店来说（   ）非凡。

Wǒ men jiǔ diàn yǒu lái zì   de gùkè

11 我们酒店有来自（   ）的顾客。

Guǎn lǐ shì yī zhǒng gōng zuò   yīncǐ guǎnlǐ yǒu   jìshù hé fāngfǎ

12 管理是一种工作，因此管理有（   ）技术和方法。

Activity 10: comprehension – answer the following questions by using the words in brackets.

Zhè cì de yán tǎo huì chí xù duō cháng shí jiān   wéiqī

1 这次的研讨会持续多长时间？（为期）

Wèi shén me jiǔ diàn zhòng shì zhè cì huó dòng   lěijī   jīngyàn   bùkěhuòquē

2 为什么酒店重视这次活动？（累积/经验/不可或缺）

Activity 11: role play – imagine that you are a duty manager and describe your working day, in Chinese.

Dà jiā hǎo   wǒ shì xī ěr dùn jiǔdiàn de zhíbān jīnglǐ   wǒ dùguò

For example: 大家好，我是希尔顿酒店的值班经理Michael，我度过

le mánglù de yìtiān   Zǎo shang jiē dài le yí gè lái zì Zhōng guó de shāng wù fǎng wèn tuán

了忙碌的一天。早上接待了一个来自中国的商务访问团，

tāmen yào zài wǒmen jiǔdiàn kāizhǎn wéiqī sāntiān de shāngwù huódòng　　Wǒ fù zé bù

他们要在我们酒店开展为期三天的商务活动。我负责布

zhì chǎng dì　yù dìng cān tīng hé qí tā shì xiàng　yǔ tā men xiāng chǔ wǒ gǎn dào fēi cháng

置 场 地,预定餐厅和其他事项,与他们相处我感到非常

kāi xīn

开心。

Activity 12: interactive listening – imagine that you are a hotel manager, listen to what the guest says on the audio, and respond accordingly.

CAT 2: The title – Mr/Mrs

> How come
> Mrs Li is Mr Wang's wife?

This is normal. Most Chinese women don't take their husband's surname upon being married. Today, especially in mainland China, it is normal for a married woman to keep her name and not take her husband's family name. When checking in a couple from China, a wife might not appreciate your addressing her as, for example, Mrs Wang when her passport clearly shows that she is, for example, Mrs Li.

Experiential exercise

Volunteer as a student ambassador or representative of your company, and greet and welcome Chinese students or visitors when opportunity allows. Use as many new words and key expressions as possible when welcoming them. Write down their reactions – both positive and negative, so that you can reflect on them and improve.

Revision

- Practise the key expressions that you have learnt in this chapter, using an imaginary hosting situation (e.g. in a five-star hotel or at tourist information desk)
- As yourself, politely welcome the Chinese guest (your working partner) and/or answer questions from the guest, who might be visiting your hotel/country for the first time and who speaks little English
- Try to include as many polite expressions and as much new vocabulary as possible in your conversation

Lesson 3 办理入住及退房手续
Hotel check-in and check-out

Learning objectives

By the end of this lesson, you will be able to:

- Check in and check out guests in Chinese
- Learn the key vocabulary related to hotel names, room types and rates
- Understand some cultural tips when checking in Chinese guests

Warm-up

What are the key words that come to mind when you need to check in hotel guests? Are there different words used in English and Chinese to describe the same types of rooms?

Activity 1: pronunciation – listen to and repeat after the recording, paying attention to the pronunciation.

bànlǐ rùzhù shǒuxù
办理入住手续　　　　　　　　check-in

qián tái　　zǒng fú wù tái
前台（总服务台）　　　　　　front desk

jiē dài yuán
接待员　　　　　　　　　　　receptionist

dēng jì kǎ
登记卡　　　　　　　　　　　registration card

fáng kǎ fáng jiān yào shi
房卡（房间钥匙）　　　　　　room key

shēng jí
升级　　　　　　　　　　　　to upgrade

Ōushì　　Yīngshì zǎo cān
欧式／英式早餐　　　　　　　continental/English breakfast

xié chéng wǎng
携程网　　　　　　　　　　　Ctrip

fáng jiān lèi xíng
房间类型　　　　　　　　　　room types

biāo zhǔn jiān
标准间　　　　　　　　　　　standard room/twin room

dà chuáng fáng
大床房　　　　　　　　　　　double room

háo huá jiān
豪华间　　　　　　　　　　　deluxe room

xíng zhèng fáng
行政房　　　　　　　　　　　executive room

Xíngzhèng xiūxí tīng
行政休息厅　　　　　　　　　executive lounge

tào fáng 套房	suite
háo huá tào fáng 豪华套房	deluxe suite
zǒng tǒng tào fáng 总统套房	presidential suite
fáng jià děng jí 房价等级	rate categories
dān fáng jià 单房价	room only
fáng jià hán zǎo cān 房价含早餐	room with breakfast/bed and breakfast (B&B)
fáng jià hán zǎo wǎn cān 房价含早晚餐	half board (B&B + dinner)
fáng jià hán sān cān 房价含三餐	full board (room and three meals)
quán bāo jià 全包价	fully inclusive (all meals and drinks)
gōng sī hé tong jià 公司合同价	corporate rate
huì yì jià 会议价	conference rate
měi rì zuì yōu jià 每日最优价	daily best-buy rate

Activity 2: speaking – after you hear the English word on the recording, say the equivalent word for it in Chinese, paying attention to tone. You will hear the standard pronunciation after your attempt.

Activity 3: vocabulary – working in pairs, student A picks a word in Chinese from the list and says it out loud; student B listens and translates it back into English; and then they change roles.

Activity 4: vocabulary – match each following English word to its Chinese equivalent.

			Yīng shì zǎo cān
1	receptionist	A	英式早餐
			shēng jí
2	half board	B	升级
			biāo zhǔn jiān
3	room key	C	标准间
			jiē dài yuán
4	upgrade	D	接待员
			fáng jià hán zǎo wǎn cān
5	English breakfast	E	房价含早晚餐
			háo huá tào fáng
6	standard room	F	豪华套房
			fáng kǎ
7	deluxe suite	G	房卡
			dà chuáng fáng
8	double room	H	大床房

Activity 5: speaking – look at the following pictures. Use the words you have learnt, in order to describe the pictures. Then write the correct word for each picture, to improve your memory.

1

2

3

4

5

Key expressions: checking in guests

🔊 Listen to and memorize the following key expressions:

Huān yíng rù zhù Jià rì jiǔ diàn

1 欢迎入住假日酒店。
Welcome to Holiday Inn.

Qǐng wèn nín shì bàn lǐ rù zhù shǒu xù ma

2 请问您是办理入住手续吗?
Are you checking in?

Nín yù dìng le yí gè biāo zhǔn jiān zhù sāntiān   bāo zǎo cān

3 您预定了一个标准间,住三天,包早餐。
You have booked a standard room for three days with breakfast.

Nín shìfǒu yǒuyì shēngjí dào wǒmen de xíngzhèng fáng

4 您是否有意升级到我们的行政房?
Are you interested in upgrading to our executive room?

Qǐng bǎ nín de hù zhào gěi wǒ

5 请把您的护照给我。
Please let me see your passport.

Zhè shì fángjiān dēngjìbiǎo qǐng nín tián yí xia

6 这是房间登记表,请您填一下。
Here is the room registration form. Please complete it.

Kě yǐ yòng nín de xìn yòng kǎ xiān yù fù yí xia yā jīn ma

7 可以用您的信用卡先预付一下押金吗?
Could you prepay the deposit with your credit card?

Zhè shì nín de fángkǎ

8 这是您的房卡。
Here is your room card.

Tuì fáng shí jiān shì zhōng wǔ shí èr diǎn

9 退房时间是中午十二点。
Check-out time is noon.

Nín háiyǒu biéde xūyào ma

10 您还有别的需要吗?
Do you have any other needs?

yǔ yīn
a 语音 Phonetics

biàn yīn biàn dú

1   辨音辨读 Read aloud the following words, paying specific attention to the accuracy of your pronunciation and tone:

jià rì   jiǔ diàn   shǒu xù   biāo zhǔn jiān   zǎo cān

假日   酒店   手续   标准间   早餐

shēng jí   xíng zhèng fáng   hù zhào   dēngjì biǎo   xìnyòng kǎ

升级   行政房   护照   登记表   信用卡

yā jīn   fáng kǎ   tuì fáng

押金   房卡   退房

lǎng dú

2   朗读 Read aloud the following phrases, paying specific attention to the fluency of your speech:

huān yíng rù zhù   bàn lǐ rù zhù shǒu xù   qǐng nín tián yíxia

欢迎入住   办理入住手续   请您填一下

xiān yù fù yí xia yā jīn   zhè shì nín de fángkǎ   tuì fáng shí jiān

先预付一下押金   这是您的房卡   退房时间

jù zi tì huàn liàn xí
b 句子替换练习 Substitution exercises

Work in pairs, and complete the following dialogue by substituting the underlined part of the dialogue with the given words:

Wǒ yào rù zhù nǐ men jiǔ diàn

1A 我要入住你们酒店。

Huān yíng rù zhù Jià rì jiǔ diàn

1B 欢迎入住假日酒店。

Wǒ wéi nín bànlǐ rùzhù shǒuxù
我为您办理入住手续

Nín yǒu yùdìng ma
您有预定吗

Nín xiǎng dìng shénme fángjiān　Biāozhǔnjiān háishì xíngzhèng fáng
您想订什么房间？标准间还是行政房

Wǒ yǐ jīng fù wán leǎo fáng fèi hé yā jīn
2A 我已经付完了房费和押金。

Zhè shì nín de fángkǎ
2B 这是您的房卡。

Qǐng bǎ nín de hù zhào gěi wǒ
请把您的护照给我

Zhè shì fángjiān dēngjìbiǎo　qǐng nín tián yíxia
这是房间登记表，请您填一下

Hǎo de　nín háiyǒu biéde xūyào ma
好的，您还有别的需要吗

Situational dialogue 1 – checking in a corporate guest

duì huà bàn lǐ shāng wù lǚ kè rù zhù shǒu xù
对话1：办理商务旅客入住手续

xíngliyuán　Nín hǎo　xiānsheng　huānyíng guāng lín Jiàrì jiǔdiàn　Nín shì rùzhù wǒmen
行李员：您好，先生　，欢迎光临假日酒店。您是入住我们

jiǔdiàn ma
酒店吗？

kèren　Shì de
客人：是的。

xíng li yuán　Hǎo　qián tái zài nà biān　nín de xíng li kě yǐ jiāo gěi wǒ
行李员：好，前台在那边，您的行李可以交给我。

zài qián tái
(在前台　at the reception)

jiēdàiyuán　Xià wǔ hǎo　xiān sheng　huānyíng rùzhù Jiàrì jiǔdiàn　Qǐng wèn nín shì bàn lǐ
接待员：下午好，先生　，欢迎入住假日酒店。请问您是办理

rù zhù shǒu xù ma
入住手续吗？

Wáng xiān sheng　Shì de　　zhè shì wǒ de yùdìng quèrèn yóujiàn
王先生：　是的，这是我的预定确认邮件。

jiēdàiyuán　Hǎo　Wáng xiān sheng　　nín de fángfèi nǐmen gōngsī yǐjīng fù guò le
接待员：好，王先生，　您的费你们公司已经付过了。

Wáng xiān shengDuì de
王先生：　对的。

jiē dài yuán Nín yù dìng le yī gè biāo zhǔn jiān   zhù sān tiān   bāo zǎo cān
接待员：您预定了一个标准间，住三天，　包早餐。

Wáng xiān sheng Duì duì   wǒ dìng de shì yī gè wúyān fáng
王先生：　对，对，我订的是一个无烟房。

jiē dài yuán   Méi wèn tí   xiān sheng wǒ men zhè lǐ suǒ yǒu de fáng jiān dōu shì wú yān
接待员：没问题，先生，　我们这里所有的房间都是无烟

fáng   Nín shì fǒu yǒu yì shēng jí dào wǒ men de xíng zhèng fáng   Měi wǎn zhǐ yào
房。您是否有意升级到我们的行政房？　　每晚只要

duō jiā sān shí yīng bàng fáng jiān huì kuān chǎng xǔ duō lìng wài de yōu huì bāo kuò èr
多加三十英镑，房间会宽敞许多，　另外的优惠包括二

shí sì xiǎoshí miǎnfèi shǐyòng xíngzhèng céng xiūxitīng měi wǎn liù diǎn dào bā diǎn
行政十四小时免费使用层休息厅，　每晚六点到八点

zhījiān tígòng jīwěijiǔ   háiyǒu měi tiān zǎo shang huì yǒu zèngsòng de bàozhǐ sòng dào
之间提供鸡尾酒；　　还有每天早上会有赠送的报纸送到

nín de fángjiān   Nín yě kěyǐ xiǎngyòng chí hòu tuìfáng de tèquán   yìbān wǒmen
您的房间。您也可以享用迟后退房的特权，　一般我们

shì zhōng wǔ shí èr diǎn qián bìxū tuì fáng   zhù xíngzhèng fáng de kè ren zài xià wǔ
是中午十二点前必须退房，　住行政房的客人在下午

sān diǎn qián tuì fáng jí kě
三点前退房即可。

Wáng xiān sheng Bú yòng le   xiè xie   Wǒ kě yǐ zhù zài gāo yì diǎn de lóu miàn ma
王先生：　不用了，谢谢。我可以住在高一点的楼面吗？

jiē dàiyuán Hǎo hǎo   wǒ jìn lì ér wéi   Qǐng bǎ nín de hù zhào gěi wǒ Wáng xiān sheng
接待员：好好，我尽力而为。请把您的护照给我，　王先生。

Wáng xiān shengGěi
王先生：给。

jiē dài yuán Xiè xie Zhè shì fáng jiān dēng jì biǎo qǐng nín tián yí xia   Nín de dì zhǐ xiě
接待员：谢谢。这是房间登记表，请您填一下。您的地址写

zhè lǐ   rán hòu zài xià mian de gé zi lǐ qiān yí xia míng
这里，然后在下面的格子里签一下名。

Wáng xiān sheng tián wán biǎo gěi jiē dài yuán chá kàn
(王先生填完表给接待员查看　　　　　Mr Wang returns the completed
registration form to the receptionist)

jiēdàiyuán　Hěn hǎo　xièxie nín　Wáng xiān sheng Nín de fángjià hán Ōushì zǎocān　Kě
接待员：很好，谢谢您，王先生。　您的房价含欧式早餐。可

yǐ yòng nín de xìn yòng kǎ xiān yù fù yí xia yā jīn ma
以用您的信用卡先预付一下押金吗？

Wáng xiān sheng Dāng rán　zhè shì wǒ de xìn yòng kǎ
王先生：　当然，这我是的信用卡。

jiē dài yuán　Xiè xie　Zhè shì nǐ de fáng kǎ　Nín de fáng jiān yǐ jīng zhǔnbèihǎo le　zài
接待员：谢谢。这是你的房卡。您的房间已经准备好了，在

jiǔ lóu jiǔ yī bā hào fáng jiān　Zǎo cān shì cóng qī diǎn dào shí diǎn　zài èr lóu de zhǔ
九楼九一八号房间。　早餐是从七点到十点，在二楼的主

cān tīng　Diàn tī zài nín de yòu shǒu biānxíng li yuán huì dài nín qù fáng jiān
餐厅。电梯在您的右手边，　行李员会带您去房间。

Wáng xiān sheng Xiè xie　wǒ xiǎng quèrèn yíxia yíxia tuì fáng shí jiān
王先生：　谢谢，　我想确认一下退房时间。

jiē dài yuán　Tuì fáng shí jiān shì wǔ shí èr diǎn　dàn rú guǒ yǒu xū yào nín kě yǐ
接待员：退房时间是中午十二点，但如果有需要，　您可以

bǎ xíng li liú zài lǐ bīn bù
把行李留在礼宾部。

Wáng xiān sheng　Wú xiàn shàng wǎng mì mǎ shì duō shǎo
王先生：　无线上网密码是多少？

jiē dài yuán　Zài nín de fáng kǎ shàng　jiǔdiàn lǐ dōu kěyǐ yòng　Nín hái yǒu biéde
接待员：在您的房卡上，　酒店里都可以用。您还有别的

xūyào ma
需要吗？

Wáng xiān sheng　Méi yǒu le　xiè xie
王先生：　没有了，谢谢。

jiē dài yuán　Xī wàng nín rù zhù yú kuài
接待员：希望您入住愉快。

xíng li yuán　Xiān sheng　qǐng zhè biān zǒu
行李员：先生，　请这边走。

🔊 *New words*

rùzhù
入住 v. to check in
Nín hǎo huān yíng rù zhù wǒ men jiǔ diàn
您好,欢迎入住我们酒店。

bànlǐ
办理 v. to apply; to deal with
Qǐng zài qián tái bàn lǐ rù zhù shǒu xù
请在前台办理入住手续。

shǒuxù
手续 n. procedure
Nín de rù zhù shǒu xù yǐ jīng bàn lǐ hǎo le
您的入住手续已经办理好了。

yùdìng
预定 v./n. to reserve/reservation
Shāo děng wǒ men huì wéi nín yù dìng hé shì de fáng jiān
稍 等,我们会为您预定合适的房间。

quèrèn
确认 v./n. to confirm/confirmation
Wǒ huì hé jiǔ diàn de fù zǒng jīng lǐ jìn xíng què rèn
我会和酒店的副总经理进行确认。

kuānchǎng
宽敞 adj. spacious
Jiǔ diàn dà táng fēi cháng kuān chǎng
酒店大堂非常宽敞。

yōuhuì
优惠 n. benefits; discount
Nín shì wǒ men de guì bīn kě yǐ xiǎng shòu yōu huì
您是我们的贵宾,可以享受优惠。

miǎnfèi

免费 adj. free of charge

Jiǔ diàn de zǎocān shì miǎn fèi de

酒店的早餐是免费的。

      dào   zhījiān

xxx 到 xxx 之间 prep. between xxx and xxx

Wǒmen jiǔ diàn de zǎo cān gōng yìng shí jiān zài qī diǎn dào shí diǎn zhī jiān

我们酒店的早餐供应时间在七点到十点之间。

tígòng

提供 v. to provide

Gǎn xiè nǐ men tí gòng de zhōu dào fú wù

感谢你们提供的周到服务。

jīwěijiǔ

鸡尾酒 n. cocktails

Kè ren kě yǐ miǎn fèi xiǎng yòng yì bēi jī wěi jiǔ

客人可以免费享用一杯鸡尾酒。

xiǎngyòng

享用 v. to enjoy

Qǐng xiǎng yòng nín de wǔ cān

请享用您的午餐。

chí hòu tuìfáng

迟后退房 v./n. to check out late/late check-out

Wǒ kě yǐ chí hòu tuì fáng ma

我可以迟后退房吗？

tèquán

特权 n. privilege

kè ren xiǎng yǒu miǎn yā jīn de tè quán

VIP 客人享有免押金的特权。

jí kě

即可 adj. fine, OK

Nín bǎ yào shi liú zài qián tái jí kě

您把钥匙留在前台即可。

jìnlìérwéi

尽力而为 v. to try one's best

Nín fàng xīn　wǒ yí dìng jìn lì ér wéi

您放心，我一定尽力而为。

Ōu shì zǎo cān

欧式早餐 n. continental breakfast

Nín xiǎng lái yí fèn jīng diǎn de Ōu shì zǎo cān ma

您想来一份经典的欧式早餐吗？

zhǔ cāntīng

主餐厅 n. main restaurant

Zhǔ cān tīng yǒu gè gè guó jiā de jīng měi yǐn shí

主餐厅有各个国家的精美饮食。

lǐ bīn bù

礼宾部 n. concierge

Lǐ bīn bù fù zé chǎng dì bù zhì

礼宾部负责场地布置。

wú xiàn shàngwǎng

无线上网 n. Wi-Fi

Wǒ men jiǔ diàn de suǒ yǒu fáng jiān dōu kě yǐ wú xiàn shàng wǎng

我们酒店的所有房间都可以无线上网。

mìmǎ

密码 n. password

Wú xiàn shàng wǎng de mì mǎ zài fáng kǎ bèi hòu

无线上网的密码在房卡背后。

fáng kǎ

房卡 n. room card

Zhè shì nín de fáng kǎ   qǐng shōu hǎo

这是您的房卡，请收好。

yùfù

预付 v. prepay

Wǒ kě yǐ yù fù fáng fèi ma

我可以预付房费吗？

yājīn

押金 n. deposit

Nín fáng jiān de yā jīn shì wǔ shí bàng

您房间的押金是五十镑。

Activity 6: comprehension – answer the following questions according to the preceding dialogue.

1   What kind of room did the guest book?
2   What additional requirement would the guest like to know about the room?
3   What are the benefits of an executive room?
4   Does the guest need to pay a deposit?
5   Where can guests find the password for the Wi-Fi?

Activity 7: listening – you are helping a corporate guest to check in. Listen to the audio, and respond to the questions from the guest in accordance with the circumstances of the preceding dialogue or your hotel experience.

Activity 8: role play – work in pairs. Imagine one of you is a receptionist and the other is a guest. Help the guest check in.

Activity 9: vocabulary – use the right word to complete the following sentences, filling in the blanks between the brackets.

yā jīn　　　tí gòng　　　yù dìng　　　què rèn　　　yōu huì　　　kuān chǎng

A 押金　B 提供　C 预订　D 确认　E 优惠　F 宽敞

jí kě　　　xiǎng yòng　　　shǒu xù　　　jìn lì ér wéi　　　　　dàov　　　zhī jiān

G 即可　H 享用　I 手续　J 尽力而为　K xxx 到 xxx 之间

Nín zài wǎng shàng de fángjiān lèixíng shì xíngzhèng fáng

1 您在网上（　）的房间类型是行政房。

Zhè shì nín de zhù fáng dēng jì biǎo　qǐng nín　　yíxia

2 这是您的住房登记表，请您（　）一下。

Xiāo fèi mǎn liǎng bǎi bàng　jiù kě yǐ dé dào èr shí bàng de　　quàn

3 消费满两百镑，就可以得到二十镑的（　）券。

Nín xiǎng shēngjí dào　　míngliàng de háohuá tàofáng ma

4 您想升级到　（　）明亮的豪华套房吗？

Wǒ men jiǔ diàn miǎn fèi wéi kè ren　　zǎo cān

5 我们酒店免费为客人　（　）早餐。

Wǒ xiàn zài bǎ　　tuì gěi nín　qǐng shōu hǎo

6 我现在把（　）退给您，请收好。

Nín màn màn　　fēng shèng de wǎn cān ba

7 您慢慢　（　）丰盛的晚餐吧！

Qǐng fàng xīn　wǒ men yí dìng

8 请放心，我们一定（　）。

Jiǎn chá hǎo le　　nín zài zhè lǐ qiān zì

9 检查好了,您在这里签字（　）。

Nín de rù zhù　　wǒ yǐ jīng wéi nín bàn lǐ hǎo le

10 您的入住（　）我已经为您办理好了。

Key expressions: checking in returning guests

🔊　Listen to and memorize the following key expressions:

Hěn gāo xìng yòu jiàn dào nǐ men

1 很高兴又见到你们。

Glad to see you again.

Wǒ lái bāng nín ná xíng li ba

2 我来帮您拿行李吧。
Let me help you with your luggage.

Qǐng gēn wǒ lái qián tái   wǒ de tóng shì huì bāng nǐ men bàn lǐ rù zhù shǒu xù

3 请跟我来前台，我的同事会帮你们办理入住手续。
Please come to the front desk with me, and my colleague will help you check in.

Nǐ men yí lù shùn lì ma

4 你们一路顺利吗？
Did you have a smooth journey?

Wǒ men wéi nǐ men ān pái le yí gè bǐ jiào ān jìng de háo huá tào fáng   xīwàng

5 我们为你们安排了一个比较安静的豪华套房，希望
nǐmen kěyǐ hǎohǎo xiūxi

你们可以好好休息。
We have arranged a quieter luxury suite for you. I hope you have a good rest.

Jiǔ diàn lǐ kě yǐ miǎn fèi shàng wǎng

6 酒店里可以免费上网。
Free internet access in the hotel.

Zhè shì nǐ men de dēng jì kǎ

7 这是你们的登记卡。
Here is your registration card.

Qǐng chá kàn yí xia shàng mian de xìn xī shì fǒu dōu zhèng què bìng zài biǎo gé xià

8 请查看一下上面的信息是否都正确并在表格下
fāng qiān zì

方签字。

Please check that the information is correct, and sign the form.

Kě yǐ bǎ hù zhào gěi wǒ kàn yí xia ma

9 可以把护照给我看一下吗？
Could you show me your passport?

Nǐ men de fáng fèi yǐ jīng zài xié chéng wǎng shàng fù guò le   xiàn zài xū yào yòng

10 你们的房费已经在携程网上付过了，现在需要用
xìn yòng kǎ zuò gè yù shòu quán   zài nín chǎn shēng é wài fèi yòng shí cái huì kòu chú

信用卡做个预售权，在您产生额外费用时才会扣除。
Your room charge has been paid in advance through Ctrip. Now you need to use your
credit card as a presale right. Payment will be deducted only if you incur additional costs.

yǔ yīn

a 语音 **Phonetics**

biàn yīn biàn dú

1　辨音辨读 Read aloud the following words, paying specific attention to the accuracy of your pronunciation and tone:

xíng li　qián tái　tóng shì　ān jìng　xiūxi　dēng jì kǎ

行李　前台　同事　安静　休息　登记卡

xìn xī　zhèng què　fáng fèi　xìn yòng kǎ　yù shòu quán

信息　正确　房费　信用卡　预售权

é wài fèi yòng　kòu chú

额外费用　扣除

lǎng dú

2　朗读 Read aloud the following phrases, paying specific attention to the fluency of your speech:

yí lù shùn lì　ān pái le yí gè háo huá tào fáng　miǎn fèi shàng wǎng

一路顺利　安排了一个豪华套房　免费上网

zài biǎo gé xià fāng qiān zì

在表格下方签字

jù zi tì huàn liàn xí

b 句子替换练习　**Substitution exercises**

Work in pairs, and complete the following dialogue by substituting the underlined part of the dialogue with the given words:

Zhōng yú dào jiǔ diàn le

1A　终于到酒店了。

Hěn gāo xìng yòu jiàn dào nǐ men

1B　很高兴又见到你们。

Wǒ lái bāng nín ná xíng li ba

我来帮您拿行李吧

Qǐng gēn wǒ lái qián tái　wǒ de tóng shì huì bāng nǐ men bàn lǐ rù zhù shǒu xù

请跟我来前台，我的同事会帮你们办理入住手续

Nǐ men yí lù shùn lì ma

你们一路顺利吗

Zhè shì nǐ men de dēng jì kǎ

2A 这是你们的登记卡。

Hǎo de

2B 好的。

Qǐng chá kàn yí xia shàng mian de xìn xī shì fǒu dōu zhèng què bìng zài biǎo gé xià fāng

请查看一下上面的信息是否都正确并在表格下方

qiān zì

签字

Xiàn zài xū yào yòng xìn yòng kǎ zuò gè yù shòu quán   zài nín chǎn shēng é wài fèi

现在需要用信用卡做个预售权，   在您产生额外费

yòng shí cái huì kòu chú

用时才会扣除

Wǒ men wéi nǐ men ān pái le yí gè bǐ jiào ān jìng de háo huá tào fáng

我们为你们安排了一个比较安静的豪华套房

Situational dialogue 2 – checking in an individual leisure guest

duì huà   bàn lǐ xiū xián sàn kè rù zhù shǒu xù

对话2： 办理休闲散客入住手续

Mr and Mrs Li are regular guests. This is their third stay at this Marriott Hotel. They come to London once a year to watch the Wimbledon tennis championships.

Lǐ xiān shēng hé lǐ tài tai shì Wàn háo jiǔ diàn de cháng kè　zhè shì tāmen dìsān
李先生和李太太是万豪酒店的常 客， 这是他们第三

cì zhù zài tóng yìjiā fēndiàn　Tā men měi nián dōu lái lún dūn　yí cì kàn Wēn bù ěr dēng
次住在同一家分店。 他们每年都来伦敦 一次看温布尔登

wǎng qiú jǐn biāo sài
网球锦标赛。

xíngliyuán　Xià wǔ hǎo　Lǐ xiān sheng hé Lǐ tài tai Hěn gāo xìng yòu jiàn dào nǐ men
行李员：下午好,李先生和李太太。很高兴又见到你们。

kèren　Nǐ hǎo
客人:你好。

xíngliyuán　Wǒ lái bāng nín ná xíng li ba Qǐng gēn wǒ lái qián tái　wǒ de tóng shì huì
行李员： 我来帮您拿行李吧。请跟我来前台， 我的同事会

bāng nǐ men bàn lǐ rù zhù shǒu xù
帮你们办理入住手续。

＊＊＊＊＊＊＊＊＊＊＊＊＊＊＊＊＊＊＊＊＊＊＊＊＊＊＊＊＊＊＊＊＊＊＊＊＊＊

jiē dài yuán　Lǐ xiān shēng　Lǐ tài tai xià wǔ hǎo　Hěn gāo xìng yòu jiàn dào nǐ men
接待员： 李先生、 李太太下午好。很高兴又见到你们。

Nǐ men yí lù shùn lì ma
你们一路顺利吗？

Lǐ xiān sheng Xiè xie yě hěn gāoxìng yòu jiàndào nǐ　Fēi jī hái suàn shùn lì　búguò háishì
李先生:谢谢,也很高兴又见到你。飞机还算顺利, 不过还是

yǒudiǎn lèi
有点累。

jiēdàiyuán　Kě yǐ xiǎng xiàng
接待员 :可以想象。

Lǐ xiān sheng Zhè shì wǒ men de yù dìng xìn xī
李先生： 这是我们的预定信息。

jiēdàiyuán　Hǎo　shì cóng xié chéng wǎngshàng dìng de　shì ma
接待员:好,是从携程网上订的， 是吗？

Lǐ tài tai　Shì de
李太太:是的。

jiēdàiyuán   Wǒ men wéi nǐ men ān pái le yí gè bǐ jiào ān jìng de háo huá tào fáng
接待员：我们为你们安排了一个比较安静的豪华套房，

zài bā lóu   xīwàng nǐmen kě yǐ hǎohao xiūxi
在八楼，希望你们可以好好休息。

Lǐ tài tai   Tài hǎo le   xiè xie
李太太：太好了，谢谢！

jiēdàiyuán   Bú kè qi
接待员：不客气。

Lǐ tài tai   Fáng jiān bāo zǎo cān   shì ma
李太太：房间包早餐，是吗？

jiēdàiyuán   Shì de   bāo Yīngshì zǎocān jiǔdiàn lǐ kěyǐ miǎnfèi shàngwǎng
接待员：是的，包英式早餐，酒店里可以免费上网。

Lǐ tài tai   Zhī dào le
李太太：知道了。

jiēdàiyuán Zhè shì nǐ men de dēng jì kǎ   Qǐng chá kàn yí xia shàng mian de xìn xī shì fǒu dōu
接待员：这是你们的登记卡。请查看一下上面的信息是否都

zhèng què bìng zài biǎo gé xià fāng qiān zì   Kě yǐ bǎ hù zhào gěi wǒ kàn yí xia ma
正确并在表格下方签字。   可以把护照给我看一下吗？

Lǐ xiān sheng   Zài zhè li
李先生：   在这里。

jiēdàiyuán   Xiè xie   Nǐ men de fáng fèi yǐ jīng zài xié chéng wǎng shàng fù guò le   xiànzài
接待员：谢谢。 你们的房费已经在携程网上付过了，   现在

xūyào yòng xìnyòngkǎ zuò gè yùshòu quán   zài nín chǎnshēng éwài fèiyòng shí cái huì
需要用信用卡做个预售权，   在您产生额外费用时才会

kòuchú
扣除。

Lǐ xiān sheng Hǎo   kǎ gěi nǐ
李先生：   好，卡给你。

jiēdàiyuán   Xiè xie   Zhè shì nǐ men de fáng kǎ   bā èr liù hào fáng jiān Zǎo cān shì
接待员：谢谢。这是你们的房卡，八二六号房间。早餐是

cóng liù diǎn bàn dào shí diǎn bàn   Cān tīng zài èr lóu
从六点半到十点半。   餐厅在二楼。

Lǐ tài tai　　Xiè xie
李太太：谢谢。

jiēdàiyuán　　Bú yòng xiè　zhù liǎng wèi rùzhù yúkuài
接待员：不用谢，祝两位入住愉快。

🔊 *New words*

shùnlì
顺利 adj. smooth
Zhù nín lǚ tú shùn lì
祝您旅途顺利！

xiǎngxiàng
想象　v./n. to imagine/imagination
Wǒ yǐ jīng xiǎng xiàng dào le yí gè měi hǎo de chǎng jǐng
我已经想象到了一个美好的场景。

xié chéng wǎng
携程网　　n. ctrip.com
Nín kě yǐ zài xié chéng wǎng shàng yù dìng jiǔ diàn
您可以在携程网上预订酒店。

ānpái
安排 v./n. to arrange/arrangement
Wǒ huì wéi nín ān pái yí gè ān jìng de fáng jiān de
我会为您安排一个安静的房间的。

ānjìng
安静 adj. quiet
Wǒ xiǎng zài yí gè ān jìng de fáng jiān lǐ xiū xi
我想在一个安静的房间里休息。

háohuá tàofáng
豪华套房　n. deluxe room
Wǒ men yǐ jīng wéi nín yù dìng le yì jiān háo huá tào fáng
我们已经为您预定了一间豪华套房。

Yīngshì zǎocān
英式早餐　n. English breakfast

Wǒ men cān tīng tí gòng miǎn fèi de Yīng shì zǎo cān
我们餐厅提供免费的<u>英式早餐</u>。

shìfǒu
是否 conj. whether
Qǐng chá kàn nín de xìn xī shì fǒu zhèng què
请<u>查</u>看您的信息<u>是否</u>正确。

zhèngquè
正确 adj. correct
Qǐng tián xiě nín zhèng què de gè rén xìn xī
请填写您<u>正确</u>的个人信息。

bìng
并 conj. and
Qǐng tián xiě bìng tí jiāo nín de rù zhù xìn xī
请填写<u>并</u>提交您的入住信息。

yùshòu quán
预售权 n. presale rights
Xiàn zài xū yào yòng nín de xìn yòng kǎ zuò yù shòu quán
现在需要用您的信用卡做<u>预售权</u>。

zài　　shí
在 xxx 时 conj. when xxx
Zài nín yòng cān shí kě yǐ xīn shǎng dào wǒ men de biǎo yǎn
<u>在</u>您用餐<u>时</u>可以欣赏到我们的表演。

chǎnshēng
产生 v. to occur
Wǒ chǎn shēng le yí gè xiǎng fǎ
我<u>产生</u>了一个想法。

éwài
额外 adj. additional
Nínhǎo　é wài de fèi yòng jiāng huì zài nín de yā jīn lǐ kòu chú
您好，<u>额外</u>的费用将会在您的押金里扣除。

fèiyòng

费用 n. expenses

Nín wǔ cān de fèi yòng shì sì shí bàng

您午餐的费用是四十镑。

kòuchú

扣除 v. to deduct

Xìn yòng kǎ fù kuǎn xū yào kòu chú shǒu xù fèi

信用卡付款需要扣除手续费。

Activity 10: vocabulary – complete the following sentences by using the correct vocabulary.

shǒuxù	yúkuài	fángfèi	kěyǐ	jǐ diǎn
A 手续	B 愉快	C 房费	D 可以	E 几点
kàn yíxià		yù dìng xìn xī		zhèng què
F 看一下	G 预定信息		H 正确	

Qǐng wèn nín shì bàn lǐ rù zhù　ma

1　请问您是办理入住（　）吗？

Zhè shì wǒ men de

2　这是我们的（　）。

Zhù liǎng wèi rù zhù

3　祝两位入住（　）。

Jiǔ diàn lǐ　miǎnfèi shàngwǎng

4　酒店里（　）免费上网。

Kě yǐ bǎ hù zhào gěi wǒ　ma

5　可以把护照给我（　）吗？

Tuì fáng shí jiān shì

6　退房时间是（　）？

Qǐng wèn dēng jì biǎo zhè yàng tián　ma

7　请问登记表这样填（　）吗？

Nǐ men de　yǐjīng zài xié chéng wǎngshàng fù guò le

8　你们的（　）已经在携程网上付过了。

🔊

Activity 11: listening – listen to and complete the following dialogue.

jiēdàiyuán   Xià wǔ hǎo   ma
接待员：下午好。＿＿＿＿＿＿＿＿吗？

Lǐ xiān sheng Shì de   zhè shì wǒmen de yùdìng xìnxī
李先生：是的，这是我们的预定信息。

jiēdàiyuán   Hǎo shì cóng xié chéng wǎngshàng dìng de   shì ma
接待员：好，是从携程网上订的，   是吗？

Lǐ tài tai   Shì de   fángjiān bāo zǎocān   shì ma
李太太：是的。房间包早餐，是吗？

jiēdàiyuán
接待员：＿＿＿＿＿＿＿。

Lǐ tài tai   Tài hǎo le
李太太：太好了。

jiēdàiyuán   Qǐng chá kàn yí xia shàng mian de xìn xī
接待员：＿＿＿＿＿＿＿＿＿＿。请查看一下上面的信息

shì fǒu dōu zhèng què bìng zài biǎo gé xià fāng qiān zì
是否都正确并在表格下方签字。   ＿＿＿＿＿＿＿？

Lǐ xiān sheng Gěi nǐ
李先生：给你。

jiēdàiyuán   Xiè xie Nǐ men de fáng fèi yǐ jīng zài xié chéng wǎng shàng fù guò le
接待员：谢谢。你们的房费已经在携程网上付过了，

xiànzài xūyào yòng xìnyòngkǎ zuò gè yù shòu quán   zài nín chǎn shēng é wài fèi
现在需要用信用卡做个预售权，   在您产生额外费

yòng shí cái huì kòu chú
用时才会扣除。

Lǐ xiān sheng Hǎo   kǎ gěi nǐ
李先生：好，卡给你。

jiēdàiyuán　　Xiè xie　　　　　　　　　bā èr liù hàofáng jiān　Zǎocān shì
接待员：　谢谢。＿＿＿＿＿＿，八二六号房间。　早餐是

Cān tīng zài èr lóu
＿＿＿＿＿。餐厅在二楼。

Lǐ tài tai　Xiè xie
李太太：谢谢。

jiē dài yuán
接待员：＿＿＿＿＿＿＿。

◀))

Activity 12: listening and translation – listen to and translate the sentences you hear on the audio.

Activity 13: grammar – rearrange the following Chinese words to make grammatically correct sentences.

zhīfù　nǐmen de　yǐjīng　fángjiānfèiyòng　zài wǎngshàng　le
1　支付/你们的/已经/房间 费用/在 网上 /了

hùzhào　kěyǐ　wǒ　chákàn　ma　　yíxia　nín de
2　护照/可以/我/查看/吗？/一下/您的

le　ān pái　háo huá tào fáng　yí gè　　nǐ men　Wáng zǒng　wèi
3　了/安排/豪华套房 /一个/你们/ 王总 /为

bǎ
Activity 14: grammar – translate the following sentences into Chinese, using 把.

• Please give the key to the receptionist.
• Please leave the luggage in your room.
• Please let me have a look at your room card.
• Please let me see your passport.
• Please tell me your full name.

Reading – checking in a group of conference delegates

yuè dú　　jiē dài huì yì tuán tǐ kè ren
阅读：接待会议团体客人

Jīn tiān wǒ men de jiǔ diàn hěn máng lù　　　yǒu yí gè èrshí rén de huìyì tuántǐ
今天我们的酒店很忙碌，　　　有一个二十人的会议团体

kè ren rùzhù　　Zhè shì tā men shǒu cì lái yīng rù zhù Xī ěr dùn jiǔ diàn　　Cǐ cì kè ren
客人入住。　这是他们首次来英入住希尔顿酒店。　此次客人

rù zhù shí jiān wéi sān tiān　　　zhǔyào cānjiā yí gè Zhōngguó gōngsī Huá xīng zài Lúndūn
入住时间为三天，　　　主要参加一个中国公司华星在伦敦

jǔbàn de guójì huìyì　　Gāi huì yì yě jiāng zài běn jiǔ diàn jǔ xíng
举办的国际会议。该会议也将在本酒店举行。

Zhè zǔ tuán tǐ kè ren bǐ yù qī de shí jiān lái de zǎo　　yóu yú cháng tú lǚ xíng shí
这组团体客比预期的时间来得早，　　由于长途旅行十

fēn pí bèi　　Hǎozài kèfáng bù yǐjīng zuòhǎo le chōngfèn de zhǔnbèi　　dāngtiān de zhíbān
分疲惫。好在客房部已经做好了充分的准备，　　当天的值班

jīnglǐ shùnlì de ānpái le tíqián rùzhù de shǒuxù　　zài yǔ tuánduì lǐngduì héduì rùzhù
经理顺利地安排了提前入住的手续，　在与团队领队核对入住

míngdān jí hùzhào hòu　　jiù jiāng fángkǎ tǒngyī jiāogěi le lǐngduì　Wèi cǐ　　kèrenmen
名单及护照后，　就将房卡统一交给了领队。　为此，　客人们

shífēn mǎnyì bīngbiǎoshì gǎnxiè　Wǒmen zuòwéi gōngzuòrényuán yě hěn gāo xìng　bìng xī
十分满意并表示感谢。我们作为工作人员也很高兴，　　并希

wàng tā men rù zhù yú kuài
望他们入住愉快。

🔊 *New words*

mánglù

忙碌 adj. busy

Jīn tiān wǒ dù guò le máng lù de yì tiān

今天我度过了忙碌的一天。

tuántǐ kèren

团体客人 n. group guest

Wǒ men yí gòng yǒu shí yī wèi tuán tǐ kè ren

我们一共有十一位团体客人。

shǒu cì

首次 adv. for the first time

Zhè shì wǒ men shǒu cì jiē dài shāng wù lǚ xíng tuán

这是我们首次接待商务旅行团。

cìcì

此次 adv. this time

Cǐ cì huì yì shí cháng wéi sān xiǎo shí

此次会议时长为三小时。

cānjiā

参加 v. to participate

Qǐng dà jiā jī jí cān jiā gōng sī huó dòng

请大家积极参加公司活动。

hǎozài

好在 adv. luckily

Hǎo zài yǒu nǐ men bāng wǒ

好在有你们帮我。

kèfáng bù

客房部 n. housekeeping department

Wǒ men kè fáng bù de gōng zuò diàn huà shì qī qī sān liù

我们客房部的工作电话是七七三六。

gāi

该 adj. such

Gāi zǔ tuán tǐ kè ren dōu ān pái zài bā lóu

该组团体客人都安排在八楼。

běn

本 adv. originally

Kè ren běn yīng gāi xià wǔ sì diǎn zhōng dào de

客人本应该下午四点钟到的。

yù qī

预期 adj. expected

Huì yì dá dào le wǒ yù qī de xiào guǒ

会议达到了我预期的效果。

yóuyú

由于 conj. due to

Yóu yú nín shì wǒ men jiǔ diàn de   gùkè suǒyǐ wǒmen wéi nín tígòng bǎi

由于您是我们酒店的   VIP 顾客，所以我们为您提供百

fēn zhī bā shí de yōuhuì

分之八十的优惠。

chángtú lǚxíng

长途旅行 n. long-distance travel

Wǒ gāng jīng lì le shí gè xiǎo shí de cháng tú lǚ xíng

我刚经历了十个小时的长途旅行。

píbèi

疲惫 adj. tired

Wǒ de shēn tǐ gǎn dào shí fēn pí bèi

我的身体感到十分疲惫。

chōngfèn de

充分的 adj. sufficient

Wǒ men yǐ jīng wéi zhè cì huì yì zuò le chōng fèn de zhǔn bèi

我们已经为这次会议做了充分的准备。

zhíbān jīnglǐ

值班经理 n. duty manager

Jīn tiān jiǔ diàn jiāng yíng lái yī gè xīn de zhí bān jīng lǐ

今天酒店将迎来一个新的值班经理。

ān pái

安排 v./n. to arrange/arrangement

Gǎn xiè nǐ men de ān pái

感谢你们的安排。

lǐngduì

领队 n. group leader

Lǐng duì de gōng zuò fēi cháng xīn kǔ

领队的工作非常辛苦。

héduì

核对 v. to check; to verify

Qǐng zǐ xì hé duì nín de zhàng dān

请仔细核对您的账单。

biǎoshì

表示 v. to express

Kè ren lín zǒu qián xiàng jiǔ diàn jīng lǐ biǎo shì gǎn xiè

客人临走前向酒店经理表示感谢。

Activity 15: comprehension and translation – read the preceding text on checking in a group of conference delegates, and try to translate it into English.

Activity 16: speaking – try to talk about a recent check-in experience of yours, explaining the type of guests, the process, and the outcome. Then complete the following form.

Hotel check-in form

Guest's name:

Number of guests:

Room size requested:

Check-out date:

Room service:

Method of payment:

Activity 17: vocabulary – complete the following sentences by using the correct vocabulary.

cān jiā	gāi	biǎo shì	hé duì	cǐ cì
A 参加	B 该	C 表示	D 核对	E 此次
máng lù	tuán tǐ	lǐng duì	yóu yú	shǒu cì
F 忙碌	G 团体	H 领队	I 由于	J 首 K 次

huìyì jǔbàn dé fēicháng chénggōng
1 （ ）会议举办得非常成功。

Wǒ hěn xǐ huan   de shēnghuó
2 我很喜欢　（ ）的　生活。

jiǔdiàn jīngcháng chéngjiē gè lèi shāngwù huìyì
3 （ ）酒店 经常 承接各 类商务会议。

Zhè zhōu mò   yào   yùndònghuì
4 这周末　Tina 要（ ）运动会。

Kè ren duì jīng lǐ   gǎnxiè
5 客人对经理（ ）感谢。

Wǒ xiàn zài yào rèn zhēn   zhàngdān
6 我现在要认真　（ ）账单。

Lǚ xíng tuán de   fēicháng rènzhēn fùzé
7 旅行团的（ ）非常认真负责。

Zhè ge　　　　　yígòng yǒu shí wǔ rén
8　这个（ 　）一共有十五人。

nǐ de bāngmáng　wǒmen yǐjīng tíqián wánchéng le gōng zuò
9　（ 　）你的帮忙，我们已经提前完成了工作。

Zhè ge zhǔ tí　　　zài huì yì shàng bèi tí chū
10　这个主题（ 　）在会议上被提出。

Key expressions: checking out guests

🔊　Listen to and memorize the following key expressions:

Nín zhù dé hái mǎn yì ba
1　您住得还满意吧？
Are you satisfied with your stay?

Qǐng nín shāo děng　wǒ qù gěi nín dǎ yí fèn nín de zhàng dān
2　请您稍等，我去给您打一份您的账单。
Please wait a moment. I will get your bill.

Zhè shì nín de zhàng dān　yí gòng jiǔ bǎi wǔ shí bàng　bāo hán bǎi fēn zhī èr shí
3　这是您的账单，一共九百五十镑，包含百分之二十
de zēng zhí shuì
的增值税。
Here is your bill, which comes to 950 pounds, including a 20 percent VAT.

Qǐng nín hé duì yí xia
4　请您核对一下。
Please check it.

Qǐng wèn nín yòng shén me fāng shì zhī fù
5　请问您用什么方式支付？
How would you like to pay?

Nín xū yào shōu jù ma
6　您需要收据吗？
Do you need a receipt?

Zhè shì nín de shōu jù
7　这是您的收据。
Here is your receipt.

Qǐng wèn nín yǒu wù pǐn jì cún zài qián tái ma

8　请问您有物品寄存在前台吗？

Have you left anything at the front desk?

Gǎn xiè nín de rù zhù　　rúguǒ nín juéde wǒmen de jiǔdiàn yǒu xūyào gǎijìn de

9　感谢您的入住，如果您觉得我们的酒店有需要改进的

dìfāng qǐng suí shí yǔ wǒmen liánxì

地方请随时与我们联系。

Thank you for staying. Please feel free to contact us if you feel that our hotel needs improvement.

Qī dài nín zài cì xuǎn zé wǒ men jiǔ diàn

10　期待您再次选择我们酒店。

Looking forward to seeing you again.

yǔ yīn

a　语音 Phonetics

biàn yīn biàn dú

1　辨音辨读 Read aloud the following words, paying specific attention to the accuracy of your pronunciation and tone:

mǎn yì　zhàng dān　zēng zhí shuì　zhī fù　shōu jù

满意　账单　增值税　支付　收据

jì cún　gǎijìn　liánxì　xuǎn zé

寄存　改进　联系　选择

lǎng dú

2　朗读 Read aloud the following phrases, paying specific attention to the fluency of your speech:

qǐng nín shāo děng　bāo hán zēng zhí shuì　hé duì yí xia

请您稍等　包含增值税　核对一下

jì cún qián tái　gǎn xiè rù zhù　qǐng suí shí yǔ wǒmen liánxì

寄存前台　感谢入住　请随时与我们联系

jù zi tì huàn liàn xí

b 句子替换练习 Substitution exercises

Work in pairs, and complete the following dialogue by substituting the underlined part of the dialogue with the given words:

Wǒmen yào tuì fáng le

1A 我们要退房了。

Nín zhù de hái mǎn yì ba

1B <u>您住得还满意吧</u>?

Qǐng wèn nín yòng shénme fāngshì zhīfù éwài fèi yòng

请问您用什么方式支付额外费用

Gǎn xiè nín de rù zhù   rúguǒ nín juéde wǒmen de jiǔdiàn yǒu xūyào gǎijìn de

感谢您的入住，   如果您觉得我们的酒店有需要改进的

dìfāng qǐng suí shí yǔ wǒmen liánxì

地方请随时与我们联系

Qī dài nín zài cì xuǎn zé wǒ men jiǔ diàn

期待您再次选择我们酒店

---

wǒ xiǎng kàn yí xia zhàngdān

2A 我想看一下账单。

Qǐng nín hé duì yí xia

2B <u>请您核对一下</u>。

Qǐng nín shāo děng   wǒ qù gěi nín dǎ yí fèn nín de zhàng dān

请您稍等,我去给您打一份您的账单

Zhè shì nín de zhàng dān   yí gòng jiǔ bǎi wǔ shí bàng   bāo hán bǎi fēn zhī èr shí de

这是您的账单，一共九百五十镑，包含百分之二十的

zēng zhí shuì

增值税

Hǎo de nín xū yào shōu jù ma

好的,您需要收据吗

Situational dialogue 3 – checking out a guest

duì huà　　Wáng xiān sheng zài qián tái bàn lǐ tuì fáng shǒu xù
对话 3：　王先生在前台办理退房手续

Wáng xiān sheng　　Nǐ hǎo　wǒ xū yào tuì fáng　Zhè shì wǒ de fáng kǎ　bā liù líng liù
王 先 生：你好，我需要退房。这是我的房卡，八六零六
fáng jiān
房间。

qián tái　Hǎo de　　méi wèn tí Nín zhù dé hái mǎn yì ba
前台：好的，没问题。您住得还满意吧？

Wáng xiān sheng　Dōu tǐng hǎo de
王 先 生：都挺好的。

qián tái Nà jiù hǎo　Qǐng nín shāo děng　wǒ qù gěi nín dǎ yí fèn nín de zhàng dān　Zhè shì
前台：那就好。请 您 稍 等，我去给您打一份您的账单。这是
nín de zhàng dān yí gòng jiǔ bǎi wǔ shí bàng bāo hán bǎi fēn zhī èr shí de zēng zhí shuì Qǐng
您的账单，一共九百五十镑，包含百分之二十的增值税。请
nín hé duì yí xia　Qǐng wèn nín yòng shén me fāng shì zhī fù Nín xū yào shōu jù ma
您核对一下。请问您用什么方式支付？　您需要收据吗？

Wáng xiān sheng Shuā xìn yòng kǎ　Xū yào shōu jù xiè xie
王先生：　刷信用卡。需要收据，谢谢。

qián tái　Zhè shì nín de shōu jù Qǐng wèn nín yǒu wù pǐn jì cún zài qián tái ma
前台：这是您的收据。请问您有物品寄存在前台吗？

Wáng xiān sheng　Méi yǒu xiè xie
王先生：　　没有，谢谢。

qiántái　　Gǎn xiè nín de rù zhù　rúguǒ nín juéde wǒmen de jiǔdiàn yǒu xūyào gǎijìn de dìfāng
前台：感谢您的入住，如果您觉得我们的酒店有需要改进的地方

　　qǐng suí shí yǔ wǒmen liánxì　Qī dài nín zài cì xuǎn zé wǒ men jiǔ diàn
请随时与我们联系。期待您再次选择我们酒店。

🔊 *New words*

zhàng dān
账 单 n. bills
Zhè shì nín de zhàng dān
这是您的账单。

zhī fù fāng shì fù kuǎn fāng shì
支付方式/付款方式 n. method of payment
Wǒmen zhīchí duō zhǒng zhīfù fāngshì
我们支持多种支付方式。

xiàn jīn zhī fù
现金支付 v. to pay by cash
Wǒ men zhī jiē shòu xiàn jīn zhī fù
我们只接受现金支付。

shuā kǎ
刷卡 v. to pay by card
Zhè lǐ chī fàn kě yǐ shuā kǎ ma
这里吃饭可以刷卡吗？

shuā xìn yòng kǎ
刷信用卡 v. to pay by credit card
Hěn duō shāng chǎng kě yǐ shuā xìn yòng kǎ zhī fù
很多商场可以刷信用卡支付。

zhīfù bǎo zhīfù
支付宝支付 v. to pay by Alipay
Zhī fù bǎo zhī fù fāng shì zài Zhōng guó hěn shòu huān yíng
支付宝支付方式在中国很受欢迎。

wēi xìn zhīfù
微信支付 v. to pay by WeChat
Wēi xìn zhī fù shí fēn biàn jié
微信支付十分便捷。

fā piào shōu jù
发票 / 收据 n. receipt
Qǐng bǎo liú hǎo nín de fā piào   shōu jù
请保留好您的发票 / 收据。

zēng zhí shuì
增值税 n. VAT
Zēng zhí shuì wéi Zhōng guó zuì zhǔ yào de shuì zhǒng zhī yī
增值税为中国最主要的税种之一。

hé duì
核对 v. to verify; to cross-check
Qǐng hé duì nín de zhàng dān
请核对您的账单。

Activity 18: comprehension – listen to the dialogue, and fill in the blanks accordingly.

Wáng xiān sheng zài qián tái   tā de zhàng dān yí gòng   bǎi fēn zhī
王先生在前台   (   ),他的账单一共(   ),(   )百分之

shí èr diǎn wǔ de   Wáng xiān sheng xuǎn zé   zhīfù   tā xūyào
十二点五的(   )。王先生选择(   )支付,他需要(   )。

🔊

Activity 19: interactive listening – imagine that you are a receptionist, listen to what the guest says on the audio, and respond accordingly.

CAT 3: Introduce one person to another

Who should I introduce first?

In China, common rules govern how to introduce one person to another, especially in a formal situation. People follow these rules to show respect to those who are senior, women, superiors and guests. However, if you are in an informal situation, the introduction might be less ceremonious. The following are the four general rules to follow:

1 Juniors should be introduced to seniors first
2 Men should be introduced to women first
3 Inferiors should be introduced to superiors first
4 Hosts should be introduced to guests first

Experiential exercise

Call a four-star or five-star that is part of an international chain and that may have a Mandarin-speaking receptionist. Enquire about the room types and rates that the hotel offers and ask them to explain the hotel's check-in and check-out policies.

Revision

- Practise the key expressions and new words you have learnt in this lesson
- Invent imaginary host situations, and as yourself, politely complete the check-in and check-out process
- Try to include as many polite expressions and as much new vocabulary as possible in your conversation

Lesson 4　介绍酒店设施
Introducing hotel facilities

Learning objectives

By the end of this lesson, you will be able to:

- Introduce different hotel facilities and functions to Chinese guests
- Use appropriate vocabulary to describe room, conference, gym, and spa facilities
- Answer general enquiries about hotels

Warm-up

What are the most used facilities in your hotel? What words do you already know in Chinese to describe the facilities and services of a hotel?

◀))

Activity 1: pronunciation – listen to and repeat after the recording, paying attention to the pronunciation.

shè shī 设施	facilities
shāng wù zhōng xīn 商务中心	business centre
huì yì shè shī 会议设施	conference facilities
wú zhàng ài shè shī 无障碍设施	disability access
měi fà / měiróng shālóng 美发/美容沙龙	salon and spa
wú yān kè fáng 无烟客房	nonsmoking rooms
tíng chē chǎng 停车场	car parking
bǎo xiǎn xiāng 保险箱	safety box
lǚxíngshè　guānguāng fúwùtái 旅行社/观光服务台	tourist office/information
lǐp ǐndiàn 礼品店	gift shop
wàibì duìhuàn guìtái 外币兑换柜台	currency exchange
cāntīng jí jiǔbā 餐厅及酒吧	restaurants and bars
dà táng jiǔ láng 大堂酒廊	lobby lounge bar
ān quán jiǎn chá 安全检查	security check
jiān cè shè shī 监测设施	CCTV

Activity 2: speaking – after you hear the English word on the recording, say the equivalent word for it in Chinese, paying attention to tone. You will hear the standard pronunciation after your attempt.

Activity 3: vocabulary – working in pairs, student A picks a word in Chinese from the list and says it out loud; student B listens and translates it back into English; and then they change roles.

Activity 4: vocabulary – match each following Chinese word to its English equivalent.

	shāng wù zhōng xīn			
1	商 务 中 心	A	car park
	jiàn shēn fáng			
2	健 身 房	B	currency exchange counter
	tíng chē chǎng			
3	停 车 场	C	lobby lounge
	wài bì duì huàn guì tái			
4	外 币 兑 换 柜 台	D	business centre
	měi fà měi róng shā lóng			
5	美发 / 美容沙龙	E	gym
	dà táng jiǔ láng			
6	大 堂 酒 廊	F	lobby bar
	lǐ pǐn diàn			
7	礼品店	G	gift shop

Activity 5: speaking – look at the following pictures. Use the words you have learnt, in order to describe the pictures. Then write the correct word for each picture, to improve your memory.

1

2

3

4

5

Key expressions: talking about room facilities

🔊 Listen to and memorize the following key expressions:

Zhè shì jiǔ lóu   xíng zhèng céng   nín xiān qǐng

1   这是九楼，行 政 层 ，您先请。
This is the ninth floor, the executive floor. Please, after you.

Qǐng nín gēn wǒ lái

2   请您跟我来。Please follow me.

Zhè shì zhǔ chá huò zhǔ kāfēi de   zhè biān yǒu hú yí gè mínǐ bā

3   这是煮茶或煮咖啡的壶，这边有一个迷你吧，
jià qiān zài bīng xiāng shàng

价 签 在 冰 箱 上 。
This is a tea or coffee pot. There is a minibar over here. The price list is on the refrigerator.

Yáo kòng qì hé diàn shì pín dào liè biǎo zài diàn shì jī páng biān

4   遥控器和电视频道列表在电视机旁边 。
The remote control and TV channel list are next to the TV.

Zhōng wén pín dào shì pín dào liè biǎo shàng de dì èr shí bā gè

5   中文频道是频道列表上的第二十八个。
The 28th channel on the list is the Chinese channel.

Bǎo xiǎn guì zài mén biān de guì zi lǐ

6   保险柜在门边的柜子里。
The safety box is in the cupboard by the door.
Xǐ yī dài hé xǐ yī dān yě zài guì zi lǐ

7   洗衣袋和洗衣单也在柜子里。
Laundry bags and laundry lists are also in the closet.
Wǒ men de èr shí sì xiǎo shí kè fáng fú wù diàn huà shì èr èr liù liù

8   我们的二十四小时客房服务电话是二二六六。
Our 24-hour room service phone number is 2266.

yǔ yīn
a 语音 Phonetics

biàn yīn biàn dú

1 辨音辨读 Read aloud the following words, paying specific attention to the accuracy of your pronunciation and tone:

zhǔchá	kāfēi	mínǐ bā	jiàqiān	bīngxiāng	yáo kòng qì	pín dào liè biǎo
煮茶	咖啡	迷你吧	价签	冰箱	遥控器	频道列表

diànshì jī	zhōngwén píndào	bǎoxiǎn guì	xǐ yī dài	xǐ yī dān
电视机	中文频道	保险柜	洗衣袋	洗衣单

lǎng dú

2 朗读 Read aloud the following phrases, paying specific attention to the fluency of your speech:

nín xiān qǐng   qǐng nín gēn wǒ lái   zài diàn shì jī pángbiān   èr shí sì xiǎoshí
您先请   请您跟我来   在电视机旁边   二十四小时
kè fáng fú wù diànhuà
客房服务电话

jù zi tì huàn liàn xí
b 句子替换练习 Substitution exercises

Work in pairs, and complete the following dialogue by substituting the underlined part of the dialogue with the given words:

Zěnme qù wǒ de fángjiān
1A 怎么去我的房间?

Qǐng nín gēn wǒ lái
1B 请您跟我来。

Wǒ men chū diàn tī jiù dào le   nín xiān qǐng
我们出电梯就到了,您先请

Nín de fáng jiān zài   lóu xíng zhèng céng
您的房间在 25 楼行政层

Wǒ ràng kè fáng fú wù rén yuán dài nín qù
我让客房服务人员带您去

Gěi wǒ jiè shào yí xia fáng jiān shè shī ba
2A 给我介绍一下房间设施吧。

Zhè shì zhǔ chá huò zhǔ kāfēi de hú   zhè biān yǒu yí gè mínǐ ba jià qiān zài
2B 这是煮茶或煮咖啡的壶，这边有一个迷你吧，价签在

bīng xiāng shàng
冰 箱 上 。

Yáo kòng qì hé diàn shì pín dào liè biǎo zài diàn shì jī páng biān
遥控器和电视频道列表在电视机旁边

Bǎo xiǎn guì zài mén biān de guì zi lǐ
保险柜在门边的柜子里

Xǐ yī dài hé xǐ yī dān yě zài guì zi lǐ
洗衣袋和洗衣单也在柜子里

Situational dialogue 1 – introducing room and hotel facilities
duìhuà   jiè shào fáng jiān jí jiǔ diàn shè shī
对话1: 介绍房间及酒店设施

xíng li yuán zǒu chū diàn tī dài lǐng kè ren dào fáng jiān
（行李员走出电梯带领客人到房间）

xíng li yuán　Zhè shì jiǔ lóu　xíng zhèng céng　Wáng xiān sheng　nín xiānqǐng
行李员：这是九楼，行政层，王先生，您先请。

kè ren Xiè xie
客人：谢谢。

xíng li yuán Nín de fáng jiān shì jiǔ yāo bā　zài zuǒ bian dìèr jiān　Qǐng nín gēn wǒ lái
行李员：您的房间是九一八，在左边第二间。请您跟我来。

Xíng li yuán dǎ kāi fáng jiān mén　ānfàng hǎo xíngli　xiān sheng tòu guò
（行李员打开房间门，安放好行李。王先生透过

chuānghu xīn shǎng Tài wù shì hé de fēng jǐng
窗户欣赏泰晤士河的风景）

xíng li yuán　Wáng xiān sheng　nín xǐ huan zhè jiān fáng yǐjí zhèlǐ de hé jǐng ma
行李员：王先生，您喜欢这间房以及这里的河景吗？

kè ren　Shì de xiè xie nǐ
客人：是的，谢谢你。

xíng li yuán Wáng xiān sheng nín de yào shi zài zhè lǐ Zhè shì zhǔ chá huò kā fēi de hú
行李员：王先生，您的钥匙在这里。这是煮茶或咖啡的壶，

zhè biān yǒu yí gè mínǐ bā jià　qiān zài bīng xiāng shàng　Yáo kòng qì hé diàn shì
这边有一个迷你吧，价签在冰箱上。遥控器和电视

pín dào liè biǎo zài diàn shì jī páng biān
频道列表在电视机旁边。

kè ren　Xiè xie nǐ　Qǐng wèn yǒu zhōng wén pín dào ma
客人：谢谢你。请问有中文频道吗？

xíng li yuán　Yǒu de　sì shì píndào lièbiǎo shàng de dì èr shí bā gè
行李员：有的。CCTV-四是频道列表上的第二十八个。

kèren　Hěn hǎo　Qǐng wèn bǎo xiǎn guì zài nǎlǐ
客人：很好。请问保险柜在哪里？

xíng li yuán　Zài nà biān　zài mén biān de guìzi lǐ　Xǐ yī dài hé xǐ yī dān yě
行李员：在那边，在门边的柜子里。洗衣袋和洗衣单也

zài guì zi lǐ　　kèren Hǎo xiè xie nǐ　　　Wǒ yǒu diǎn è le　qǐng wèn hái yǒu shén me
在柜子里。客人：好,谢谢你。我有点饿了,请问还有什么

cānguǎn kāi zhe ma
餐馆开着吗?

xíng li yuán　Yǒu wǒ men jiǔ diàn yǒu sān jiān cān guǎn qí zhōng de liǎng jiān hái zài yíngyè
行李员:有,我们酒店有三间餐馆, 其中的两间还在营业。

Chá wū kě yǐ chī yì xiē jiǎn dān de wǔ cān huòshì yòng yìxiē Yīngshì xià wǔchá
茶屋可以吃一些简单的午餐, 或是用一些英式下午茶。

Rú guǒ nín è le　　wǒ men shè zhèng cān tīng yǒu zì zhù wǔ cān zài èr céng　yì zhí
如果您饿了,我们摄政餐厅有自助午餐, 在二层,一直

yíngyè dào xiàwǔsìdiǎn Huò zhě zhè céng de xíngzhèng jiǔ láng quán tiān dōu yǒu xiǎo
营业到下午四点。或者, 这层的行政酒廊全天都有小

shí　wǎn shang liù diǎn huì yǒu jīwěi jiǔ hé xià jiǔcài Rú guǒ nín hěn lèi le
食,晚上六点会有鸡尾酒和下酒菜。如果您很累了,

wǒmen de èr shí sì xiǎoshí kèfáng fúwù diànhuà shì èr èr liù liù
我们的二十四小时客房服务电话是二二六六。

kèren　Hǎo xiè xie nǐ
客人:好,谢谢你。

🔊 *New words*

xíng zhèng céng
行政层　n. executive floor
Nín de fáng jiān zài xíng zhèng céng
您 的 房 间 在 行 政 层。

ānfàng
安放 v. to place
Huì yì shì lǐ de zhuō zi ān fàng de zhěng zhěng qí qí de
会 议 室 里 的 桌 子 安 放 得 整 整 齐 齐 的。

tòuguò
透过 v. to pass through
Tòu guò chuānghu kě yǐ kàn dào nà zuò diāo xiàng
透 过 窗 户 可 以 看 到 那 座 雕 像。

xīnshǎng

欣赏 v. to enjoy

Nín de fáng jiān kě yǐ xīn shǎng dào hǎi jǐng

您 的 房 间 可 以 欣赏 到 海 景。

yǐjí

以 及 conj. as well as

Wǒmen jiǔ diàn yǒu sāng ná fáng　yóu yǒng chí yǐ jí jiàn shēn fáng

我 们 酒 店 有 桑 拿 房，游 泳 池 以 及 健 身 房。

hé jǐng

河 景 n. river view

Jiǔ diàn fù jìn de hé jǐng hěn měi

酒 店 附 近 的 河景 很 美。

zhǔchá

煮茶 v. to prepare tea

Fú wù yuán zhǔ chá de shǒu yì hěn hǎo

服 务 员 煮茶 的 手 艺 很 好。

mínǐ

迷 你 adj. mini

Zhè ge mí nǐ shōu yīn jī fēi cháng jīng zhì

这 个 迷你 收 音 机 非 常 精 致。

jiàqiān

价签 n. price tag

Měi gè shāng pǐn bèi hòu dōu yǒu jià qiān

每 个 商 品 背 后 都 有 价签。

yáokòngqì

遥控器 n. remote control

Wǒ men fáng jiān lǐ de yáo kòng qì huài le

我 们 房 间 里 的 遥控器 坏 了。

píndào lièbiǎo

频道列表 n. channel list

Diàn shì jī zhǔ yè shàng yǒu pín dào liè biǎo
电视机主页上有频道列表。

bǎoxiǎnguì
保险柜 n. safety box
Měi gè jiǔ diàn fáng jiān dōu yǒu yí gè bǎo xiǎn guì
每个酒店房间都有一个保险柜。

guì zi
柜子 n. cabinet
Wǒ de guì zi lǐ kě yǐ fàng hěn duō dōng xi
我的柜子里可以放很多东西。

xǐ yī dài
洗衣袋 n. laundry bag
Xǐ yī dài zài guì zi lǐ nín kěyǐ suí shí ná
洗衣袋在柜子里，您可以随时拿。

xǐ yī dān
洗衣单 n. laundry list
Zài yù dìng xǐ yī fú wù zhī qián yào xiān tiánxiě xǐ yī dān
在预定洗衣服务之前，要先填写洗衣单。

yíngyè
营业 v. (in business) to open; to operate
Wǒ men měi tiān yíng yè de shí jiān shì bā gè xiǎo shí
我们每天营业的时间是八个小时。

chá wū
茶屋 n. tea house
Zhè jiā chá wū hěn yǒu tè sè
这家茶屋很有特色。

Yīngshì
英式 adj. British
Wǒ hěn xiàng shòu zhè jiā diàn de Yīng shì zǎo cān
我很享受这家店的英式早餐。

zìzhù

自助 v. to help oneself

Zhōng wǔ wǒ men yì qǐ qù chī zì zhù cān ba

中午我们一起去吃自助餐吧。

jiǔ láng

酒廊 n. lounge

Zhè lǐ de jiǔ láng zhuāng xiū de fēi cháng háo huá

这里的酒廊装修得非常豪华。

xiǎochī

小吃 n. snack

Wǒ men jiǔ diàn tí gòng fēi cháng měi wèi de xiǎo chī

我们酒店提供非常美味的小吃。

jīwěijiǔ

鸡尾酒 n. cocktail

Nín xiǎng yào lái yí bēi jī wěi jiǔ ma

您想要来一杯鸡尾酒吗？

xià jiǔcài

下酒菜 n. appetizer

Xiān shēng nín hǎo zhè shì nín yào de xià jiǔ cài

先生您好，这是您要的下酒菜。

Activity 6: comprehension – please complete the blanks according to the preceding dialogue.

Wáng xiān sheng de fáng jiān kě yǐ xīn shǎng dào ___ de fēng jǐng

1 王先生的房间可以欣赏到 （　　）的风景。

Wáng xiān sheng fáng jiān lǐ de hú kěyǐ yònglái zhǔ ___ hé

2 王先生房间里的壶可以用来煮 （　　）和（　　）。

Jiǔ diàn èr céng de xiū xián zhōng xīn li yǒu ___ hé

3 酒店二层的休闲中心里有 （　　）,（　　）,和（　　）。

Wǎn shang liù diǎn xíng zhèng jiǔ láng huì tí gòng ___ hé

4 晚上六点行政酒廊会提供 （　　）和（　　）。

zài mén biān de guì zi lǐ xǐ yī dài hé   yě zài yì qǐ

5 （   ）在门边的柜子里，洗衣袋和（   ）也在一起。

Activity 7: vocabulary – please fill in the blanks with the most suitable word from the following list.

jià qiān	tòu guò	yíng yè	ān fàng	xīn shǎng
A 价签	B 透过	C 营业	D 安放	E 欣赏
yǐ jí	zì zhù	mí nǐ	pín dào liè biǎo	chá wū
F 以及	G 自助	H 迷你	I 频道列表	J 茶屋

zài bāo zhuāng bèi miàn

1 （ ）在包装 背面。

Wǒ hěn xǐ huan qù   cān tīng

2 我很喜欢去（ ）餐厅。

Zhè jiā fàn diàn de   shí jiān shì zhōng wǔ shí èr diǎn dào wǎn shang shí diǎn

3 这家饭店的（ ）时间是中午十二点到晚上十点。

Zhè lǐ de fēng jǐng hěn zhí dé

4 这里的风景很值得（ ）。

Wǒ yǒu yí gè   bǎo wēn bēi

5 我有一个（ ）保温杯。

Nǐ yào zài xǐ yī dān shàng tián xiě nín de xìng míng   lián xì fāng shì

6 你要在洗衣单上填写您的姓名（ ）联系方式。

Cān tīng lǐ zhěng zhěng qí qí dì   zhe hěn duō yǐ zi

7 餐厅里 整整 齐齐地（ ）着很多椅子。

Wǒ xiǎng qù   lǐ hē chá

8 我 想 去（ ）里喝茶。

Diàn shì jī lǐ yí gòng yǒu sì shí bā gè

9 电视机里一共有四十八个（ ）。

chuāng hu néng xīn shǎng dào Tài wù shì hé de měi jǐng

10 （ ）窗户能欣赏到泰晤士河的美景。

Activity 8: role play – imagine that you are a duty manager. In Chinese, describe one executive suite to the guest. For example:

Nín hǎo　zhè shì wǒ men de xíng zhèng fáng　Zhè jiān fáng jiān fēi chángdà　tòu guò
您好，这是我们的行政房。这间房间非常大，透过

chuānghu nín néng xīn shǎng dào Tàiwù shǐ hé de fēng jǐng Zhuō zi shàng yǒu Yīng guó chá
窗户您能欣赏到泰晤士河的风景。　桌子上有英国茶

yè hé rè shuǐ hú　Nín kě yǐ yòng lái shāo shuǐ huò zhě zhǔ chá　Bǎo xiǎn guì fàng zài yī
叶和热水壶。您可以用来烧水或者煮茶。保险柜放在衣

guì lǐ　Chuáng tóu de chōu tì lǐ yǒu diàn shì yáo kòng qì　nín kěyǐ yòng lái qiē
柜里。床头的抽屉里有电视遥控器，您可以用来切

huàn diàns hìjī de zhōng wén pín dào　Dāng nín xū yào xǐ yī fú wù shí　kě yǐ zài qián
换电视机的中文频道。当您需要洗衣服务时，可以在前

tái yù dìng
台预定。

Key expressions: talking about conference facilities

🔊　Listen to and memorize the following key expressions:

Wǒ men jiǔ diàn jīng cháng jǔ bàn guó jì huì yì

1　我们酒店经常举办国际会议。Our hotel often hosts international conferences.

Wǒ men jiǔ diàn de huì yì shè shī hái shì bǐ jiào qí quán de

2　我们酒店的会议设施还是比较齐全的。Our hotel's conference facilities are fully equipped.

Wǒmen yǒu bù tóng guī mó de huì yì shì kě yǐ tí gòng dìng zhì huà de shāng wù

3　我们有不同规模的会议室，可以提供定制化的商务

huìyì fúwù

会议服务。We have meeting rooms of different sizes, which can provide customized business meeting services.

Qǐng wèn nín xū yào duō shǎo rén de huì yì shì ne

4　请问您需要多少人的会议室呢？How many people do you want to accommodate in the meeting room?

Qǐng wèn nín de huì yì yǒu duō dà guī mó

5　请问您的会议有多大规模？How big is your meeting?

Wǒ men kě yǐ tí gòng qiān dào tái huì chǎng xiān huā yīn xiǎng mài kè fēng

6   我们可以提供签到台，会场 鲜 花，音响，麦克风

děng

等 。We can provide sign-in desks, flowers, speakers, microphones, and so on.

Zài jiǔ diàn dà tīng kě yǐ shù lì yì xiē huì yì de hǎi bào xuān chuán   nín kàn kě yǐ

7   在酒店大厅可以树立一些会议的海报宣传，您看可以

ma

吗？ You can set up some posters for the conference, in the hotel lobby. Do you think it is OK?

Wǒmen yǒu sān zhǒng huì yì chá diǎn tào cān kě gòng xuǎn zé

8   我们有三种会议茶点套餐可供选择。We have three conference refreshment packages to choose from.

yǔ yīn

a 语音 Phonetics

biàn yīn biàn dú

1   辨音辨读 Read aloud the following words, paying specific attention to the accuracy of your pronunciation and tone:

guó jì huì yì	shè shī	huì yì shì	dìng zhì huà	guī mó
国际会议	设施	会议室	定制化	规模
qiān dào	huì chǎng	xiān huā	yīn xiǎng	mài kè fēng
签到台	会场	鲜花	音响	麦克风
dà tīng	hǎi bào	chá diǎn	tào cān	
大厅	海报	茶点	套餐	

lǎng dú

2   朗读 Read aloud the following phrases, paying specific attention to the fluency of your speech:

hái shì bǐ jiào qí quán de	shāng wù huì yì fú wù	duō dà guī mó
还是比较齐全的	商务会议服务	多大规模

kě gòng xuǎn zé

可供选择

jù zi tì huàn liàn xí
b 句子替换练习 Substitution exercises

Work in pairs, and complete the following dialogue by substituting the underlined part of the dialogue with the given words:

Jiǔ diàn kě yǐ jǔ bàn huì yì ma
1A 酒店可以举办会议吗？

Wǒ men jiǔ diàn jīng cháng jǔ bàn guó jì huì yì
1B 我们酒店经常举办国际会议。

Kě yǐ wǒ men jiǔ diàn de huì yì shè shī hái shì bǐ jiào qí quán de
可以,我们酒店的会议设施还是比较齐全的

Kě yǐ qǐng wèn nín xū yào duō shǎo rén de huì yì shì ne
可以,请问您需要多少人的会议室呢

Kě yǐ qǐng wèn nín de huì yì yǒu duō dà guī mó
可以,请问您的会议有多大规模

Nǐ men jiǔ diàn tí gōng nǎ xiē huì yì xiāng guān de fú wù
2A 你们酒店提供哪些会议相关的服务？

Wǒ men yǒu bù tóng guī mó de huì yì shì kěyǐ tí gòng dìng zhì huà de shāng wù huìyì
2B 我们有不同规模的会议室,可以提供定制化的商务会议

fúwù
服务。

Wǒ men kě yǐ tí gòng qiān dào tái huì chǎng xiān huā yīn xiǎng mài kè fēng děng
我们可以提供签到台，会场鲜花,音响,麦克风等

Wǒ men kě yǐ zài jiǔ diàn dà tīng kě yǐ shù lì yì xiē huì yì hǎi bào xuān chuán
我们可以在酒店大厅可以树立一些会议的海报宣传

Wǒ men tí gōng huì yì chá diǎn yǒu sān zhǒng huì yì chá diǎn tào cān kě gòng xuǎn zé
我们提供会议茶点，有三 种会议茶点套餐可供 选择

Situational dialogue 2 – holding a conference in the hotel

Duìhuà   Kè ren xún wèn yǒu guān zài jiǔ diàn jǔ bàn huì yì shì yí
对话2： 客人询问有关在酒店举办会议事宜

kèren   Nǐ hǎo   wǒmen gōng sī xiǎng zài guì diàn jǔbàn yì chǎng shāng wù huì yì
客人：你好，我们公司想在贵酒店举办一场商务会议。

Qǐng wèn guì jiǔ diàn de huì yì shè shī zěn me yàng
请问贵酒店的会议设施怎么样？

qián tái   Xiān sheng nín hǎo Wǒ men zhè lǐ jīng cháng yǒu guó jì huìyì   shè shī hái shì bǐ
前台：先生好。我们这里经常有国际会议，设施还是比

jiào qí quán de Wǒ men yǒu bù tóng guī mó de huì yì shì kě yǐ tígòng dìng zhì huà de
较齐全的。我们有不同规模的会议室，可以提供定制化的

shāng wù huìyì fú wù qǐng wèn nín duō shǎo rén de huì yì shì ne
商务会议服务，请问您需要多少人会议室呢？

kèren   Cān huì de yí gòng yǒu liù shí rén   dōu shì gè gōng sī de shāng wù dài biǎo
客人：参会的一共有六十人，都是各公司的商务代表。

qián tái   Hǎo de   wǒmen sān lóu de hǎi dé huì yì tīng shì hé liù shí zhì bā shí rén de
前台：好的，我们三楼的海德会议厅适合六十至八十人的

shāng wù huì yì   wǒ men kě yǐ tí gòng qiān dào tái   huì chǎng xiān huā yīn xiǎng
商务 会议，我们可以提供签到台，会场鲜花，音响，

mài kè fēng děng
麦克风等。

kèren　Qǐng wèn yǒu tóu yǐng yí ma
客人：请问有投影仪吗？

Lìng wài kě fǒu zài jiǔ diàn dà tīng shù lì yì xiē
另外可否在酒店大厅树立一些

hǎi bào xuān chuán wǒ men de huì yì
海报宣传我们的会议？

qián tái　Yǒu kě yǐ zū jiè de tóu yǐng yí
前台：有可以租借的投影仪，

huì yì de xuān chuán hǎi bào yì bān huì fàng
会议的宣传海报一般会放

zài dà tīng zuǒ cè yǐ jí huì yì xiàn chǎng nín kàn kě yǐ ma
在大厅左侧以及会议现场，您看可以吗？

kèren　Hěn hǎo　kěyǐ dài wǒ qù hǎi dé tīng kàn yíxia ma
客人：很好，可以带我去海德厅看一下吗？

Lìng wài wǒ xiǎng wèn guì jiǔ diàn yǒu méi yǒu xià wǔ chá diǎn
另外我想问贵酒店有没有下午茶点。

qián tái　Wǒmen yǒu sān zhǒng huì yì chá diǎn tào cān kě gòng xuǎn　zé zhè shì càidān
前台：我们有三种会议茶点套餐可供选择，这是菜单，

shāohòu wǒ dài nín qù kàn hǎi dé tīng
稍后我带您去看海德厅。

kè ren　Xiè xie
客人：谢谢。

🔊 **New words**

huì yì
会议 n. meeting
Qǐng wèn huì yì jǐ diǎn kāi shǐ
请问会议几点开始？

qí quán
齐全　adj. well equipped; complete
Wǒ men bàn gōng lóu de shè shī fēi cháng qí quán
我们办公楼的设施非常齐全。

dìngzhìhuà
定制化 adj. tailor-made; customized
Wǒ men kě yǐ wéi nín tí gòng dìng zhì huà de fú wù
我们可以为您提供定制化的服务。

guī mó

规模 n. scale; size

Zhè ge xiàng mù de guī mó hěn dà

这个项目的规模很大。

huì yì shì tīng

会议室 / 厅 n. conference room

Jiǔ diàn de huì yì shì zài sān céng

酒店的会议室在三层。

huì chǎng

会场　n. meeting place

Suǒ yǒu de cān huì rén yuán xū yào tí qián dào dá huì chǎng

所有的参会人员需要提前到达会场。

mài kè fēng huàtǒng

麦克风 / 话筒 n. microphone

Zhè ge mài kè fēng méi yǒu shēng yīn

这个麦克风没有声音。

yīn xiǎng

音响　n. loud speaker

Yīnxiǎng yǒu diǎn wèn tí

音响有点问题。

tóu yǐng yí

投影仪 n. projector

Qǐng wèn huì yì shì yǒu tóu yǐng yí ma

请问会议室有投影仪吗?

qiān dào

签到 v. to register

Jiā bīn qǐng zài zhè lǐ qiān dào

嘉宾请在这里签到。

míng pái

名牌 n. name badge

Zhè shì nín de míng pái

这是您的名牌。

zūyòng zūjiè

租用 / 租借 v. to rent

Wǒmen xiǎng zūyòng jiǔ diàn de huì yì shì

我们想租用酒店的会议室。

hǎibào

海报 n. poster

Wǒ men xū yào zài huìyì shì ménkǒu zhāng tiē yǎn jiǎng zhě de hǎibào

我们需要在会议室门口张贴演讲者的海报。

shāngwù dàibiǎo

商务代表 n. commercial representative

Zhāng jīng lǐ shì zhè jiā gōng sī de shāng wù dài biǎo

张经理是这家公司的商务代表。

xuānchuán

宣传 v. to promote; to market

Zhè chǎng huó dòng de xuān chuán gōng zuò wán chéng de hěn chū sè

这场活动的宣传工作完成得很出色。

Activity 9: comprehension – please fill in the following blanks by using the information from the preceding dialogue.

Kè ren xiǎng yù dìng yì jiān　　　　huìyì yígòng yǒu　　　　rén cānjiā kèren

客人想预定一间（　　），会议一共有（　　）人参加，客人

xīwàng huì yìshì yǒu

希望会议室有（　　）。

Jiǔ diàn qián tái shuō tāmen kěyǐ tí gòng xiān huā yīn xiǎng hé　　　　　Kè ren xiǎng

酒店前台说，他们可以提供鲜花,音响,和（　　　）。客人想

yùdìng de chá diǎn yǒu　　　　　kě gòng xuǎnzé

预定的茶点有（　　　）可供选择。

Activity 10: speaking – in your own words, describe the conference facilities at your hotel.

Key expressions: talking about spa and gym facilities

🔊　Listen to and memorize the following key expressions:

1　Wǒ men de xiū xián zhōng xīn zài èr céng　　nàlǐ yǒu jiàn shēn fáng　yóu yǒng chí

我们的休闲中心在二层，那里有健身房，游泳池

hé Shuǐ Liáo　Měi tiān zǎo shang liù diǎn zhì xià wǔ shí yī diǎn kāi fàng　Huān yíng

和水疗。每天早上六点至下午十一点开放。欢迎

nín suí shí guò qù kàn kan nà lǐ de shè shī

您随时过去看看那里的设施。Our leisure centre is on the second floor, where there is a gym, swimming pool, and spa. It opens daily from 6 a.m. to 11 p.m. You are always welcome to check out the facilities there.

2　Wǒ dài liǎng wèi cān guān yí xia ba

我带两位参观一下吧。Let me show you around.

3　Qǐng wèn shì yǒu yù yuē ma

请问是有预约吗？Do you have an appointment?

4　Yǒu shén me wèn tí qǐng suí shí tí

有什么问题请随时提。Please feel free to ask any questions.

5　Lǚ tú xīn kǔ le　kě yǐ zài wǒ men zhè lǐ fàng sōng yí xia

旅途辛苦了,可以在我们这里放松一下。You travelled a long way. You can relax yourself here.

6　Nín de zuǒ bian shì wǒ men de liǎng gè yóu yǒng chí　　yí dà yì xiǎo Páng biān

您的左边是我们的两个游泳池，一大一小。旁边

shì àn mó yù gāng hé sāng ná

是按摩浴缸和桑拿。On your left are our two swimming pools, one large and one small, next to the jacuzzi and the sauna.

Nán nǔ gēng yī shì dōu zài zhè biān

7 男女更衣室都在这边。The men's dressing room and women's dressing room are here.

Wǒ men yǒu yí xì liè bù tóng de liáo chéng　nín kàn yí xia wǒ men de shǒucè

8 我们有一系列不同的疗程, 您看一下我们的手册。We have a series of different courses; please take a look at our brochure.

Nín kě yǐ bō dǎ liù liù jiǔ jiǔ fēn jī hào mǎ　yì bān xū yào tí qián èr shí sì xiǎo

9 您可以拨打六六九九分机号码, 一般需要提前二十四小

shí yù dìng

时预定。You can dial extension 6699 to book. Reservations are generally required 24 hours in advance.

Yīn wéi zhè shì nín dì yī cì yòng wǒ men de jiàn shēn fáng　qǐng wù bì yuè dú yí xia

10 因为这是您第一次用我们的健身房, 请务必阅读一下

wǒ men de qìxiè ān quán shǐ yòng guī zé

我们的器械安全使用规则。Because this is your first time using our gym, please ensure that you read our rules for the safe use of our equipment.

yǔ yīn

a 语音 Phonetics

biàn yīn biàn dú

1 辨音辨读 Read aloud the following words, paying specific attention to the accuracy of your pronunciation and tone:

xiū xián zhōng xīn	jiànshēnfáng	yóuyǒngchí	cān guān
休闲中心	健身房	游泳池	参观
yù yuē fàng sōng	àn mó yù gāng	sāng ná	gēng yī shì
预约放松	按摩浴缸	桑拿	更衣室
liáo chéng	shǒucè	qìxiè	
疗程	手册	器械	

lǎng dú

2 朗读 Read aloud the following phrases, paying specific attention to the fluency of your speech:

huān yíng nín suí shí guò qù kàn kan　qǐng suí shí tí　lǚ tú xīn kǔ le

欢迎您随时过去看看　请随时提　旅途辛苦了

yí dà yì xiǎo   wùbì yuèdú   fēn jī hào mǎ   ān quán shǐ yòng guīzé

一大一小　　务必阅读　　分机号码　　安全使用规则

jù zi tì huàn liàn xí

b 句子替换练习 **Substitution exercises**

Work in pairs, and complete the following dialogue by substituting the underlined part of the dialogue with the given words:

Xiū xián zhōng xīn yǒu shén me

1A 休闲中心有什么？

Nàlǐ yǒu jiàn shēn fáng yóu yǒng chí hé shuǐ liáo

1B 那里有健身房，游泳池和水疗。

Wǒ dài liǎng wèi cān guān yí xia ba

我带两位参观一下吧

Wǒ men yǒu liǎng gè yóu yǒng chí   yí　dà yí xiǎo Páng biān shì àn mó yù gāng hé

我们有两个游泳池，一 大一小。旁边是按摩浴缸和

sāng ná

桑拿

nín kàn yí xia wǒ men de shǒucè zhè   shàng mian yǒu wǒ men shè shī de xiáng xì jiè shào

您看一下我们 的手 册，这 上 面有我们设施的详细介绍

Wǒ dì yī cì lái jiàn shēn fáng

2A 我第一次来健身房。

Yǒu shén me wèn tí qǐng suí shí tí

2B 有什么问题请随时提。

Yīn wéi zhè shì nín dì yī cì yòng wǒ men de jiàn shēn fáng qǐng wù bì yuè dú yí xia

因为这是您第一次用我们的健身房， 请务必阅读一下

wǒmen de qìxiè ānquán shǐyòng guīzé

我们的器械安全使用规则

Nín kě yǐ xiān qù gēng yī shì huàn yī fu
您可以先去更 衣室换衣服

Wǒ men měi tiān zǎo shang liù diǎn zhì xià wǔ shí yī diǎn yíng yè
我们 每天早 上 六 点 至下午十一点营业。

Situational dialogue 3 – introducing a hotel fitness and spa centre

duì huà jiè shào jiǔ diàn yùn dòng jí shuǐ liáo yǎng shēng zhōng xīn jiàn shēn fáng yǒng chí
对话3：介绍酒店运动及水疗养生中心（健身房、泳池

měi róng yǎng shēng
、美容养生)

Lǐ xiān sheng　Qǐng wèn　jiǔ diàn yǒu jiàn shēn fáng ma
李 先 生： 请问， 酒店有健身房吗？

qián tái　Yǒu de　wǒ men de xiū xián zhōng xīn zài èr céng　nà lǐ yǒu jiàn shēn fáng
前台：有的,我们的休闲　中心 在二层, 那里有健身房，

yóuyǒngchí hé　　Měi tiān zǎo shang liù diǎn zhì xià wǔ shí yī diǎn kāi fàng Huān
游泳池和Spa。每天早上六点至下午十一点开放。 欢

yíng nín suí shí guò qù kàn kan nà lǐ de shè shī
迎您随时过去看看那里的设施 。

Lǐ xiān sheng Tài bàng le   Fēi cháng gǎn xiè
李先生：太棒了。非常 感谢 。

qián tái Bú kè qi
前台：不客气。

Mr and Mrs Li are visiting the centre for the first time, and the centre's assistant manager (David) is giving them a tour.

Dà wèi   Huān yíng liǎng wèi Qǐng wèn shì yǒu yù yuē ma
大卫：欢迎两位。请问是有预约吗？

Lǐ xiān sheng Bu shì wǒ men shì xiǎng kàn yí xia zhè lǐ de shè shī
李先生：不是，我们是想看一下这里的设施。

Dà wèi   Méi wèn tí   Wǒ jiào Dà Wǒ dài liǎng wèi cān gu ān yí xia
大卫：没问题。我叫大卫。我带两位参观一下吧。

Lǐ xiān sheng Hǎo a xiè xie
李先生：好啊，谢谢。

Dà wèi Bú kè qi   zhè biān qǐng Yǒu shén me wèn tí qǐng suí shí tí Nǐ men shì jiǔ diàn
大卫：不客气，这边请。有什么问题请随时提。你们是酒店

de kè ren ma
的客人吗？

Lǐ xiān sheng Duì de   zuó tiān gāng dào
李先生： 对的，昨天 刚 到。

Dà wèi Lǚ tú xīn kǔ le   kě yǐ zài wǒ men zhè lǐ fàng sōng yí xia
大卫：旅途辛苦了，可以在我们这里放 松 一下。

Nín de zuǒ bian shì wǒ men de liǎng gè yóu yǒng chí   yì dà yì xiǎo Páng biān shì àn
您的左边 是我 们 的 两个游 泳池，一大一小。旁边是按

mó yù gāng hé sāng ná   Zhè biān xū yào liǎng wèi chuān yí xia xié tào
摩浴缸和桑拿。 这边需要两位穿一下鞋套。

Lǐ xiān sheng   Hǎo de   jìn rù yǒng chí qū yù
李先 生 ：好的。(进入泳池区域)

Dà wèi   Dà de yóu yǒng chí shì gòng chéng rén shǐ yòng de   xiǎo de shì gěi hái zi men wán
大卫：大的游泳 池是供成人使用 的， 小的是给孩子们玩

de   Xiàn zài bú shì wàng jì   báitiān háishì bǐ jiào ān jìng de   rén bù duō   Rú guǒ
的。现在不是旺季， 白天还是比较安静的，人不多。如果

xū yào   ànmó yù gāng zài zuì yòu bian   páng biān jiù shì sāng ná   Nán nǚ gēng yī shì dōu
需要，按摩浴缸在最右边，旁边就是桑拿。男女更衣室都

zài zhè biān
在这边 。

Lǐ tài tai   Bú cuò
李太太：不错。

Dà wèi   Liǎng wèi yě lái kàn yí xia wǒ men de shuǐ liáo ba
大卫：两 位也来看一下我们的水疗吧？

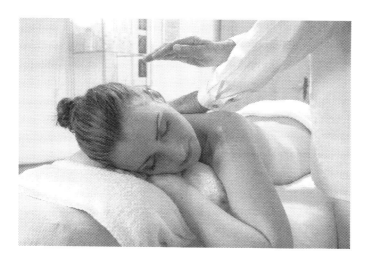

Lǐ tài tai   Hǎo de   wǒ xiǎng zhī dào nǐ men tí gòng shén me yàng de àn mó
李太太：好的，我想 知道你们提供什么样的按摩。

Dà wèi   Wǒ men de àn mó shì zài yóu yǒng chí hé jiàn shēn fáng de zhōng jiān   Wǒ men

大卫：我们的按摩室在游泳池和健身房的中间。我们

yǒu yí xì liè bù tóng de liáo chéng nín kàn yí xia wǒ men de shǒu cè   Wǒmen de

有一系列不同的疗程，您看一下我们的手册。我们的

àn mó zhǔ yào yǒu zhè bā zhǒng ruì diǎn shì àn mó   xiāng xūn àn mó   rè shí àn mó

按摩主要有这八种：瑞典式按摩、香薰按摩、热石按摩、

zhōng shì tuī ná   zhǐ yā àn mó   Tài shì àn mó   jiān jǐng àn mó hé zú liáo   Nín yě

中式推拿、指压按摩、泰式按摩、肩颈按摩和足疗。您也

xiǎng liǎo jiě yí xia wǒ men miàn bù hù lǐ de liáo chéng ma

想了解一下我们面部护理的疗程吗？

Lǐ tài tai   Bú yòng le xiè xie   Wǒ zhǔ yào xiǎng zuò gè àn mó   Xū yào tí qián yù

李太太：不用了，谢谢。我主要想做个按摩。需要提前预

yuē ma

约吗？

Dà wèi   Yào de   nín kě yǐ bō dǎ liù liù jiǔ jiǔ fēn jī hào mǎ   yì bān xū yào tí qián

大卫：要的，您可以拨打六六九九分机号码，一般需要提前

èr shí sì xiǎo shí yù dìng

二十四小时预定。

Lǐ tài tai   Zhī dào le xiè xie

李太太：知道了，谢谢。

Lǐ xiān sheng   Wǒ men yě kàn yí xia jiàn shēn fáng ba

李先生：我们也看一下健身房吧。

Dà wèi   Hǎo de xiān sheng Qǐng zhè biān zǒu

大卫：好的先生。请这边走。

jìn rù jiàn shēn fáng

（进入健身房）

Dà wèi   Xiān sheng nín duì wǒ men de jiàn shēn shè shī hái mǎn yì ba

大卫：先生，您对我们的健身设施还满意吧？

Lǐ xiān sheng   Hěn hǎo bǐ wǒ xū yào de duō   wǒ yì bān zhǔ yào yòng pǎo bù jī hé huá

李先生：很好，比我需要的多，我一般主要用跑步机和划

chuán jī

船机。

Dà wèi　Nà jiù hǎo　Yīn wéi zhè shì nín dì yī cì yòng wǒ men de jiàn shēn fáng qǐng wù
大卫：那就好。因为这是您第一次用我 们的健 身房，请务

bì yuè dú　yí xia wǒ men de qì xiè ān quán shǐ yòng guī zé
必阅读一下我们的器械安全使用规则。

Lǐ xiān sheng　Hǎo de
李先 生：好的。

Dà wèi　Xiè xie nín de pèi he　Rú guǒ nín xū yào sī rén jiào liàn　wǒ men kě yǐ wéi nín
大卫：谢谢您的配合。如果您需要私人教练，我们可以为您

ān pái
安排。

Lǐ xiān sheng　Bù xū yào　xiè xie nǐ
李先 生：不需要，谢谢你。

🔊 *New words*

xiū xián zhōng xīn
休闲 中 心　n. recreation centre
Jiǔ diàn de xiū xián zhōng xīn jiù zài yī céng dà tīng
酒店的休闲中心就在一层大厅。

yùyuē
预约　v./n. to reserve; reservation
Wǒ kě yǐ bāng nín yù yuē qīng jié fú wù
我可以帮您预约清洁服务。

suíshí
随时 adv. at any time
Rú guǒ nín yǒu rèn hé xū qiú kě yǐ suí shí hé wǒ lián xì
如果您有任何需求，可以随时和我联系。

àn mó yù gāng
按摩浴缸　n. jacuzzi
Jiǔ diàn fáng jiān lǐ de àn mó yù gāng hěn hǎo yòng
酒店房间里的按摩浴缸很好用。

sāng ná

桑拿 n. sauna

Chī wán wǎn fàn hòu wǒ xiǎng qù zhēng sāng ná

吃 完 晚 饭 后 我 想 去 蒸 <u>桑 拿</u>。

xié tào

鞋套 n. shoe cover

Jiǔ diàn fáng jiān lǐ dōu yǒu yí cì xìng xié tào

酒 店 房 间 里 都 有 一 次 性 <u>鞋 套</u>。

wàngjì

旺季 n. high season

Xià jì shì lǚ yóu wàng jì

夏 季 是 旅 游 <u>旺 季</u>。

gēngyīshì

更衣室 n. locker room

Gēng yī shì zài yī céng zǒu láng zuǒ cè

<u>更 衣 室</u> 在 一 层 走 廊 左 侧。

xìliè

系列 n. series

Wǒ men yǒu yí xì liè de àn mó fú wù ràng wǒ lái wéi nín jiè shào yí xia

我 们 有 一<u>系 列</u>的 按 摩 服 务，让 我 来 为 您 介 绍 一 下。

liáochéng

疗程 n. treatment

Sān zhōu wéi yí gè liáo cheng ji age shi yī bǎi bā shí bàng

三 周 为 一 个 <u>疗 程</u>，价 格 是 一 百 八 十 镑。

xiāng xūn àn mó

香薰按摩 n. aromatherapy massage

Xiāng xūn àn mó kě yǐ ràng nín fàng sōng xīn qíng

<u>香 薰 按 摩</u> 可 以 让 您 放 松 心 情。

rè shí àn mó

热石按摩 n. hot stone massage

Rè shí àn mó bāng nín shū huǎn jī ròu

热石按摩帮您舒缓肌肉。

zhōng shì tuī ná

中式推拿 n. Chinese massage

Zhōng shì tuī ná fēi cháng yǒu xiào

中式推拿非常有效。

zhǐ yā àn mó

指压按摩 n. Shiatsu massage

Nín xiǎng shì shi zhǐ yā àn mó ma

您想试试指压按摩吗？

Tài shì àn mó

泰式按摩 n. Thai massage

Lún dūn yǒu hěn duō jiā Tài shì àn mó diàn

伦敦有很多家泰式按摩店。

jiān jǐng àn mó

肩颈按摩 n. shoulder and neck massage

Lǎo rén men kě yǐ cháng shì yí xia jiān jǐng àn mó

老人们可以尝试一下肩颈按摩。

zú liáo

足疗 n. pedicure

Wǒ men jiǔ diàn kě yǐ tí gòng zú liáo fú wù

我们酒店可以提供足疗服务。

mi ànbù hù lǐ

面部护理 n. facial care; facial treatment

Tài tai nín xiǎng shì yí xia wǒ men de miàn bù hù lǐ ma

太太，您想试一下我们的面部护理吗？

bōdǎ

拨打 v. to dial

Nín yǒu rèn hé xū yào dōu kěyǐ bōdǎ qián tái diàn huà
您有任何需要，都可以拨打前台电话。

tíqián
提前 adv. in advance
Nín kěyǐ tí qián yù dìng jī chǎng jiē sòng fú wù
您可以提前预定机场接送服务。

pǎobù jī
跑步机 n. treadmill
Jiǔ diàn jiàn shēn fáng lǐ yǒu hěn duō tái pǎo bù jī
酒店健身房里有很多台跑步机。

huáchuán jī
划船机 n. rowing machine
Jiàn shēn fáng de huá chuán jī hěn hǎo wán
健身房的划船机很好玩。

yuè dú
阅读 v. to read
Zài shǐ yòng qián qǐng xiān yuè dú shuō míng shū
在使用前请先阅读说明书。

qì xiè
器械 n. instrument
Jiǔ diàn yǒu hěn duō jiàn shēn qì xiè
酒店有很多健身器械。

ān quán
安全 n. safety
Chū qù lǚ yóu yào zhù yì ān quán
出去旅游要注意安全。

shǐ yòng
使用 v. to use
Xià cì chī fàn nín kě yǐ shǐ yòng yōu huì quàn
下次吃饭您可以使用优惠券。

guī zé

规则 n. regulation

Xiān sheng qǐng zūn shǒu jiāo tōng guī zé

先 生 请 遵 守 交 通 规 则。

pèi hé

配合 v. to cooperate

Gǎn xiè nín pèi hé wǒ de gōng zuò

感 谢 您 配 合 我 的 工 作。

sī rén jiào liàn

私 人 教 练 n. personal trainer

Wǒ xiǎng qǐng yí wèi sī rén jiào liàn

我 想 请 一 位 私 人 教 练。

Activity 11: role play – imagine that you are a lobby manager. In Chinese, introduce the gym service you provide. For example:

Nín hǎo wǒ men ji ǔdiàn èr céng yǒu jiàn shēn guǎn jiàn shēn guǎn lǐ yǒu pǎobù jī huácchuán

您 好,我 们 酒 店 二 层 有 健 身 馆,健 身 馆 里 有 跑 步 机,划 船

jī háiyǒu gèzhǒng jiànshēn shèbèi rú guǒ nín xiǎng yào cháng qī yùn dòng de huà   wǒ

机,还 有 各 种 健 身 设 备,如 果 您 想 要 长 期 运 动 的 话,我

men yě yǒu zhuān yè de sī rén jiào liàn wéi nín fú wù

们 也 有 专 业 的 人 教 练 为 您 服 务。

Activity 12: role play – imagine that you are a lobby manager. In Chinese, introduce your recreation centre services. For example:

Nín hǎo wǒ men jiǔ diàn de xiū xián zhōng xīn zài wǎn shang wǔ diǎn dào shí èr diǎn kāi fàng

您 好,我 们 酒 店 的 休 闲 中 心 在 晚 上 五 点 到 十 二 点 开 放,

nín kěyǐ tí qián dǎ diàn huà yù dìng Xiū xián zhōng xīn yǒu sāng ná hé àn mó fú wù

您 可 以 提 前 打 电 话 预 定。休 闲 中 心 有 桑 和 按 摩 服 务,

qí zhōng bāo kuò xiāng xūn àn mó rè shí àn mó zhǐ yā àn mó zhōng shì tuī ná hé jiān

其 中 包 括:香 薰 按 摩,热 石 按 摩,指 压 按 摩,中 式 推 拿,和 肩

jǐng àn mó   guì bīn hái kě yǐ xiǎng shòu miàn bù hù lǐ

颈 按 摩。VIP 贵 宾 还 可 以 享 受 面 部 护 理。

Activity 13: vocabulary – match each following picture to its corresponding Chinese word.

huì yì shì

A 会议室

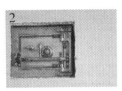

bǎo xiǎn guì

B 保险柜

mí nǐ bā

C 迷你吧

yóu yǒng chí

D 游泳池

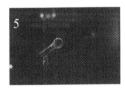

tóu yǐng yí

E 投影仪

pǎo bù jī

F 跑步机

mài kè fēng

G 麦克风

◀))

Activity 14: interactive listening – imagine that you are a receptionist, listen to what the guest says on the audio, and respond accordingly.

CAT 4: Lucky (and unlucky) numbers

Lucky number 8 and unlucky number 4 in Chinese culture

Many Chinese people are superstitious about numbers. For example, eight is a lucky number, followed by nine and six. In fact, some business guests may even be willing to pay more to stay on the eighth floor or in room 888. This is because the pronunciation of the number eight ('ba' in Mandarin and 'fa' in Cantonese) carries positive meanings of prosperity, wealth, and success. Thus, it is believed to be auspicious.

On the other hand, just like some European guests don't like the 13th floor or room number 666, Chinese guests will not like to be assigned room 444. Whenever possible, you should try to avoid assigning a Chinese person to a room on the fourth floor or a room number with the number four in it. In Chinese culture, the number four is believed to be inauspicious, because its pronunciation is similar to the word referring to 'death'.

yī lóu

The other thing to be aware of is that in China, ground floor is commonly called 一楼, which could be confused with first floor in UK English. If you are British and you hear a

yī lóu

Chinese guest say 一楼, they mean the ground floor. Therefore, be mindful when you describe floor numbers to guests, to avoid confusion.

Experiential exercise

Call a four-star or five-star hotel in your city that has a Mandarin-speaking member of staff, and ask to book an appointment for a tour to see hotel facilities. Visit the hotel and explain that you may have business friend who will come to your city for seminars or conferences in the future. Make a note of your visit, and then explain the hotel facility information to a Chinese friend.

Revision

Work in a group of three or four people, and imagine that you're showing the hotel facilities to a potential business client who is considering hosting a three-day conference at your hotel. Each one of you will need to wear a particular hat.

*   duty manager – show the Chinese guest around the hotel
*   leisure centre manager – introduce and explain specific facilities and services, such as the leisure centre offerings
*   conference and event manager – introduce conference and event facilities and explain different conference/event packages (e.g. day delegate package etc.)

Lesson 5 酒店服务
Hotel services (1)

Learning objectives

By the end of this lesson, you will be able to:

- Assist Chinese guests with common hotel services
- Answer general enquiries about hotel services

Warm-up

What are the key facilities and services that a five-star hotel usually offers? How should you introduce or promote the services to Chinese guests?

◀))

Activity 1: pronunciation – listen to and repeat after the recording, paying attention to the pronunciation.

jiào xǐng fú wù

叫醒服务 wake-up call

jiào chē fú wù

叫车服务 car-calling service

dìng cān fú wù

订餐服务 meal ordering service

zū chē fú wù

租车服务 car rental service

xǐ yī fú wù

洗衣服务 laundry service

jīchǎng jiēsòng fúwù

机场接送服务 airport shuttle service

èr shí sì xiǎo shí kè fáng sòng cān fú wù

二十四小时客房送餐服务 24-hour room service

kuàisù rùzhù jí tuìfáng fúwù

快速入住及退房服务 express check-in and check-out service

Activity 2: speaking – after you hear the English word on the recording, say the equivalent word for it in Chinese, paying attention to tone. You will hear the standard pronunciation after your attempt.

Activity 3: vocabulary – working in pairs, student A picks a word in Chinese from the list and says it out loud; student B listens and translates it back into English; and then they change roles.

Activity 4: vocabulary – match each following English word with its Chinese equivalent.

		jīchǎng jiēsòng fúwù	
1	Wake-up call	机场接送服务	
		jiàoxǐng fúwù	
2	Car rental service	叫醒服务	
		zūchē fúwù	
3	Laundry service	租车服务	
		kuàisù rùzhù jí tuìfáng fúwù	
4	Airport shuttle service	快速入住及退房服务	
		xǐyī fú wù	
5	Quick check-in and check-out service	洗衣服务	

Activity 5: speaking – look at the following pictures. Use the words you have learnt, in ORDER to describe the pictures. Then write the correct word for each picture, to improve your memory.

1

2

3

4

Key expressions: basic services

🔊 Listen to and memorize the following key expressions:

Wǒ xū yào zǎoshang qī diǎn de jiào xǐng fú wù
1 我需要早上七点的叫醒服务。I need a wake-up call at 7:00 a.m.

Qǐng bāng wǒ jiào yí bù chū zū chē
2 请帮我叫一部出租车。Please help me book a taxi.

Qǐng wèn zuì wǎn jǐ diǎn tuì fáng
3 请问最晚几点退房？I would like to ask about the latest check-out time.

Qǐng wèn yǒu xǐ yī fú wù ma
4 请问有洗衣服务吗？Do you have a laundry service?

Wǒ de fáng jiān xū yào dǎ sǎo
5 我的房间需要打扫。My room needs a clean.

Wǒ xū yào dìng cān
6 我需要订餐。I want to order a meal.

Zhè shì nín de xíng li pái
7 这是您的行李牌。This is your luggage tag.

Qǐng wèn nín yǒu jì kǒu ma
8 请问您有忌口吗？Is there anything you don't eat or are allergic to?

Wǒ shì kè fáng de gěi nín sòng cān qǐng wèn kě yǐ jìn lái ma
9 我是客房的，给您送餐，请问可以进来吗？This is room service. May I come in?

Qǐng wèn xiàn zài kě yǐ wéi nín shōu shi fáng jiān le ma
10 请问现在可以为您收拾房间了吗？May I clean your room now?

yǔ yīn
a 语音 Phonetics

biàn yīn biàn dú
1 辨音辨读 Read aloud the following words, paying specific attention to the accuracy of your pronunciation and tone:

jiào xǐng fú wù chū zū chē xǐ yī fú wù dìng cān xíng li pái jì kǒu
叫醒 服务 出租车 洗衣服务 订餐 行李牌 忌口

lǎng dú

2   朗读 Read aloud the following phrases, paying specific attention to the fluency of your speech:

xū yào dǎ sǎo   gěi nín sòng cān   kě yǐ jìn lái ma   shōu shi fáng jiān

需要打扫   给您送餐   可以进来吗   收拾房间

jù zi tì huàn liàn xí

b 句子替换练习 **Substitution exercises**

Work in pairs, and complete the following dialogue by substituting the underlined part of the dialogue with the given words:

Qǐng wèn yǒu xǐ yī fú wù ma

1A 请问有洗衣服务吗?

wǒmen jiǔdiàn tígōng zhège fúwù

1B 我们酒店提供这个服务。

Qǐngwèn yǒu jiào xǐng fúwù ma

请问有叫醒服务吗?

Qǐngwèn yǒu dìng chē fúwù ma

请问有订车服务吗?

Qǐngwèn yǒu dìng cān fúwù ma

请问有订餐服务吗?

Wǒ shì kè fáng de   gěi nín sòng cān   qǐng wèn kě yǐ jìn lái ma

2A 我是客房的, 给您送餐, 请问可以进来吗?

Kě yǐ   qǐng jìn

2B 可以, 请进。

Qǐngwèn xiàn zài kě yǐ wéi nín shōu shi fáng jiān le ma

请问现在可以为您收拾房间了吗

Qǐngwèn xiànzài kěyǐ wéi nín xiūlǐ kōngtiáo ma

请问现在可以为您修理空调吗

Nín de xínglǐ dào le   qǐngwèn fāngbiàn gěi nín sòng jìnlái ma

您的行李到了, 请问方便给您送进来吗

Situational dialogue 1 – book a taxi and a wake-up call

duì huà　　　dìng chū zū chē jí jiào xǐng fú wù
对话1：订出租车及叫醒服务

Qiántái　Xiānsheng　nínhǎo　Yǒu shénme xūyào bāngzhù de ma
前台：先生　，您好！有什么需要帮助的吗？

Kèren　　Nǐhǎo　　nǐ néng bunéng míngtiān zǎoshang ānpái yí liàng qù huǒchē zhàn de
客人：你好，你能不能明天早上安排一辆去火车站的

chūzū chē
出租车？

Qiántái　Dāngrán kěyǐ　　nín xūyào jǐ diǎn de chūzūchē
前台：当然可以，您需要几点的出租车？

Kèren　　Zǎo shang bā diǎn
客人：早上八点。

Qiántái　Hǎode　qǐng nín shāo děng　Bāng nín dìng hǎo le　chēpái hào shì
前台：好的，请您稍等。帮您订好了，车牌号是

　　　　Nín xū yào wǒmen míng zǎo gěi nín yí gè jiào xǐng diàn huà ma
0X436 AED。您需要我们明早给您一个叫醒电话吗？

Kèren   Nà tài hǎo le   liù diǎn bàn jiàoxǐng wǒ ba   Xiè xie
客人：那太好了，六点半叫醒我吧。谢谢。

Qián tái   Méi wèn tí
前台 ：没问题。

🔊 *New words*

chēpái hào

车牌号 n. licence plate number

Nín yù dìng de chū zū chē   chē pái hào shì
您预定的出租车，车牌号是 OX436 AED。

jiào xǐng diànhuà

叫醒电话 n. wake-up call

Wǒmen míng zǎo huì gěi nín dǎ yí gè jiào xǐng diàn huà
我们明早会给您打一个叫醒电话。

Situational dialogue 2 – luggage deposit

duì huà   jì cún xíng li
对话 2：寄存行李

kèren   Nǐ hǎo   zhège xíngli kěyǐ jìcún zài zhèlǐ ma
客人：你好，这个行李可以寄存在这里吗?

lǐbīn bù   Dāng rán kě yǐ   zhè shì nín de xínglipái
礼宾部：当然可以，这是您的行李牌。

kèren　Xièxie
客人:谢谢。

líbīn bù　Bú kè qi
礼宾部:不客气。

🔊 *New words*

xíng li
行李 n. luggage
Wǒ de xíng li zhǎo bú dao le　ni kě yǐ bāng wǒ zhǎo zhao ma
我的<u>行李</u>找不到了,你可以帮我找找吗?

jìcún
寄存 n. deposit
Wǒmen kě yǐ bǎ zhè xiē xíng li jì cún zài jiù diàn ma
我们可以把这些行李<u>寄存</u>在酒店吗?

xínglipái
行李牌 n. luggage tag
Zhè shì nín de xíng li pái qǐng ná hǎo
这是您的<u>行李牌</u>,请拿好。

Situational dialogue 3 – ordering room service

duì huà　kè fáng fú wù
对话 3:客房服务

kè ren　Nǐ hǎo　wǒ xū yào dìng cān
客人：你好，我需要订餐。

kè fáng fú wù　Hǎo de　nín xiǎng diǎn shén me
客房服务：好的，您想点什么？

kè ren　Yí fèn niú pái
客人：一份牛排。

kè fáng fú wù　Hǎo　nín yào jǐ fēn shú
客房服务：好，您要几分熟？

kèren　Wǔ fēn ba　yǒu hóng jiǔ ma
客人：五分吧，有红酒吗？

kè fáng fú wù　Yǒu de nǚ shì　hóng jiǔ bāohán zài niúpái tàocān lǐ　Qǐng wèn nín yǒu
客房服务：有的女士，红酒包含在牛排套餐里。请问您有

jì kǒu ma
忌口吗？

kè ren　Bú yào fàng hú jiāo　Wǒ de fáng jiān hào mǎ shì liù líng èr
客人：不要放胡椒。我的房间号码是六零二。

kè fáng fú wù　Méi wèn tí　shí diǎn zhōng hòu kèfáng fúwù rényuán jiāng wéi nín sòng
客房服务：没问题，十点钟后客房服务人员将为您送

cān
餐。

kè fáng fú wù　Wǒ shì kè fáng de　gěi nín sòng cān　qǐng wèn kě yǐ jìn lái ma
客房服务：我是客房的，给您送餐，请问可以进来吗？

kè ren　Qǐng jìn　Fàng zài zhè lǐ ba
客人：请进。放在这里吧。

🔊 *New words*

Yí fèn
一份 num. a portion of
Nín yào lái yí fèn Yì dà lì miàn ma
您要来一份意大利面吗？

niúpái
牛排 n. steak
Zhè fèn niú pái de kǒu gǎn hěn hǎo
这份牛排的口感很好。

shú
熟 adj. ripe; well cooked
Wǒ xiǎng chī wǔ fēn shú de niúpái
我想吃五分熟的牛排。

hóng jiǔ
红酒 n. red wine
Shuì qián wǒ xǐ huan hē yì bēi hóng jiǔ
睡前我喜欢喝一杯红酒。

bāo hán
包含 v. to include; to contain
Zhàng dān lǐ bù bāo hán fú wù fèi
账单里不包含服务费。

jìkǒu
忌口 n. diet
Rú guǒ nín yǒu shén me jì kǒu de dōng xī qǐng tí qián gào sù wǒ
如果您有什么忌口的东西请提前告诉我。

hújiāo
胡椒 n. pepper
Wǒ xǐhuan zài yúròu shàng sǎ yìxiē hú jiāo fěn
我喜欢在鱼肉上撒一些胡椒粉。

sòng cān

送餐 v. to deliver food

Míng wǎn liù diǎn zhōng wǒ huì ān pái wéi nín sòng cān

明晚六点钟我会安排为您<u>送餐</u>。

Situational dialogue 4 – room cleaning

duì huà   dǎ sǎo fáng jiān

对话4：打扫房间

kè fáng fú wù Wǒ shì kè fáng de qǐng wèn xiàn zài kě yǐ wéi nín shōu shi fáng jiān le ma

客房服务:我是客房的,请问现在可以为您收拾房间了吗?

kèrén Xiàn zài bù tài fāng biàn qǐng wǎn yìdiǎn zài guò lái ba

客人:现在不太方便,请晚一点再过来吧!

kè fáng fú wù Hǎo de   nǚ shì   Sān gè xiǎo shí yǐ hòu kě yǐ ma

客房服务:好的,女士。三个小时以后可以吗?

kèrén   Hǎo a   Lìng wài qǐng bāng wǒ duō fàng jǐ píng chún jìng shuǐ

客人:好啊。另外，请帮我多放几瓶纯净水。

kè fáng fú wù Hǎo de nǚ shì   rú guǒ nín yǒu yī fu yào xǐ qǐng jiāng yīwù liú zài

客房服务:好的女士,如果您有衣服要洗,请将衣物留在

xǐ yīdài zhōng　 xǐyī gōnghuì zài měitiān zǎoshang guòlái shōuqǔ　Zhù nǐ yǒu gè
洗衣袋中,洗衣工会在每天早上过来收取。祝你有个

yú kuài de yì tiān
愉快的一天。

🔊 **New words**

shōu shi
收拾　v. to clean

Qǐng mǎ shàng shōu shi yí xia　　hào fáng jiān
请马上<u>收拾</u>一下608号房间。

fāngbiàn
方便　adj. convenient

Nǐ fāngbiàn de shí hou kě yǐ bāng wǒ mǎi gè dōng xi ma
你<u>方便</u>的时候可以帮我买个东西吗?

lìngwài
另外　conj. in addition

Kè ren diǎn le liǎng fèn tào cān　lìngwài hái diǎn le yì píng hóng jiǔ
客人点了两份套餐,<u>另外</u>还点了一瓶红酒。

fàng
放　v. to put

Qǐng bǎ gān jìng de máo jīn fàng zài chuáng shàng
请把干净的毛巾<u>放</u>在床上。

chúnjìngshuǐ
纯净水　n. purified water

Fáng jiān lǐ xū yào xīn jiā liǎng píng chún jìng shuǐ
房间里需要新加两瓶<u>纯净水</u>。

Activity 6: grammar – rearrange the following Chinese words to make grammatically correct sentences.

wǒ　xū yào　fáng jiān　de　dǎ sǎo
1　我/需要/房间/的/打扫。

jì kǒu　qǐng　tí qián　gào sù　rú guǒ　wǒ　nín　yǒu
2　忌口/请/提前/告诉/如果/我/您/有。

tígòng wǒmen miǎnfèi fú wù jiào chē de
3　提供/我们/免费/服务/叫车/的。

tào cān niú pái bāo hán zhè ge hóng jiǔ yì dà lì miàn hé
4　套餐/牛排/包含/这个/红酒/意大利面/和。

fāng biàn wǎn yì diǎn xiàn zài guò lái ba bù tài qǐng
5　方便/晚一点/现在/过来/吧/不太/请。

Activity 7: vocabulary – fill in the blanks with the given words.

yù yuē A 预约	huǎn jiě B 缓解	bù tài shū fu C 不太舒服	nòng diū D 弄丢	jì kǒu E 忌口
tuī jiàn F 推荐	xíng róng G 形容	yú kuài H 愉快	jì cún I 寄存	sòng cān J 送餐

Rú guǒ nǐ　　nǐ kě yǐ qǐng jià huí jiā xiū xi
1　如果你（ ）你可以请假回家休息。

Dìng qī zuò　　kěyǐ bāngnín　yālì　xiāochú píláo
2　定期做 Spa 可以帮您（ ）压力，消除疲劳。

Zāo gāo　wǒ de qián bāo bèi wǒ　le
3　糟糕，我的钱包被我（ ）了！

Nín kěyǐ　　yí gè hǎo de miàn mó gěi wǒ ma
4　您可以（ ）一个好的面膜给我吗？

Rú guǒ nín yǒu shén me　　de dōng xī qǐng tí qián gào sù wǒ
5　如果您有什么（ ）的东西，请提前告诉我。

Zhù nín dù guò yí gè　　de zhōu mò
6　祝您度过一个（ ）的周末。

Kě yǐ dà zhì　　yí xia nín de xíng li xiāng ma
7　可以大致（ ）一下您的行李箱吗？

Xū yào wǒ bāng nín　　míngtiān de qīngjié fúwù ma
8　需要我帮您（ ）明天的清洁 服务吗？

Wǒmen kè fáng fú wù rén yuán jiāng zài shí diǎn wéi nín
9　我们客房服务人员将在十点为您（ ）。

Wǒ kě yǐ bǎ xíng li　　zài qián tái ma
10　我可以把行李（ ）在前台吗？

Key expressions: talking about breakfast and hotel restaurants

🔊 Listen to and memorize the following key expressions:

Zǎo cān yì bān shì shàng wǔ liù diǎn bàn kāi shǐ　yìzhí dào shàng wǔ shí diǎn bàn

1　早餐一般是上午六点半开始，一直到上午十点半，

yòngcān dìdiǎn shì　céng de zhǔ cāntīng

用餐地点是G层的主餐厅。 Breakfast usually starts at 6:30 a.m. and ends at 10:30 a.m. in the main restaurant on the ground floor.

Nín kě yǐ xuǎn zé zì zhù cān xíng shì de Ōu shì zǎo cān　huò zhě xuǎn zé quán Yīng shì

2　您可以选择自助餐形式的欧式早餐，或者选择全英式

zǎo cān

早餐。 You can choose a continental buffet-style breakfast or a full English breakfast.

Zǎo cān fèi shì shí yī diǎn jiǔ wǔ pāng zhì shí sì diǎn jiǔ wǔ bàng měi rén　bāo kuò le

3　早餐费是十一点九五镑至十四点九五镑每人，包括了

fú wù fèi

服务费。 Breakfast costs are from £11.95 to £14.95 per person, including service charge.

Zhè shì wǒmen de Ōu shì zǎo cān zì zhù

4　这是我们的欧式早餐自助。 This is our continental breakfast buffet.

Nà biān shì gè zhǒng guǒ zhī hé fēng fù duō yàng de chá hé kā fēi　jìn qǐng xiǎng yòng

5　那边是各种果汁和丰富多样的茶和咖啡，尽请享用。
There are a variety of juices and a rich variety of teas and coffees. Please enjoy them.

Chuán tǒng de Yīng shì zǎo cān bāo kuò jiān dàn　xiāng cháng　péi gēn　kǎo xī hóng shì

6　传统的英式早餐包括煎蛋，香肠，培根，烤西红柿，

mó gu　jiān dòu

蘑菇、煎豆。 A traditional English breakfast includes fried eggs, sausage, bacon, roasted tomatoes, mushrooms, and fried beans.

Wǒmen jiǔ diàn yǒu sān jiān cāntīng　zhè shì zhǔ cāntīng

7　我们酒店有三间餐厅，这是主餐厅。 Our hotel has three restaurants. This is the main restaurant.

Zài dǐng lóu　shì wǒmen de wū dǐng huā yuán cāntīng　zài nà lǐ nín néng kàn dào měi

8　在顶楼，是我们的屋顶花园餐厅，在那里您能看到美

lì de Lún dūn jǐng sè

丽的伦敦景色。 On the top floor is our roof garden restaurant, where you can see the beautiful view over London.

Nà shì yī jiān mǐ qí lín xīng chú cāntīng   wǒ qiáng liè tuī jiàn nín zài nà lǐ yòng cān

9 那是一间米其林星厨餐厅，我强烈推荐您在那里用餐。
It's a Michelin-star-chef restaurant, and I highly recommend that you eat there.

Tā de cài pǐn jié hé le Ōu zhōu hé Yīng guó cài de tè sè

10 它的菜品结合了欧洲和英国菜的特色。Its dishes combine the characteristics of British and other European cuisine.

yǔ yīn

a 语音 Phonetics

biàn yīn biàn dú

1   辨音辨读 Read aloud the following words, paying specific attention to the accuracy of your pronunciation and tone:

yòngcān	dìdiǎn	zhǔ cāntīng	zì zhù cān	Ōu shì zǎo cān
用餐	地点	主餐厅	自助餐	欧式早餐

quán Yīng shì zǎo cān	fú wù fèi	guǒ zhī	chá kā fēi
全英式早餐	服务费	果汁	茶咖啡

jiān dàn	xiāng cháng	péi gēn	mó gu	fān jiā zhī jú dòu
煎蛋	香肠	培根	蘑菇	番茄汁焗豆

lǎng dú

2   朗读 Read aloud the following phrases, paying specific attention to the fluency of your speech:

Ōu shì zǎo cān zì zhù	chuán tǒng de Yīng shì zǎo cān	kǎo xī hóng shì
欧式早餐自助	传统的英式早餐	烤西红柿

wū dǐng huā yuán cāntīng	mǐ qí lín xīng chú cāntīng
屋顶花园餐厅	米其林星厨餐厅

jù zi tì huàn liàn xí

b 句子替换练习 Substitution exercises

Work in pairs, and complete the following dialogue by substituting the underlined part of the dialogue with the given words:

Jiǔ diàn de cāntīng zěn me yàng

1A 酒店的餐厅怎么样？

Wǒmen jiǔ diàn yǒu sān jiān cāntīng   zhè shì zhǔ cāntīng

1B 我们酒店有三间餐厅，这是主餐厅。

Zài dǐng lóu yǒu wū dǐng huā yuán cāntīng   zài nà lǐ nín néng kàn dào měi lì de Lún dūn
在顶楼有屋顶花园餐厅,在那里您能看到美丽的伦敦
jǐng sè
景色

Wǒmen jiǔ diàn yǒu mǐ qí lín xīng chú cāntīng   wǒ qiáng liè tuī jiàn nín zài nà lǐ
我们酒店有米其林星厨餐厅,我强烈推荐您在那里
yòng cān
用餐

wǒmen jiǔ diàn cāntīng de cài pǐn jié hé le Ōu zhōu hé Yīng guó cài de tè sè
我们酒店餐厅的菜品结合了欧洲和英国菜的特色

Gěi wǒ jiè shào yí xià jiǔ diàn de zǎo cān ba
2A 给我介绍一下酒店的早餐吧。

Zǎo cān yì bān shì shàng wǔ liù diǎn bàn kāi shǐ   yìzhí dào shàng wǔ shí diǎn bàn   yòngcān
2B 早餐一般是上午六点半开始,一直到上午十点半,用餐
dìdiǎn shì   céng de zhǔ cāntīng
地点是 G 层的主餐厅。

Nín kě yǐ xuǎn zé zì zhù cān xíng shì de ōu shì zǎo cān   huò zhě xuǎn zé quán yīng shì
您可以选择自助餐形式的欧式早餐,或者选择全英式
zǎo cān
早餐

Wǒmen tí gōng chuán tǒng de yīng shì zǎo cān bāo kuò jiān dàn xiāng cháng   péi gēn   kǎo
我们提供传统的英式早餐包括煎蛋、香肠 、培根、烤
xī hóng shì   mó gu   ban jiā shiru jú dòu
西红柿、蘑菇、番茄汁焗豆

Zǎo cān fèi shì shí yī diǎn jiǔ wǔ bàng zhì shí sì diǎn jiǔ wǔ bàng měi rén bāo kuò le
早餐费是十一点九五镑至十四点九五镑每人,包括了
fú wù fèi
服务费

Situation dialogue 5 – introducing breakfast

duìhuà zài jiǔ diàn de cān tīng chī zǎo cān
对话5: 在酒店的餐厅吃早餐

Zhào nǚ shì shì yī wèi xiū xián yóu kè zuótiān rùzhù de jiǔdiàn Tā shì tōng guò lǚ xíng
赵女士是一位休闲游客,昨天入住的酒店。她是通过旅行

shè de wǎng zhàn   yùdìng de jiǔdiàn fángfèi bù bāokuò zǎocān tā zhèngzài zīxún
社的网站(OTA)预定的酒店,房费不包括早餐。她正在咨询

guānyú zǎocān de xuǎnzé lìngwài tā zhèng xiǎng hé péngyou zài jiǔdiàn chī wǔ fàn
关于早餐的选择,另外,她正想和朋友在酒店吃午饭,

tā wèn qián tái shì fǒu yǒu rén kě yǐ dài tā zài jiǔ diàn zhuàn zhuan
她问前台是否有人可以带她在酒店转转。

Zhào nǚ shì zǒu xiàng qián tái
(赵女士走向前台)

qiántái Zǎo shang hǎo Zhào nǚ shì yǒu shénme kěyǐ bāngzhù nín de ma
前台:早上好,赵女士,有什么可以帮助您的吗?

kèren Zǎo wǒ xiǎng liǎojiě yíxia zǎocān wǒ tōngguò bīn kè wǎng dìng de
客人:早,我想了解一下早餐,我通过缤客网订的

fángjiān　fángfèi méiyǒu bāokuò zǎocān　Kě yǐ gēn wǒ shuō yíxia wǒ xūyào lìng
房间，房费没有包括早餐。可以跟我说一下我需要另

fù duōshǎo de zǎocān fèi ma　yǐjí yǒu nǎxiē zǎo cān lèi xíng kě gòng xuǎn zé
付多少的早餐费吗，以及有哪些早餐类 型可供选择？

qián tái　Méi wèn tí　zǎo cān yì bān shì shàng wǔ liù diǎn bàn kāishǐ　yìzhí dào shàng
前台:没问题,早餐一般是上午六点半开始,一直到上

wǔ shí diǎn bàn　yòngcān dìdiǎn shì　céng de zhǔ cāntīng　Nín kě yǐ xuǎn zé zì zhù
午十点半,用餐地点是G层的主餐厅。您可以选择自助

cān xíng shì de ōu shì zǎo cān　huòzhě xuǎnzé quán yīngshì zǎocān　Zǎo cān shí jiān
餐形式的欧式早餐,或者选择全英式早餐。早餐时间,

wǒmen yě yǒu shǎoliàng de zhōngcān kě gòng xuǎnzé　Zǎo cān fèi shì shí yī diǎn jiǔ
我们也有少量的中餐可供选择。早餐费是十一点九

wǔ bàng zhì shí sì diǎn jiǔ wǔ bàng měirén　bāokuò le fúwùfèi
五镑至十四点九五镑每人,包括了服务费。

kèren　Qǐng wèn Ōu shì zǎo cān hé Yīng shì zǎo cān yǒu shén me qū bié ne　Zǎo cān yǒu
客人:请问欧式早餐和英式早餐有什么区别呢?早餐有

shén me zhōng guó cài ne
什么中国菜呢?

qián tái　Wǒ kě yǐ dài nín kàn kan wǒmen de cāntīng　suí hòu nín zǎi zuò jué dìng
前台:我可以带您看看我们的餐厅,随后您再做决定。

kèren　Hǎo　shízài gǎnxiè
客人:好,实在感谢。

Qián tái dǎ diàn huà gěi cāntīng jīng lǐ　jīng lǐ huì dài Zhào nǚ shì kàn yī kàn cāntīng
前台打电话给餐厅经理,经理会带赵女士看一看餐厅。

cāntīng jīnglǐ　Zǎo shang hǎo　Zhào nǚ shì
餐厅经理:早上好,赵女士。

kèren　Zǎo shang hǎo　xīwàng nín néngdài wǒ kànkan yǒu nǎxiē zǎo cān
客人:早上好,希望您能带我看看有哪些早餐。

cān tīng jīng lǐ　Méi wèn tí　fēi cháng róng xìng　Qǐng gēn wǒ lái
餐厅经理:没问题,非常荣幸。请跟我来。

Zhè shì wǒmen de Ōu shì zǎo cān zì zhù　zhèlǐ yǒu gèzhǒng gāodiǎn　guǒjiàng　xīnxiān
这是我们的欧式早餐自助，这里有各种糕点、果酱、新鲜

de shuǐguǒ　zhī shì hé huǒtuǐ　yě yǒu suānnǎi hé gèzhǒng cuì yù mǐ piàn　Nà biān
的水果、芝士和火腿、也有酸奶和各种脆玉米片。那边

shì gè zhǒng guǒ zhī hé fēng fù duō yàng de chá hé kā fēi　jìn qǐng xiǎng yòng
是各种果汁和丰富多样的茶和咖啡，尽请享用。

kè ren　Kě yǐ gěi wǒ jiè shào yí xia Yīng shì zǎo cān ma
客人：可以给我介绍一下英式早餐吗？

cāntīng jīnglǐ　Dāng rán　zhège càidān kěnéng duì nín yǒu bāngzhù　Chuán tǒng de Yīng shì
餐厅经理：当然，这个菜单可能对您有帮助。传统的英式

zǎo cān bāo kuò jiān dàn　xiāngcháng　péigēn　kǎo xīhóngshì　mógu　rúguǒ
早餐包括煎蛋、香肠、培根、烤西红柿、蘑菇、如果

nín xǐhuan dehuà　hái kěyǐ jiā yí piàn bái bùdīng huòshì hēi xuè cháng　Xiàn zài
您喜欢的话，还可以加一片白布丁或是黑血肠。现在

wǒmen de yīng shì zǎo cān yě bāo kuò fān qié jiàng pēng rèn de dòu zi　shǔ bing
我们的英式早餐也包括番茄酱烹饪的豆子，薯饼

jiāshang yìxiē huángyóu bái miànbāo huòzhě shì quán mài tǔ sī
，加上一些黄油白面包或者是全麦吐司。

kèren　Wā　tīngqǐlái fēicháng fēngshèng
客人：哇，听起来非常丰盛。

cāntīng jīnglǐ　Wǒ jiàn yì nín shì shi wǒmen de zhōng shì diǎn xīn　wǒmen de Zhōngguó
餐厅经理：我建议您试试我们的中式点心，我们的中国

kèren dōu fēicháng xǐhuan
客人都非常喜欢。

kèren　Hǎo　wǒ xǐ huan zhēng jiǎo　háiyǒu qítā de shénme diǎnxīn ma
客人：好，我喜欢蒸饺，还有其他的什么点心吗？

cāntīng jīnglǐ　Wǒmen yǒu zhēng jiǎo　qǐng kàn yí xia wǒmen de càidān hé tú piàn　Nín
餐厅经理：我们有蒸饺，请看一下我们的菜单和图片。您

kě yǐ gēn jù cài dān xuǎn zé diǎn xīn　wǒmen hái huì gěi nín pèi yí hú mò lì huā chá
可以根据菜单选择点心，我们还会给您配一壶茉莉花茶。

客人：<ruby>能<rt>kèren Néng</rt></ruby> <ruby>顺<rt>shùn</rt></ruby> <ruby>便<rt>biàn</rt></ruby> <ruby>问<rt>wèn</rt></ruby> <ruby>一<rt>yí</rt></ruby> <ruby>下<rt>xia</rt></ruby>，<ruby>酒店<rt>jiǔdiàn</rt></ruby> <ruby>有<rt>yǒu</rt></ruby> <ruby>多少<rt>duōshǎo</rt></ruby> <ruby>间<rt>jiān</rt></ruby> <ruby>餐厅<rt>cāntīng</rt></ruby> <ruby>吗<rt>ma</rt></ruby>？<ruby>我<rt>Wǒ</rt></ruby> <ruby>正在<rt>zhèng zài</rt></ruby> <ruby>考<rt>kǎo</rt></ruby> <ruby>虑<rt>lù</rt></ruby> <ruby>明天<rt>míng tiān</rt></ruby> <ruby>晚上<rt>wǎn shang</rt></ruby> <ruby>请<rt>qǐng</rt></ruby> <ruby>我<rt>wǒ</rt></ruby> <ruby>的<rt>de</rt></ruby> <ruby>朋友<rt>péngyou</rt></ruby> <ruby>过来<rt>guò lái</rt></ruby> <ruby>吃饭<rt>chī fàn</rt></ruby>。

餐厅经理：<ruby>我们<rt>cāntīng jīnglǐ Wǒmen</rt></ruby> <ruby>酒店<rt>jiǔ diàn</rt></ruby> <ruby>有<rt>yǒu</rt></ruby> <ruby>三<rt>sān</rt></ruby> <ruby>间<rt>jiān</rt></ruby> <ruby>餐厅<rt>cāntīng</rt></ruby>，<ruby>这<rt>zhè</rt></ruby> <ruby>是<rt>shì</rt></ruby> <ruby>主<rt>zhǔ</rt></ruby> <ruby>餐厅<rt>cāntīng</rt></ruby>。<ruby>早餐<rt>Zǎo cān</rt></ruby> <ruby>后<rt>hòu</rt></ruby>，<ruby>我们<rt>wǒmen</rt></ruby> <ruby>从<rt>cóng</rt></ruby> <ruby>十二点<rt>shí èr diǎn</rt></ruby> <ruby>到<rt>dào</rt></ruby> <ruby>晚上<rt>wǎn shang</rt></ruby> <ruby>十一点<rt>shí yī diǎn</rt></ruby> <ruby>有<rt>yǒu</rt></ruby> <ruby>自助<rt>zì zhù</rt></ruby> <ruby>午餐<rt>wǔ cān</rt></ruby>。<ruby>在<rt>Zài</rt></ruby> <ruby>顶楼<rt>dǐng lóu</rt></ruby>，<ruby>是<rt>shì</rt></ruby> <ruby>我们<rt>wǒmen</rt></ruby> <ruby>的<rt>de</rt></ruby> <ruby>屋顶<rt>wūdǐng</rt></ruby> <ruby>花园<rt>huāyuán</rt></ruby> <ruby>餐厅<rt>cāntīng</rt></ruby>，<ruby>在<rt>zài</rt></ruby> <ruby>那里<rt>nà lǐ</rt></ruby> <ruby>您<rt>nín</rt></ruby> <ruby>能<rt>néng</rt></ruby> <ruby>看到<rt>kàn dào</rt></ruby> <ruby>美丽<rt>měi lì</rt></ruby> <ruby>的<rt>de</rt></ruby> <ruby>伦敦<rt>Lún dūn</rt></ruby> <ruby>景<rt>jǐng</rt></ruby> <ruby>色<rt>sè</rt></ruby>，<ruby>而且<rt>ér qiě</rt></ruby> <ruby>那<rt>nà</rt></ruby> <ruby>是<rt>shì</rt></ruby> <ruby>一<rt>yì</rt></ruby> <ruby>间<rt>jiān</rt></ruby> <ruby>米其林<rt>mǐ qí lín</rt></ruby> <ruby>星厨<rt>xīng chú</rt></ruby> <ruby>餐厅<rt>cāntīng</rt></ruby>，<ruby>我<rt>wǒ</rt></ruby> <ruby>强烈<rt>qiángliè</rt></ruby> <ruby>推荐<rt>tuījiàn</rt></ruby> <ruby>您<rt>nín</rt></ruby> <ruby>在<rt>zài</rt></ruby> <ruby>那里<rt>nàlǐ</rt></ruby> <ruby>请<rt>qǐng</rt></ruby> <ruby>您<rt>nín</rt></ruby> <ruby>的<rt>de</rt></ruby> <ruby>朋友<rt>péngyou</rt></ruby> <ruby>吃饭<rt>chīfàn</rt></ruby>。<ruby>它<rt>Tā</rt></ruby> <ruby>的<rt>de</rt></ruby> <ruby>菜品<rt>cài pǐn</rt></ruby> <ruby>结合<rt>jié hé</rt></ruby> <ruby>了<rt>le</rt></ruby> <ruby>欧洲<rt>Ōu zhōu</rt></ruby> <ruby>和<rt>hé</rt></ruby> <ruby>英国<rt>Yīng guó</rt></ruby> <ruby>菜<rt>cài</rt></ruby> <ruby>的<rt>de</rt></ruby> <ruby>特<rt>tè</rt></ruby> <ruby>色<rt>sè</rt></ruby>。<ruby>午餐<rt>Wǔ cān</rt></ruby> <ruby>时间<rt>shí jiān</rt></ruby> <ruby>是<rt>shì</rt></ruby> <ruby>十一点<rt>shí yī diǎn</rt></ruby> <ruby>半<rt>bàn</rt></ruby> <ruby>到<rt>dào</rt></ruby> <ruby>下午<rt>xià wǔ</rt></ruby> <ruby>两点<rt>liǎng diǎn</rt></ruby> <ruby>半<rt>bàn</rt></ruby>，<ruby>晚餐<rt>wǎncān</rt></ruby> <ruby>下午<rt>xià wǔ</rt></ruby> <ruby>六点<rt>liù diǎn</rt></ruby> <ruby>开始<rt>kāi shǐ</rt></ruby>。<ruby>另外<rt>Lìng wài</rt></ruby> <ruby>一<rt>yì</rt></ruby> <ruby>间<rt>jiān</rt></ruby> <ruby>餐厅<rt>cān tīng</rt></ruby> <ruby>更加<rt>gèng jiā</rt></ruby> <ruby>休闲<rt>xiū xián</rt></ruby> <ruby>一些<rt>yì xiē</rt></ruby>，<ruby>主要<rt>zhǔyào</rt></ruby> <ruby>供应<rt>gōngyìng</rt></ruby> <ruby>无国界<rt>wú guójiè</rt></ruby> <ruby>料理<rt>liàolǐ</rt></ruby>，<ruby>餐厅<rt>cāntīng</rt></ruby> <ruby>在<rt>zài</rt></ruby> G <ruby>层<rt>céng</rt></ruby> <ruby>的<rt>de</rt></ruby> <ruby>最<rt>zuì</rt></ruby> <ruby>左边<rt>zuǒbian</rt></ruby>，<ruby>每天<rt>měi tiān</rt></ruby> <ruby>上午<rt>shàng wǔ</rt></ruby> <ruby>十一点<rt>shí yī diǎn</rt></ruby> <ruby>至<rt>zhì</rt></ruby> <ruby>下午<rt>xià wǔ</rt></ruby> <ruby>十<rt>shí</rt></ruby> <ruby>一点<rt>yī diǎn</rt></ruby> <ruby>营业<rt>yíng yè</rt></ruby>。

客人：<ruby>谢谢<rt>kè ren Xiè xie</rt></ruby> <ruby>您<rt>nín</rt></ruby> <ruby>的<rt>de</rt></ruby> <ruby>推荐<rt>tuī jiàn</rt></ruby>，<ruby>我<rt>wǒ</rt></ruby> <ruby>想<rt>xiǎng</rt></ruby> <ruby>我们<rt>wǒmen</rt></ruby> <ruby>会<rt>huì</rt></ruby> <ruby>去<rt>qù</rt></ruby> <ruby>顶层<rt>dǐngcéng</rt></ruby> <ruby>的<rt>de</rt></ruby> <ruby>米其林<rt>mǐqílín</rt></ruby> <ruby>餐厅<rt>cāntīng</rt></ruby>。

🔊 **New words**

<ruby>机构<rt>jīgòu</rt></ruby> n. agency, institute

<ruby>援助<rt>Yuánzhù</rt></ruby> <ruby>机构<rt>jī gòu</rt></ruby> <ruby>在<rt>zài</rt></ruby> <ruby>给<rt>gěi</rt></ruby> <ruby>难民<rt>nàn mín</rt></ruby> <ruby>分发<rt>fēn fā</rt></ruby> <ruby>食物<rt>shí wù</rt></ruby>。

<ruby>咨询<rt>zīxún</rt></ruby> v. to consult; to seek advice

<ruby>您好<rt>Nín hǎo</rt></ruby> <ruby>我<rt>wǒ</rt></ruby> <ruby>想<rt>xiǎng</rt></ruby> <ruby>咨询<rt>zī xún</rt></ruby> <ruby>一下<rt>yí xia</rt></ruby> <ruby>如何<rt>rú hé</rt></ruby> <ruby>预定<rt>yù dìng</rt></ruby> <ruby>机场<rt>jī chǎng</rt></ruby> <ruby>接送<rt>jiē sòng</rt></ruby> <ruby>服务<rt>fú wù</rt></ruby>。

lìngwài

另外 conj. in addition

Wǒ xiǎng yào kā fēi chá lìngwài   zàilái yì bēi chéngzhī

我想要咖啡茶，另外，再来一杯橙汁。

zhuànzhuan

转转 v. to walk around; to go around

Chī wán wǎn cān hòu wǒ xiǎng chū qù zhuàn zhuan

吃完晚餐后我想出去转转。

liǎojiě

了解 v./n. to understand/understanding

Wǒ duì zhè fāngmiàn de liǎojiě búshì hěnduō

我对这方面的了解不是很多。

lìng fù

另付 v. to pay additionally

Nín xū yào lìng fù dǎ sǎo wèi shēng de qián

您需要另付打扫卫生的钱。

lèixíng

类型 n. types

Nín xiǎng kàn shénme lèixíng de diànyǐng ne

您想看什么类型的电影呢？

zhǔ cāntīng

主餐厅 n. main restaurant
breakfast related vocabulary

Wǒmen de zhǔ cāntīng miànjī hěn dà

我们的主餐厅面积很大。

Ōu shì

欧式 adj. European style

Zhè zuò Ōu shì fēng gé de jiàn zhù fēi cháng piào liang

这座欧式风格的建筑非常漂亮。

róngxìng

荣幸   n. honour; pleasure

Rèn shi nín shì wǒ de róngxìng

认识您是我的<u>荣幸</u>。

quán Yīngshì

全英式   adj. full English

Wǒmen cāntīng yǒu quán Yīngshì zǎocān gōngyìng

我们餐厅有<u>全英式</u>早餐供应。

zǎocān

早餐 n. breakfast

breakfast related vocabulary

Wǒ huì zài bā diǎnzhōng zuǒyòu chī wán zǎocān

我会在八点钟左右吃完<u>早餐</u>。

fúwùfèi

服务费 n. service charge

Sī jī hé dǎoyóu de fú wù fèi shì měitiān sān bàng

司机和导游的<u>服务费</u>是每天三镑。

qūbié

区别 n. the difference

Zhè liǎng fú tú piàn yǒu shén me qū bié ma

这两幅图片有什么<u>区别</u>吗?

suíhòu

随后 adv. subsequently

Wǒmen zài kǎolù yíxia   suíhòu tōngzhī nín

我们再考虑一下,<u>随后</u>通知您。

zuòjuédìng

做决定   v. to make a decision

Děng liǎo jiě qíngkuànghòu wǒmen zài zuòjuédìng

等了解情况后,我们再<u>做决定</u>。

gèzhǒng

各种 adj. various

Wǒmen tígòng gèzhǒng měiwèi de xiǎochī

我们提供各种美味的小吃。

gāodiǎn

糕点 n. pastry
breakfast related vocabulary

Nín xiǎng yào pǐn cháng zhōng shì gāo diǎn ma

您想要品尝中式糕点吗？

guǒjiàng

果酱 n. jam
breakfast related vocabulary

Wǒ zuì xǐhuan chī lán méi wèi de guǒjiàng

我最喜欢吃蓝莓味的果酱。

zhī shì

芝士 n. cheese
breakfast related vocabulary

Zài píng dǐ guō lǐ jiān liǎng piàn zhī shì ba

在平底锅里煎两片芝士吧。

huǒtuǐ

火腿 n. sausage
breakfast related vocabulary

Wǒ hěn xǐhuan chī huǒtuǐ

我很喜欢吃火腿。

suānnǎi

酸奶 n. yogurt
breakfast related vocabulary

Zǎo shang qǐ chuáng hòu   wǒ xíguàn xiān hē yì bēi suānnǎi

早上起床后，我习惯先喝一杯酸奶。

cuì yùmǐ piàn

脆玉米片 n. cornflakes
breakfast related vocabulary

Zài niú nǎi zhōng jiā rù cuì yù mǐ piàn huì gèng kě kǒu

在牛奶中加入脆玉米片会更可口。

jìnqíng xiǎngyòng

尽情享用　v. to indulge; to enjoy fully

Nín de cài yǐ jīng zuò hǎo le qǐng jìnqíng xiǎngyòng ba

您的菜已经做好了，请尽情享用吧。

zài　　　de jīchǔ shàng

在……的基础上　prep. on the basis of

Hé zuò bì xū jiàn lì zài xiāng hù xìn rèn de jī chǔ shàng

合作必须建立在相互信任的基础上。

chuántǒng

传统　adj. traditional

Wǒ xiǎng pǐncháng chuántǒng de Yīngshì xià wǔchá

我想品尝传统的英式下午茶。

jiāndàn

煎蛋　n. omelette
breakfast related vocabulary

Nín yào lái yí gè jiāndàn ma

您要来一个煎蛋吗？

xiāngcháng

香肠　n. sausage
breakfast related vocabulary

Wǒ xiǎnglái yí fèn jīròu xiāngcháng

我想来一份鸡肉香肠。

péigēn

培根　n. bacon
breakfast related vocabulary

Wǒ xǐhuan chī péigēn xiànbǐng

我喜欢吃培根馅饼。

kǎo xīhóngshì

烤西红柿　n. roasted tomatoes
breakfast related vocabulary

Zài bāng wǒ duō jiā yí fèn kǎo xī hóng shì ba

再帮我多加一份烤西红柿吧。

mógu

蘑菇 n. mushroom
breakfast related vocabulary

Xiān sheng nín yào de mógu tāng yǐ jīng zuò hǎo le
先生您要的蘑菇汤已经做好了。

fānqié zhī jú dòu

番茄汁焗豆 n. fried beans
breakfast related vocabulary

Wǒ xiǎng yào yí fèn fān qié zhī jú dòu
我想要一份番茄汁焗豆。

hēi xuè cháng

黑血肠　n. black blood sausage
breakfast related vocabulary

Zhè jiā cān tīng de hēi xuè cháng wèi dào fēi cháng zhèng zōng
这家餐厅的黑血肠味道非常正宗。

shǔ bing

薯饼　n. potato cake
breakfast related vocabulary

Shǔ bing shì wǒ zuì xǐ huan de shí wù
薯饼是我最喜欢的食物。

tǔ sī

吐司 n. toast
breakfast related vocabulary

Kǎo tǔ sī pèi jiān dàn nín xiǎng chī ma
烤吐司配煎蛋您想吃吗?

fēngshèng

丰盛　adj. rich
Jīn tiān de wǎn cān zhēn de shì tài fēng shèng le
今天的晚餐真的是太丰盛了。

zhēng jiǎo

蒸饺　n. steamed dumplings

breakfast related vocabulary

Māmā zuò de zhēng jiǎo fēi cháng hào chī

妈妈做的蒸饺非常好吃。

pèi

配　v. to match

Chī yú yào pèi bái pú táo jiǔ

吃鱼要配白葡萄酒。

dǐnglóu

顶楼　n. top floor

Chéngzuò diàn tī kě yǐ zhí jiē dào dá dǐng lóu

乘坐电梯可以直接到达顶楼。

wūdǐng huāyuán

屋顶花园　n. roof garden

Zhè jiā jiǔ diàn hái yǒu wū dǐng huā yuán

这家酒店还有屋顶花园。

mǐqílín xīng chú

米其林星厨　n. Michelin-star kitchen

breakfast related vocabulary

Jīn tiān wǒmen yì qǐ qù pǐn cháng yì jiā mǐ qí lín xīng chú cān tīng ba

今天我们一起去品尝一家米其林星厨餐厅吧。

qiángliè

强烈　adj. strong

Wǒ qiángliè tuījiàn nín pǐnchháng zhè jiā de Yìdàlìmiàn

我强烈推荐您品尝这家的意大利面。

tuījiàn

推荐　v./n. to recommend/recommendation

Nín yǒu shén me jǐng diǎn kě yǐ wéi wǒ tuī jiàn yí xia ma

您有什么景点可以为我推荐一下吗？

jiéhé

结合 v. to combine

Shān hé shuǐ de jié hé shì zuì měi de fēngjǐng

山和水的结合是最美的风景。

xiūxián

休闲 n. leisure

Zhōu mò shì hé fàng sōng hé xiū xián

周末适合放松和休闲。

gōngyìng

供应 v. to supply

Wǒmen jiǔ diàn èr shí sì xiǎo shí gōngyìng rè shuǐ

我们酒店二十四小时供应热水。

guójiè

国界 n. national boundaries

Měi shí shì méi yǒu guó jiè de

美食是没有国界的。

liào lǐ

料理 n. cuisine
breakfast related vocabulary

Wǒ hěn xǐ huan chī rì shì liào lǐ

我很喜欢吃日式料理。

Activity 8: speaking – introduce the English breakfast, in Chinese.

Activity 9: comprehension – answer the following questions according to the preceding dialogue.

1   How did the guest book the hotel?
2   What kinds of breakfast are available at the hotel?
3   How much extra payment does the English breakfast require?
4   How many restaurants are there in the hotel? What kinds of food do they mainly supply?
5   Which restaurant did the guest decide to go to?

Activity 10: vocabulary – fill in the blanks with the given words.

liǎojiě	lìng fù	bāohán	qūbié	jīchǔ
A 了解	B 另付	C 包含	D 区别	E 基础
jiéhé	chuántǒng	xiūxián	gōngyìng	qiángliè
F 结合	G 传统	H 休闲	I 供应	J 强烈

Wǒmen jiǔ diàn miǎn fèi　　quán Yīng zǎo cān
1　我们酒店免费（ ）全英早餐。

Jiǔ diàn kè fáng　　àn mó fú wù
2　酒店客房（ ）按摩服务。

Zhè jiā cān tīng de cài shì shì zhōng xī　　de
3　这家餐厅的菜式是中西（ ）的。

Jiǔ diàn de èr céng shì　　zhōngxīn　kěyǐ xiǎngshòu ànmó fúwù
4　酒店的二层是（ ）中心，可以享受按摩服务。

Cān hòu tián diǎn xū yào　　sān bàng
5　餐后甜点需要（ ）三镑。

Zhè liǎng gè fáng jiān de zhuāng xiū fēng gé yǒu
6　这两个房间的装修风格有（ ）。

Hé zuò bì xū jiàn lì zài xiāng hù xìn rèn de　　shàng
7　合作必须建立在相互信任的（ ）上。

Kè ren　　yāo qiú huàn gè ān jìng de fáng jiān
8　客人（ ）要求换个安静的房间。

Wǒ　　dào zhè jiā jiǔdiàn yǒu bā shí nián de lì shǐ le
9　我（ ）到这家酒店有八十年的历史了。

Zhè dào cài de　　chī fǎ shì tú mǒ huáng yóu
10　这道菜的（ ）吃法是涂抹黄油。

🔊

Activity 11: interactive listening – listen to what the guest says on the audio, and respond accordingly.

CAT 5: Chinese table-seating arrangement

There is a certain order in which table seating is arranged during a Chinese dinner. More-senior people are usually seated first; then the host will show you your seat.

Source: https://confuciusmag.com/chinese-dining-etiquette

- Wait for your host to tell you where to sit, especially in more-formal events; age and seniority are important in seating arrangements. The 'most honoured' guest will usually be seated to the right of the host, facing the door.
- Do not start eating before others, especially the elders and seniors, because rank is crucial in Chinese culture.
- Do not be surprised if your host puts some food on your plate (a way of honouring you with the choicest morsels).
- It is polite to sample at least a little of everything. The host will often wait for guests to grab something from a dish before the host serves themselves. Do not forget to comment on how good everything tastes.
- Feel free to bring your bowl up to your mouth, slurp, or even burp loudly if you are so inclined.
- Do not flip over a fish to get to the meat on the other side. In the fishing villages of ancient China, this meant that someone's boat would be overturned, and today, it is just another bad luck superstition.
- Formal banquets (e.g. wedding or business meeting) tend to have a marathon number of dishes, so pace yourself.

- Do not leave an empty plate at the end of the meal. Otherwise, your hosts lose face because they might think that they did not order enough! Having said that, try not to leave too much food on the plates either, because it indicates that the food did not taste good enough.

Experiential exercise

Find information on what services a star-rated hotel in China generally offers, by obtaining information from three hotels (one three star, one four star, and one five star) in a Chinese city. You can either visit hotel websites to download information or speak to the hotel directly by phone or online to obtain information. You can then share and compare your findings with your classmate or another learner, in Mandarin, to see what the common services are and what the unique ones are.

Revision

- Practise the key expressions and new words you have learnt in this lesson
- Invent imaginary host situations, and try to describe the hotel services you can offer or create situational dialogues of your own
- Try to include as many polite expressions and as much new vocabulary as possible in your conversation

Lesson 6　酒店服务
Hotel services (2)

Learning objectives

By the end of this lesson, you will be able to:

* Assist Chinese guests with common hotel services
* Provide detailed information about hotel services

Warm-up

What are the key facilities and services that a five-star hotel usually offers? How should you introduce or promote the services to Chinese guests?

🔊

Activity 1: pronunciation – listen to and repeat after the recording, paying attention to the pronunciation.

yǎng shēng àn mó fú wù 养生按摩服务	health massage services
fùyìn fúwù 复印服务	copying service
miǎnfèi shàngwǎng 免费上网	free Wi-Fi
dǎyìn fúwù 打印服务	printing service
chūzūchē jí háohuá jiàochē fúwù 出租车及豪华轿车服务	taxi and limousine services
hù yīng jí tuōer fúwù 护婴及托儿服务	child-care services
yóujì bāoguǒ sùdì fúwù 邮寄／包裹速递服务	mailing/postal service
zūchē fúwù 租车服务	car rental service

Activity 2: speaking – after you hear the English word on the recording, say the equivalent word for it in Chinese, paying attention to tone. You will hear the standard pronunciation after your attempt.

Activity 3: vocabulary – working in pairs, student A picks a word in Chinese from the list and says it out loud; student B listens and translates it back into English; and then they change roles.

Activity 4: vocabulary – match each following English word to its Chinese equivalent.

1	free Wi-Fi	A	dǎyìn fúwù 打印服务
2	car rental service	B	yóujì　bāoguǒ sùdì fúwù 邮寄／包裹速递服务
3	printing service	C	zūchē fúwù 租车服务
4	mailing service	D	hù yīng jí tuōer fúwù 护婴及托儿服务
5	child-care services	E	miǎnfèi wú xiàn shàngwǎng 免费无线上网

Activity 5: speaking – look at the following pictures. Use the words you have learnt, in order to describe the pictures. Then write the correct word for each picture, to improve your memory.

1

2

3

4

5

Key expressions: booking spa services

Listen to and memorize the following key expressions:

Nín hǎo　zhèlǐ shì　　　zhōngxīn

1 您好，这里是xxx Spa 中心。
Hello, this is xxx Spa.

Qǐng wèn nín xū yào nǎ zhǒng lèi xíng de fú wù

2 请问您需要哪种类型的服务？
What kind of service do you need?

Wǒ men de miàn bù àn mó hěn shòu huān yíng

3 我们的面部按摩很受欢迎。
Our facial massage is very popular.

Bèi bù àn mó yí gòng sì shí wǔ fēn zhōng　jià gé shì bā shí bàng

4 背部按摩一共四十五分钟，价格是八十镑。
45 minutes of back massage costs £80.00.

Qǐng wèn yùdìng rén xìngmíng shì

5 请问预定人姓名是？
What is the name of the person who made the reservation?

Wǒmen yǒu xià wǔ sān diǎn huò wǔ diǎn de shí jiān duàn　nín xiǎng xuǎn nǎge

6 我们有下午三点或五点的时间段，您想选哪个？
We have time slots at 3:00 p.m. and 5:00 p.m. Which one would you prefer?

Lín nǚ shì　dōu bāng nín dìng hǎo le　míng tiān xià wǔ sān diǎn de bèibù ànmó　shí

7 林女士，都帮您定好了，明天下午三点的背部按摩，时

cháng wéi sì shíwǔ fēnzhōng。

长为四十五分钟

Ms Lin, we have booked it for you. The back massage at 3:00 p.m. tomorrow will last 45 minutes.

Nín kě yǐ tí qián lái shǐ yòng wǒ men　　　de qítā shèshī

8 您可以提前来使用我们spa 的其他设施。
You can use other facilities at our spa in advance.

a **语音 Phonetics**
yǔ yīn

biàn yīn biàn dú

1   **辨音辨读** Read aloud the following words, paying specific attention to the accuracy of your pronunciation and tone:

miàn bù àn mó   Bèi bù àn mó   yùdìng rén   xìngmíng   shíjiānduàn

面部按摩   背部按摩   预定人   姓名   时间段

lǎng dú

2   **朗读** Read aloud the following phrases, paying specific attention to the fluency of your speech:

hěn shòu huān yíng   dōu bāng nín dìng hǎo le   qítā shèshī

很受欢迎   都帮您定好了   其他设施

shí cháng wéi sì shíwǔ fēnzhōng

时长为四十五分钟

jù zi tì huàn liàn xí

b **句子替换练习** **Substitution exercises**

Work in pairs, and complete the following dialogue by substituting the underlined part of the dialogue with the given words:

Shì   zhōng xīn ma

1A   是xxx Spa 中心吗 ?

Shì de nín hǎo

1B   是的, 您好。

Nínhǎo   zhèlǐ shì   zhōngxīn

您好, 这里是xxxSpa 中心

Shì de qǐng wèn nín xū yào nǎ zhǒng lèi xíng de fú wù

是的, 请问您需要哪种类型的服务

Shì de qǐng wèn yǒu shén me kě yǐ bāng nín

是的, 请问有什么可以帮您

Wǒ xiǎng yù yuē míngtiān de bèi bù àn mó

2A 我想预约明天的背部按摩。

Méi wèn tí

2B 没问题。

Qǐng wèn yùdìng rén xìngmíng shì

请问预定人姓名是

Wǒ men yǒu xià wǔ sān diǎn huò wǔ diǎn de shí jiān duàn　nín xiǎng xuǎn nǎge

我们有下午三点或五点的时间段,您想选哪个

Lín nǚ shì　dōu bāng nín dìng hǎo le　míng tiān xià wǔ sān diǎn de ànmó　shí cháng

林女士,都帮您定好了,明天午下三点的按摩,时长

wéi sì shíwǔ fēnzhōng

为四十五分钟

Situational dialogue 1 – helping clients book a spa service

duìhuà　　bāng zhù kè ren yù dìng

对话1：帮助客人预定 Spa

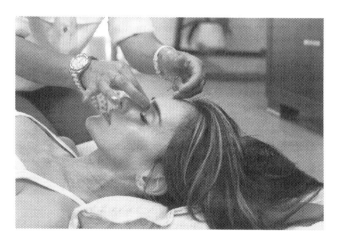

jiǔdiàn　Nínhǎo　zhèlǐ shì Yuè měi　　zhōngxīn

酒店:您好,这里是悦美 Spa 中心。

kèren　Nǐ hǎo　wǒ xiǎng yùdìng yíxia míngtiān de àn mó
客人：你好，我想预定一下明天的按摩。

jiǔdiàn　Hǎo de　qǐngwèn nín xūyào nǎ zhǒng lèi xíng de fú wù　wǒmen zhè lǐ yǒu miàn
酒店：好的，请问您需要哪种类型的服务，我们这里有面
　　　bù　bèi bù hé quán shēn de àn mó
　　　部，背部和全身的按摩。

kèren　Qǐng wèn àn mó yǒu nǎ xiē tuī jiàn xiàng mù
客人：请问按摩有哪些推荐项目？

jiǔdiàn　Wǒmen de miànbù àn mó hěn shòu huānyíng　kěyǐ zhēnduì nín de pífū xuǎnzé
酒店：我们的面部按摩很受欢迎，可以针对您的皮肤选择
　　　bùtóng de miànmó　bǐrú miànbù bǎo shī　měi bái　Hái yǒu bù jīng yóu　wǒmen
　　　不同的面膜，比如面部保湿、美白。还有背部精油，我们
　　　huì yòng jīng yóu lái gěi nín jìn xíng shēn tǐ de fàng sōng tiáo lǐ
　　　会用精油来给您进行身体的放松调理。

kèren　Hǎo de　wǒ xiǎng yùdìng bèibù àn mó　Qǐng wèn zhè ge yào duō cháng shí
客人：好的，我想预定背部按摩。请问这个要多长时
　　　jiān　jià gé shì duō shǎo
　　　间，价格是多少？

jiǔdiàn　Hǎo de　bèibù àn mó yí gòng sì shíwǔ fēn zhōng　jià gé shì bā shí bàng　qǐngwèn
酒店：好的，背部按摩一共四十五分钟，价格是八十镑，请问
　　　yùdìng rén xìngmíng shì
　　　预定人姓名是？

kèren　Lín nǚ shì
客人：林女士。

jiǔdiàn　Wǒmen yǒu xià wǔ sān diǎn huò wǔ diǎn de shí jiān duàn　nín xiǎng xuǎn
酒店：我们有下午三点或五点的时间段，您想选
nǎge
哪个？

kèren　Sān diǎn de ba
客人：三点的吧。

jiǔdiàn　Hǎo de　Lín nǚ shì　dōu bāng nín dìng hǎo le　míng tiān xià wǔ sān diǎn de
酒店：好的，林女士，都帮您定好了，明天下午三点的

bèibù ànmó　　shí cháng wéi sì shíwǔ fēn zhōng　Nín kě yǐ tí qián lái shǐ yòng wǒmen
背部按摩，时长为四十五分钟。您可以提前来使用我们
de qítā shèshī
spa 的其他设施。

kèren　Xiè xie
客人：谢谢。

🔊 **New words**

miànbù
面部 n. face
Shǒu xiān wǒ bāng nín qīng jié yí xià nín de miàn bù
首先我帮您清洁一下您的面部。

bèibù àn mó
背部按摩 n. back massage
Ràng wǒ lái wéi nín zuò bèi bù àn mó ba
让我来为您做背部按摩吧。

quánshēn àn mó
全身 按摩 n. full-body massage
Quán shēn àn mó xū yào tú mǒ jīng yóu ma
全身按摩需要涂抹精油吗？

shí cháng
时长 n. duration
Zhè ge àn mó shí cháng shì èr shí fēn zhōng
这个按摩时长是二十分钟。

fèiyòng
费用 n. fee
Zuò yí cì àn mó de fèi yòng shì èr shí měi yuán　shí cháng wéi yì xiǎo shí
做一次按摩的费用是二十美元，时长为一小时。

bǎo shī
保湿 n. moisturizing
Zhè ge jīng yóu yǒu bǎo shī de zuò yòng
这个精油有保湿的作用。

měi bái
美白 n. whitening
Nín kě yǐ shì shi zhè kuǎn měi bái miàn mó
您可以试试这款美白面膜。

Activity 6: comprehension – fill in the blanks according to the preceding dialogue.

Jiǔ diàn de　　　　　　hěn shòu huānyíng　kěyǐ zhēnduì gè rén pí fū de qíng
酒店的（　　　）Spa 很受欢迎，可以针对个人皮肤的情

kuàng xuǎnzé bùtóng de
况选择不同的（　　　）。

Lín nǚ shì xiǎng yù dìng　　zhège　　shí cháng shì　　　　jiàgé shì
林女士想预定Spa，这个Spa时长是（　　），价格是（　　）。

Situational dialogue 2 – spa service in the spa centre

duì huà　　Lín nǚ shì zài　　zhōng xīn zuò
对话 2：林女士在Spa 中心做 Spa

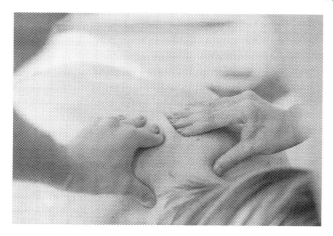

ànmóshī　　　Nín hǎo　　Lín nǚ shì　　　wǒ shì nín de ànmóshī　　　　　　　　Nín yùdìng
按摩师 :您好， 林女士， 我是您的按摩师 Chloe。您预定
de bèibù　　　　　yígòng sì shíwǔ fēn zhōng　 duì ma
的背部Spa 一共四十五分钟，对吗？

Lín nǚ shì　　Shì de
林女士:是的。

ànmóshī　　Lín nǚ shì　　bèibù　　　　néng bāngzhù nín fàngsōng
按摩师:林女士，背部Spa 能帮助您放松
huǎnjiě téngtòng　　Nín yǒu shén me bù wèi xū yào tè shū liú yì de ma
缓 解 疼 痛。您有什么部位需要特殊留意的吗？

Lín nǚ shì　　Wǒ de bó zi yǒu diǎn bù shū fu kě yǐ bāng wǒ tiáo lǐ yí xia ma
林女士:我的脖子有点不舒服可以帮我调理一下吗？

ànmóshī　　Dāng rán kě yǐ　　Lín nǚ shì　　Zhè shì wǒ men de jīng yóu　　wǒmen yǒu méiguī
按摩师:当然可以 ，林女士。这是我们的精油， 我们有玫瑰、
xūn yī cǎo mí dié xiāngjīngyóu　qǐngwèn nín xiǎng xuǎnyòng nǎ zhǒng ne
薰衣草、迷迭香精油,请问您想选用哪种呢？

Lín nǚ shì　　Wǒ xǐhuan xūn yī cǎo de
林女士:我喜欢薰衣草的。

ànmóshī　　Zhè shì nín de yù páo　　gēngyīshì zài nàbiān　　Wǒ zài zhè lǐ děng nín
按摩师:这是您的浴袍，更衣室在那边。我在这里等您。

Lín nǚ shì　Hǎo de　xiè xie　Qǐng wèn kě yǐ jiǎn dān jiè shào yí xia nǐ men miàn bù àn

林女士：好的，谢谢。请问可以简单介绍一下你们面部按

mó de fú wù ma　Wǒ xiǎng liǎo jiě yí xia

摩的服务吗？我想了解一下。

ànmóshī　Dāng rán　Miàn bù àn mó yì bān shí cháng wéi yí gè xiǎo shí　wǒmen yǒu bǎo

按摩师：当然。面部按摩一般时长为一个小时，我们有保

shī　měi bái　dàn bān　shū huǎn kàng yǎng huà zhè wǔ zhǒng bù tóng miàn mó kě gòng

湿、美白、淡斑、舒缓抗氧化这五种不同面膜可供

xuǎn zé

选择。

Lín nǚ shì　Bǎo shī de bú cuò　jīn tiān kě yǐ jiā yí gè miàn bù miàn mó ma

林女士：保湿的不错，今天可以加一个面部面膜吗？

ànmóshī　Méi yǒu wèn tí

按摩师：没有问题。

◀)) *New words*

gēng yī shì

更衣室 n. changing room; change room

Gēng yī shì zài nà biān

更衣室在那边。

yǒu diǎn tòng

有点痛 adj. a little bit hurt

Pá le liǎng gè xiǎo shí shān　wǒ de jiǎo yǒu diǎn tòng

爬了两个小时山，我的脚有点痛。

bù shū fu

不舒服 adj. uncomfortable

Tā jīn tiān bù shū fu　suǒ yǐ méi lái shàng bān

她今天不舒服，所以没来上班。

tiáo lǐ

调理 v. to condition

Zhè shì wǒ men de tiáo lǐ pèi fāng

这是我们的<u>调理</u>配方。

葡萄籽 n. grapeseed

kàng yǎng huà

抗氧化　v. to anti-oxygenate

Pú táo zǐ yǒu kàng yǎng huà de gōng xiào

<u>葡萄籽</u>有<u>抗氧化</u>的功效。

dànbān

淡斑 v. to lighten skin/to remove darkspots

Jīng cháng shǐ yòng zhè kuǎn jīng yóu kě yǐ bāng zhù nín dàn bān

经常使用这款精油可以帮助您<u>淡斑</u>。

měi bái

美白 v. to whiten

miàn mó

面膜　n. facial mask

Nín kě yǐ shì shi zhè kuǎn měi bái miàn mó

您可以试试这款<u>美白面膜</u>。

méiguī

玫瑰 n. rose

Wǒ hěn xǐhuan méiguī huā

我很喜欢<u>玫瑰</u>花。

xūnyīcǎo

薰衣草 n. lavender

Wǒ xiǎng shǐyòng zhè kuǎn xūn yī cǎo jīngyóu

我想使用这款<u>薰衣草</u>精油。

jīngyóu

精油 n. essential oil

Nín xiǎng shǐyòng chéng huā jīngyóu háishì níngméng jīngyóu ne

您想使用橙花<u>精油</u>还是柠檬<u>精油</u>呢？

Yù páo
浴袍 n. bathrobe; housecoat
Nín de yù páo zài yī chú lǐ
您的<u>浴袍</u>在衣橱里。

Activity 7: comprehension – fill in the blanks according to the preceding dialogue.

Lín nǚ shì xū yào zài   huàn yù páo   Lín nǚ shì xuǎn zé de bèi bù àn mó kě yǐ bāng zhù tā

林女士需要在（   ）换浴袍。林女士选择的背部按摩可以帮助她

    huǎn jiě   Lín nǚ shì de bózi yǒu diǎn   tā xīwàng ànmóshī bāng tā

（   ）,缓解（   ）。林女士的脖子有点（   ）,她希望按摩师帮她

   zuìhòu tā xuǎnzé le   jīngyóu   Lín nǚ shì xīwàng ànmóshī jiǎndānjièshào yíxia

（   ）,最后她选择了（   ）精油。林女士希望按摩师简单介绍一下

miànbù àn mó yīnwéi tā   Àn mó shī gěi tā jiè shào le bù tóng lèi xíng de

面部 按摩,因为她（   ）。按摩师给她介绍了不同类型的

    Zuì hòu lín nǚ shì xuǎn zé le   miànmó

（   ）。最后林女士选择了（   ）面膜。

Key expressions: explaining laundry services

🔊   Listen to and memorize the following key expressions:

Fáng jiān yī guì lǐ yǒu xǐ yī dài   qǐng jiāng xū yào xǐ de yī fu   fàng rù xǐ yī dài zhōng

1   房间衣柜里有洗衣袋,请将需要洗的衣服,放入洗衣袋中。

There are laundry bags in the room closet. Please put in the laundry bag all the clothes that you want to have washed.

Xiě zì tái zhōng jiān chōu tì lǐ   yǒu kòngbái xǐ yī dān   qǐng nín tiánxiě hǎo

2   写字台中间抽屉里,有空白洗衣单,请您填写好

yīfu de zhǒnglèi   bèi xīn   chènyī   shàngyī   máoyī   duǎnkù   chángkù

衣服的种类(背心、衬衣、上衣、毛衣、短裤、长裤

xīzhuāng　　　　　　　　　　　zhùmíng xǐyī yāoqiú gānxǐ shuǐxǐ

、西装．．．．．．），注明洗衣要求（干洗、水洗），

yíbìng fàng rù xǐ yīdài zhōng jí kě

一并放入洗衣袋中即可。

There is a blank laundry list in the middle drawer of the writing desk. Please fill in the type of clothes (vest, shirt, top, sweater, shorts, trousers, suit, etc.), specify the laundry requirements (dry cleaning, washing, etc.), and put them in the laundry bag.

Qǐng lǐ fáng jiān de fú wù rén yuán huì jiāng xǐ yī dài sòng jiāo xǐ yī fáng　huòzhě

3　清理房间的服务人员会将洗衣袋送交洗衣房，或者

nín kěyǐ diànhuà tōngzhī kè fúrén yuán dào fángjiān lái qǔzǒu

您可以电话通知客服人员到房间来取走。

The service staff member who cleans the room will send the laundry bag to the laundry room, or you can call the customer service staff to collect it from the room.

Chángguī fú wù　　　dìèrtiān jiù huì bǎ xǐ hǎode yīfu sòng dào fángjiān lǐ le

4　常规服务，第二天就会把洗好的衣服送到房间里了。

With regular service, the laundry will be delivered to the room the next day.

Kuài xǐ yèwù　　　　yìbān kěyǐ zài liùxiǎoshínèi xǐ hǎo　　　dāngtiān kěyǐ qǔ

5　'快洗'业务，一般可以在六小时内洗好，当天可以取。

With quick wash service, laundry can generally be washed within six hours and can be picked up the same day.

Kuài xǐyīfú de fèiyòng　　　　yīzhào pǔtōng xǐyī jiàgé zēngshōu　　　de fèiyòng

6　快洗衣服的费用，依照普通洗衣价格增收20%的费用。

The price of the quick wash service for clothes will be 20% more than the price of ordinary laundry.

Nín xiàn zài diàn huà tōng zhī qǔ yī　liùxiǎoshínèi kě xǐ hǎo　　　kě àn nín yuē dìng

7　您现在电话通知取衣，六小时内可洗好；可按您约定

de shí jiān sòng yī fu

的时间送衣服。

You can now call the hotel to pick up your clothes. They can wash them within six hours and send the clothes back at your appointed time.

Fēi cháng yuàn yì nín fú wù

8　非常愿意为您服务。

We are more than happy to serve you.

yǔ yīn

a 语音 Phonetics

biàn yīn biàn dú

1 辨音辨读 Read aloud the following words, paying specific attention to the accuracy of your pronunciation and tone:

xǐ yī dài   chōu tì   xǐyī dān   zhǒnglèi   bèixīn   chènyī

洗衣袋 抽屉 洗衣单 种类 背心 衬衣

shàngyī   máoyī   duǎnkù   chángkù   xīzhuāng   gānxǐ

上衣 毛衣 短裤 长裤 西装 干洗

shuǐxǐ   chángguī fú wù

水洗 常 规服务

lǎng dú

2 朗读 Read aloud the following phrases, paying specific attention to the fluency of your speech:

zhùmíng xǐyī yāoqiú   sòng jiāo xǐ yī fáng   diànhuà tōngzhī

注明洗衣要求 送交洗衣房 电话通知

dāngtiān kěyǐ qǔ

当天可以取

kě àn nín yuē dìng de shí jiān sòng yī fu

可按您约定的时间送衣服

fēi cháng yuàn yì wéi nín fú wù

非常愿意为您服务

jù zi tì huàn liàn xí

b 句子替换练习 Substitution exercises

Work in pairs, and complete the following dialogue by substituting the underlined part of the dialogue with the given words:

Zěn me shǐ yòng xǐ yī fú wù

1A 怎么使用洗衣服务？

Fáng jiān yī guì lǐ yǒu xǐ yī dài qǐng jiāng xū yào xǐ de yī fu fàng rù xǐ yī dài zhōng

1B 房间衣柜里有洗衣袋，请将需要洗的衣服，放入洗衣袋中。

Xiě zì tái zhōng jiān chōu tì lǐ　yǒu kòngbái xǐyī dān qǐng nín tiánxiě hǎo yīfu de zhǒnglèi
写字台中间抽屉里，有空白洗衣单，请您填写好衣服的种类

Qīng lǐ fáng jiān de fú wù rén yuán huì jiāng xǐ yī dài sòng jiāo xǐ yī fáng huòzhě nín
清理房间的服务人员会将洗衣袋送交洗衣房，或者您
kěyǐ diànhuà tōngzhī kè fúrén yuán dào fángjiān lái qǔzǒu
可以电话通知客服人员到房间来取走

Nín xiàn zài diàn huà tōng zhī qǔ yī　liùxiǎoshínèi kě xǐ hǎo　kě àn nín yuē dìng de
您现在电话通知取衣，六小时内可洗好；可按您约定的
shí jiān sòng yī fu
时间送衣服

Nǐmen jiǔdiàn kěyǐ kuài xǐyī fú ma
2A　你们酒店可以快洗衣服吗？

Kěyǐ de
2B　可以的。

Kěyǐ de　wǒmen yǒu kuài xǐ yě yǒu chángguī xǐyī fúwù
可以的，我们有快洗也有常规洗衣服务

Kěyǐ de　kuài xǐ　yèwù　yìbān kěyǐ zài liùxiǎoshínèi xǐ hǎo dāngtiān kěyǐ qǔ
可以的，'快洗'业务，一般可以在六小时内洗好，当天可以取

Kěyǐ de　kuài xǐ yī fú de fèiyòng　yīzhào pǔtōng xǐ yī jiàgé zēngshōu
可以的，快洗衣服的费用，依照普通洗衣价格增收
de fèiyòng
20%的费用

Situational dialogue 3 – enquiries about laundry services

duìhuà   zài bīn guǎn xǐ yī fú de zī xún
对话 3：在宾馆洗衣服的咨询

kèren dǎ kè fú zhōngxīn diànhuà   Nín hǎo   Qǐng wènwǒ xūyào xǐyīfú
客人(打客服中心电话)：您好！请问，我需要洗衣服，

rúhé bǎ yī fu jiāogěi fúwù rényuán   Zěn me lái xiàng fú wù rén yuán shuō míng
如何把衣服交给服务人员？怎么来向服务人员说明

xǐ yī fú de yāo qiú
洗衣服的要求？

kè fú rén yuán Nín hǎo Fáng jiān yī guì lǐ yǒu xǐ yī dài   qǐng jiāng xūyào xǐ de yī fu
客服人员 ：您好。房间衣柜里有洗衣袋，请将需要洗的衣服，

fàng rù xǐ yīdài zhōng xiězìtái zhōngjiān chōutì lǐ   yǒu kòngbái xǐyī dān qǐng nín
放入洗衣袋中，写字台中间抽屉里，有 空白洗衣单，请您

tiánxiě hǎo yīfu de zhǒnglèi bèixīn chènyī shàngyī máoyī duǎnkù chángkù
填写好衣服的种类(背心、衬衣、上衣、毛衣、短裤长裤、

xīzhuāng   zhùmíng xǐyī yāoqiú gānxǐ shuǐxǐ   yíbìng
西装 ......)，注明洗衣要求(干洗、水洗)，一并

fàng rù xǐ yīdài zhōng jí kě Qīng lǐ fáng jiān de fú wù rén yuán huì jiāng xǐ yī dài
放入洗衣袋中即可。清理房间的服务人员会将洗衣袋

sòng jiāo xǐ yī fáng   huòzhě nín kěyǐ diànhuà tōngzhī kè fú rén yuán dào fángjiān
送交洗衣房， 或者您可以电话通知客服人员到房间

lái qǔzǒu
来 取走。

kèren　　Dà yuē duō cháng shí jiān kě yǐ shōu dào xǐ hǎo de yī fu
客人：大约多长时间可以收到洗好的衣服？

kè fú rén yuán　Dì èr tiān jiù huì bǎ xǐ hǎo de yī fu sòng dào fáng jiān lǐ le
客服人员：第二天就会把洗好的衣服送到房间里了。

kèren　　Dāng tiān shì fǒu néng xǐ hǎo fu
客人：当天是否能洗好衣服？

kè fú rén yuán　Zhè shǔ yú kuài xǐ yèwù　　yìbān kěyǐ zài liùxiǎoshínèi xǐ
客服人员：这属于'快洗'业务，一般可以在六小时内洗
　　　　hǎo Qǐng tián hǎo xǐ yī dān zài dān shàng zhùmíng kuài xǐ diànhuà tōngzhī kè fú rén
　　　　好。请填好洗衣单、在单上注明'快洗'，电话通知客服人
　　　　yuán dào fángjiān lái qǔ yī
　　　　员到房间来取衣。

kèren　　　Kuài xǐ de fèi fèi yòng jià gé shì duō shǎo
客人：快洗的费用价格是多少？

kè fú rén yuán　Kuài xǐ yī fú de fèiyòng　　yīzhào pǔtōng xǐ yī jiàgé zēng shōu bǎi fēn zhī
客服人员：快洗衣服的费用，依照普通洗衣价格增收百分之
　　　　èr shí de fèi yòng Xǐ hǎo hòu　　yóu kè fú rén yuán sòng dào fángjiān lǐ lái
　　　　二十的费用。洗好后，由客服人员送到房间里来。

kèren　　Wǒ bàng wǎn gāng gāng rù zhù jiǔ diàn　　dì èr tiān zǎo chén xū yào shōu dào
客人：我傍晚刚刚入住酒店，　　第二天早晨需要收到
　　　　xǐ hǎo de yī fu　　kěyǐ ma
　　　　洗好的衣服，可以吗？

kè fú rén yuán　Kě yǐ　　　Nín xiàn zài diàn huà tōng zhī qǔ yī　liùxiǎoshínèi kě xǐ hǎo
客服人员：可以！　您现在电话通知取衣，六小时内可洗好；
　　　　kě àn nín yuē dìng de shíjiān sòng yīfu
　　　　可按您约定的时间送衣服。

kèren　　Hǎo de　fēicháng gǎnxiè
客人：好的，非常感谢！

kè fú rén yuán Bú kè qi　　fēicháng yuànyì wéi nín fúwù
客服人员：不客气，非常愿意为您服务。

◀)) *New words*

xiězitái

写字台 n. desk

Xiě zì tái de cháng jiàn chǐ cùn shì duō shǎo

写字台的常见尺寸是多少？

chōutì

抽屉 n. drawer

Chōu tì lǐ yǒu yì fēng xìn

抽屉里有一封信。

kòngbái

空白 n. blank

Tā nǎo zhōng yí piàn kòng bái

他脑中一片空白。

zhǒng lèi

种类 n. kind

Suān nǎi yǒu bù tóng de zhǒng lèi

酸奶有不同的种类。

zhù míng

注明   v. to make a mark; to specify

Yǒu tè shū yāo qiú qǐng zài bèi zhù lán zhōng zhù míng

有特殊要求请在备注栏中注明。

yí bìng

一并 adv. altogether

Qǐng bǎ gè gè bù mén de bào gào yí bìng jiāo gěi jīng lǐ

请把各个部门的报告一并交给经理。

shǔyú

属于 v. to belong to

Chéng gōng shǔyú zhēnxī shíjiān de rén

成功属于珍惜时间的人。

yè wù
业务 n. business; professional work
Zuì jìn gōng sī de yè wù bú cuò
最近公司的业务不错。

tōng zhī
通知 v. to notify; to inform
Qǐng tōng zhī yí xia　　hào fáng jiān de kè ren　tā jiào de chē dào jiǔ diàn le
请通知一下301号房间的客人，她叫的车到酒店了。

kè fúrén yuán
客服人员 n. customer service staff
Yǒu wèn tí kě yǐ zhǎo kè fú rén yuán wèi nín jiě dá
有问题可以找客服人员为您解答。

Activity 8: comprehension – read the preceding dialogue, and determine whether each following sentence is true or false.

Fáng jiān yī guì lǐ yǒu xǐ yī dài　　jiāng xūyào xǐ de yīfu　　fàng rù xǐ yī dài zhōng
1　房间衣柜里有洗衣袋，将需要洗的衣服，放入洗衣袋中
bìng qiě tián hǎo xǐyī dān
并且填好洗衣单。

Kè rén yào qīn zì bǎ xǐ yī dài sòng jiāo xǐ yī fáng
2　客人要亲自把洗衣袋送交洗衣房。

Kuài xǐ fèi yòng hé pǔ tōng xǐ yī jià gé yí yàng
3　快洗费用和普通洗衣价格一样。

Diàn huà tōng zhī qǔ yī　liù xiǎo shí nèi kě xǐ hǎo
4　电话通知取衣，六小时内可洗好。

Bù kě yǐ àn zhào kè rén yù yuē shí jiān sòng yī fu
5　不可以按照客人预约时间送衣服。

Key expressions: booking pick-up services

🔊 Listen to and memorize the following key expressions:

Nín hǎo Kě yǐ bāng zhù nín dài dìng chū zū chē

1   您好!可以帮助您代订出租车。

Hello! We can help you book a taxi.

Qǐng wèn nín tóngxíng de kèren yǒu jǐ wèi

2   请问,您同行的客人有几位?

Excuse me, how many guests are you travelling with?

Xíng li duō ma   Xūyào jǐ liàng chē

3   行李多吗?需要几辆车?

How much luggage do you have? How many cars do you need?

Zhǔn bèi shén me shí jiān lí diàn qù jī chǎng

4   准备什么时间离店去机场?

When are you going to leave for the airport?

Wǒ jiàn yì nǐ men kě yǐ xuǎn yòng qī zuò huò bā zuò de kè chē

5   我建议你们可以选用七座或八座的客车。

I suggest you choose a seven-seater or eight-seater bus (minivan).

Chē fèi zhǐ gāo yú yí liàng chū zū chē de jià gé   bǐjiào fāngbiàn kuàijié jiàgé

6   车费只高于一辆出租车的价格,比较方便、快捷,价格

yě jiào shíhuì

也较实惠。

The bus fare is only slightly higher than the price of a taxi. It is more convenient, fast, and a better value.

Nín kàn dìng nǎ zhǒng chē hǎo

7   您看,订哪种车好?

What kind of car would you like me to order?

Zhōng wǔ yì diǎn chē huì tíng zài bīn guǎn mén kǒu   sī jī huì yǔ nín diànhuà liánxì

8   中午一点车会停在宾馆门口,司机会与您电话联系。

The car will stop at the hotel at noon, and the driver will contact you by phone.

Qǐng wèn shì liánxì nín de kèfáng diànhuà háishì liánxì nín de shǒujī diànhuà

9　请问,是联系您的客房电话、还是联系您的手机电话?

Excuse me, should I call your room phone or your mobile phone?

Hǎo qǐng nín zhùyì jiē tīng shǒujī de liánxì　　Zhù nín lǚ tú yú kuài

10　好,请您注意接听手机的联系。祝您旅途愉快!

OK, please pay attention to your mobile phone contacts. I wish you a pleasant journey!

yǔ yīn

a　语音 Phonetics

biàn yīn biàn dú

1　辨音辨读 Read aloud the following words, paying specific attention to the accuracy of your pronunciation and tone:

xíng li fāngbiàn kuàijié bīn guǎn sī jī

行李方便快捷宾馆司机

lǎng dú

2　朗读 Read aloud the following phrases, paying specific attention to the fluency of your speech:

dài dìng chū zū chē　tóng xíng de kèren rén lí diàn qù jī chǎng　jiàgé yě jiào shíhuì

代订出租车　同行的客人　离店去机场　价格也较实惠

diànhuà liánxì　qǐng nín zhùyì jiē tīng　zhù nín lǚ tú yúv

电话联系　请您注意接听　祝您旅途愉快

jù zi tì huàn liàn xí

b　句子替换练习 Substitution exercises

Work in pairs, and complete the following dialogue by substituting the underlined part of the dialogue with the given words:

Wǒ xiǎng dìng chū zū chē

1A 我想订出租车。

Nín hǎo　Kě yǐ bāng zhù nín dài dìng chū zū chē

1B 您好!可以帮助您代订出租车。

Qǐng wèn   nín tóngxíng de kèren rén yǒu jǐ wèi
请问 ，您同行的客人有几位

Xíng li duō ma   Xūyào jǐ liàng chē
行李多吗？需要几辆车

Zhǔn bèi shén me shí jiān lí diàn qù jī chǎng
准备什么时间离店去机场

2A
Zhōng wǔ yì diǎn chē huì tíng zài bīn guǎn mén kǒu   sījī huì yǔ nín diànhuà liánxì
中午一点车会停在宾馆门口，司机会与您电话联系。

2B
Xiè xie
谢谢。

Hǎo qǐng nín zhùyì jiē tīng shǒujī de liánxì
好，请您注意接听手机的联系

Zhù nín lǚ tú yú kuài
祝您旅途愉快

Wǒ yǐ jīng bāng nín dìng le bā zuò de kè chē
我已经帮您定了八座的客车

Situational dialogue 4 – enquiries about taxi/car booking

duì huà   qǐng bīnguǎn dài dìng yòng chē de zīxún
对话 4：请宾馆代订用车的咨询

kèren zhìdiàn kè fú zhōngxīn　　　　Nín hǎo Wǒ men jīn tiān zhōng wǔ yào qù jī chǎng
客人(致电客服中心)：您好！我们今天中午要去机场。
　　Qǐng wèn bīnguǎn kěyǐ wéi wǒmen dài dìng chūzūchē ma
　　请问，宾馆可以为我们代订出租车吗？

kè fúrén yuán　Nín hǎo　Kě yǐ bāng zhù nín dài dìng chū zū chē　Qǐng wèn　nín tóngxíng
客服人员：您好！可以帮助您代订出租车。请问，您同行
de kèren yǒu jǐ wèi　　Xíng li duō ma　Xūyào jǐ liàng chē　　Zhǔn bèi shén me
的客人有几位？行李多吗？需要几辆车？准备什么
shí jiān lí diàn qù jī chǎng
时间离店去机场？

kèren　Wǒ men yì xíng wǔ rén gè yǒu yí jiàn tuōyùn de dà xiāngzi　měirén háiyǒu yí
客人：我们一行五人,各有一件托运的大箱子；每人还有一
gè shǒutí de lāgǎn xiāng　Wǒ men zhǔnbèi xiàwǔ yìdiǎn chūfā　Nín bāng wǒmen
个手提的拉杆箱。我们准备下午一点出发。您帮我们
dìng chū zū chē　hǎo ma
订出租车,好吗？

kè fúrén yuán　Nín tóngxíng rén de rénshù hé xíngli dōu bǐjiào duō　liǎng liàng chūzūchē
客服人员：您同行人的人数和行李都比较多,两辆出租车
chéngzuò wǔ rén shì kěyǐ de　　dànshì wǔ gè dà xiāngzi　kěndìng zhuāng búxià
乘坐五人是可以的,但是五个大箱子,肯定装不下
le　suǒyǐ xūyào dìng sān liàng chūzūchē　Wǒ jiàn yì nǐ men kě yǐ xuǎn
了；所以需要订三辆出租车。我建议你们可以选

yòng qī zuò huò bā zuò de kè chē　　wǔ rénhé xíngli dōu kěyǐ tóng chē sòngdá
用 七 座 或 八 座 的 客 车 ， 五 人 和 行 李 都 可 以 同 车 送 达

jīchǎng　　érqiě zhè zhǒng chē méi yǒu jiāo tōng zǔ sè de jiā jì fèi yòng　　chēfèi zhī gāoyú
机 场 ， 而 且 这 种 车 没 有 交 通 阻 塞 的 加 计 费 用 ； 车 费 只 高 于

yí liàng chūzūchē de jiàgé　　bǐjiào fāngbiàn kuàijié　　jiàgé yě jiào shíhuì Nín kàn
一 辆 出 租 车 的 价 格 ， 比 较 方 便 、 快 捷 ， 价 格 也 较 实 惠 。 您 看 ，

dìng nǎ zhǒng chē hǎo
订 哪 种 车 好 ?

kèren　Zhè zhǒng qī zuò de kè chē dàyuē yào duōshǎo qián
客 人 : 这 种 七 座 的 客 车 , 大 约 要 多 少 钱 ?

kè fúrén yuán　Dà yuē shì yí liàng chū zū chē jià gé de yí bèi bàn duō yì diǎn　　jiàgé
客 服 人 员 : 大 约 是 一 辆 出 租 车 价 格 的 一 倍 半 多 一 点 ， 价 格

kěyǐ hé sījī xiéshāng yìdìng
可 以 和 司 机 协 商 议 定 。

kèren　Nà me　wǒmen jiù dìng zhèzhǒng qī zuò kèchē ba
客 人 : 那 么 , 我 们 就 订 这 种 七 座 客 车 吧 。

kè fúrén yuán　Hǎo de　zhōngwǔ yìdiǎn chē huì tíng zài bīnguǎn ménkǒu　sī　jī huì yǔ
客 服 人 员 : 好 的 , 中 午 一 点 车 会 停 在 宾 馆 门 口 ， 司 机 会 与

nín diànhuà liánxì Qǐng wèn　shì liánxì nín de kèfáng diànhuà háishì liánxì nín de
您 电 话 联 系 。 请 问 , 是 联 系 您 的 客 房 电 话 、 还 是 联 系 您 的

shǒujī diànhuà
手 机 电 话 ?

kèren　Lián xì wǒ de shǒu jī diàn huà ba hàomǎ　shì　　　Xiè xie
客 人 : 联 系 我 的 手 机 电 话 吧 , 号 码 是 07927262822。谢 谢 !

kè fúrén yuán　Hǎo qǐng nín zhù yì jiē tīng shǒu jī de lián xì　Zhù nín lǚ tú yú kuài
客 服 人 员 : 好 , 请 您 注 意 接 听 手 机 的 联 系 。 祝 您 旅 途 愉 快 !

◀》 *New words*

dài dìng
代订 v. to book on one's behalf
Gōng sī bāng wǒ men dài dìng jiǔ diàn
公 司 帮 我 们 代订 酒 店 。

tuōyùn

托运 v. to be checked in (e.g., luggage)

Zhè ge xiāngzi tài dà le xūyào tuōyùn

这个箱子太大了，需要托运。

dà xiāngzi

大箱子 n. big box

Zhè ge dà xiāngzi kě yǐ zhuāng hěn duō dōng Xi

这个大箱子可以装很多东西。

shǒutí

手提 v. hand-carry

Lián jià fēi jī zhī yǔn xǔ dài yí jiàn shǒu tí xíng li

廉价飞机只允许带一件手提行李。

lāgǎn xiāng

拉杆箱 n. trolley luggage

Zhè ge lāgǎn xiāng hěn qīngbiàn

这个拉杆箱很轻便。

tóngxíng

同行 v. to travel together

Qǐngwèn tóng xíng de rén shù shì duō shǎo

请问，同行的人数是多少？

jiāo tōng zǔ sè

交通阻塞 n. traffic jam

Duì bu qǐ yīn wéi jiāo tōng zǔ sè wǒ lái wǎn le

对不起，因为交通阻塞我来晚了。

jiā jì fèi yòng

加计费用 n. additional charges

Zhè ge shì zuì jīběn de fèiyòng méiyǒu suàn jiā jì fèi yòng

这个是最基本的费用，没有算加计费用。

kuàijié

快捷 adj. fast

Kē jì ràng gōng zuò gèng jiā fāng biàn kuàijié

科技让工作更加方便、快捷。

shíhuì

实惠 adj. affordable; of good value

Zhè ge shuǐguǒ tānmài de shuǐguǒ hěn shíhuì

这个水果摊卖的水果很实惠。

xiéshāng yìdìng

协商议定 v. to negotiate and reach an agreement

Zhè ge shìqing xūyào liǎng gè gōngsī xiéshāng yìdìng

这个事情需要两个公司协商 议定。

jiē tīng

接听 v. to answer (a call)

Yǒu rén gěi nǐ dǎ diàn huà kuài jiē tīng

有人给你打电话,快接听。

Activity 9: comprehension – answer the following questions.

1　Can the hotel help customers book a taxi?
2　How many guests are going to the airport?
3　Why does the hotel recommend a seven-seater (minivan) instead of a taxi?
4　What time does the guest leave?
5　How does the driver contact guests?

Text – talking about hotel services

duǎn wén　jiè shào jiǔ diàn fú wù

短文:介绍酒店服务

Gè wèi hǎo　huānyíng rùzhù wǒmen jiǔdiàn　Wǒmen jiǔ diàn yǒu　duōnián de lìshǐ le

各位好,欢迎入住我们酒店。我们酒店有80多年的历史了,

gè zhǒng shèshī dōu fēicháng qíquán　Jiǔ diàn yǒu qián tái jiē dài shè shī bāokuò zǒngfúwùtái

各种设施都非常齐全。酒店有前台接待设施,包括总服务台,

jìcúnchù　shāngwù zhōngxīn　qízhōng shāngwù zhōngxīn háiyǒu fù yìn fú wù　sǎomiáo

寄存处,商务中心,其中商务中心还有复印服务,扫描

fúwù　chuánzhēn fúwù hé wénjiàn zhuāngdìng fúwù　duì shāngwù rénshì láishuō fēicháng

服务,传真服务和文件装订服务,对商务人士来说非常

fāngbiàn Kè fáng jiē dài shè shī bāo kuò xiě zì tái shūzhuāngtái yīguì chuáng

方便。客房接待设施包括写字台梳妆台衣柜床

wèishēngjiān bǎoxiǎnxiāngděng　Kèren kě yǐ zài kè fángnèi yùdìng jī chǎngjiēsòng fú
卫生间 保险箱 等。客人可以在客房内预定机场 接送服

wù xǐyī fúwù yóujì bāoguǒfúwù hùyīng jí tuōer fúwùděng Yú lè fú wùshè shī bāo
务洗衣服务邮寄包裹服务护婴及托儿服务等。娱乐服务设施包

kuò jiǔ bā yóuyǒngchí jiànshēnfáng sāng ná fáng hé àn mó shì děng
括酒吧游泳池健身房 桑拿房和按摩室等。

Activity 10: comprehension – summarize the services, in your own words.

Activity 11: grammar – rewrite the sentences by using key words.

　　　　　　　　xiǎoshí 　sòngcān fúwù 　miǎnfèi
例：1 24 小时　送餐服务　免费

Wǒ men 　jiǔ diàn tígòng miǎn fèi tígòng 　xiǎoshí sòng cān fúwù
我 们 　酒 店 提 供 免 费提供 24 小 时 送 餐 服务。

　　　　jīchǎng 　　jiēsòng fúwù 　　　xiǎngshòu
2 机场　接送服务　享受

　　　bāoguǒ 　　sùdì fúwù 　　yōuhuì
3 包裹　速递服务　优惠

　　kuàisù rùzhù jí tuì fáng fú wù 　gù kè
4 快速 入住 及 退 房 服 务 VIP 顾 客

　　xǐ yī fú wù yù dìng
5 洗 衣 服 务 预 定

🔊

Activity 12: listening – listen to the audio, and select the services mentioned.

　　shāngwù 　zhōngxīn 　huìyì shèshī 　wú zhàngài shèshī
(一)商务 　中心 　会议设施 　无障碍设施

fùyìn fúwù wénjiàn zhuāngdìng fúwù sǎomiáo fúwù chuánzhēn
复印 服务 文件 装订 服务 扫描 服务 传真

fúwù miǎnfèi kuāndài shàngwǎng jīguāng dǎyìn fúwù
服务 免费 宽带 上网 激光 打印 服务

èr bāoguǒ sùdì fúwù chūzūchē jí háohuá jiàochē fúwù
(二)包裹 速递 服务 出租车 及 豪华 轿车 服务

wúyān kèfáng xǐyī fúwù hù yīng jí tuōer fúwù
无烟 客房 洗衣 服务 护 婴 及 托儿 服务

yóujì bāoguǒ fúwù jīchǎng jiēsòng fúwù
邮寄 包裹 服务 机场 接送 服务

◀))

Activity 13: interactive listening – imagine that you are a receptionist, listen to what the guest says on the audio, and respond accordingly.

CAT 6: Chopstick etiquette – the don'ts

Probably the **biggest faux pas** you can make at the table is to stick your chopsticks directly into your rice (which is bad luck because it resembles incense stick offerings to the dead). Also, **don't lick your chopsticks** (or anyone else's). And don't use them to gesture or point at someone. Drumming your chopsticks on your bowl is another no-no (only beggars do so). Finally, use communal chopsticks, if provided, to take portions onto your dish. If you haven't learnt how to use chopsticks well, it's OK to ask for cutlery (or, better yet, travel with your own).

Source: https://www.chinatravel.com/facts/chinese-table-manners.htm

Experiential exercise

Choose two spa hotels or retreat hotels that are well known for their well-being services. Compare the facilities and services they offer, and translate them into Chinese using the new words and key expressions learnt from this chapter.

Revision

• Practise the key expressions and new words you have learnt in this lesson
• Invent imaginary host situations, and try to describe the hotel services you can offer, or create situational dialogues of your own
• Try to include as many polite expressions and as much new vocabulary as possible in your conversation

Lesson 7　客人需求与解决问题
Requests and problem-solving

Learning objectives

By the end of this lesson, you will be able to:

- Book rooms via telephone
- Effectively deal with common requests in hotels
- Use appropriate expressions to deal with complaints

Warm-up

What are the common requests or complaints you may encounter? How do you usually deal with them?

🔊

Activity 1: pronunciation – listen to and repeat after the recording, paying attention to the pronunciation.

jiǔ diàn míng
酒店名 hotel names

wǔ xīng jí jiǔ diàn
五星级酒店 five-star hotel

sān xīng jí jiǔ diàn
三星级酒店 three-star hotel

Xī ěr dùn jiǔ diàn
希尔顿酒店 Hilton Hotel

Shàng hǎi Hé píng fàn diàn
上海和平饭店 Shanghai Peace Hotel

Lún dūn Jià rì bīn guǎn
伦敦假日宾馆 Holiday Inn London

cháng jiàn tóu sù
常见投诉 common complaints

tài chǎo le
太吵了 too noisy

tài xiǎo le
太小了 too small

tài lěng le
太冷了 too cold

tài rè le
太热了 too hot

tài zāng le
太脏了 too dirty

wǒ de fáng jiān tài ___ le
我的房间太__了。 My room is too __

yǒu yān wèi
有烟味 smells of cigarette smoke

yǒu zào yīn
有噪音 has some noise

yǒu yì wèi
有异味   has a strange smell

yǒu wèn tí
有问题   has a problem

wǒ de fáng jiān yǒu
我的房间有 ___ 。   My room has ___

diàn shì jī huài le
电视机坏了   TV does not work

kōng tiáo huài le
空调坏了   air conditioner does not work

chuāng hu guān bú shàng
窗户关不上   window cannot be closed

wǒ fáng jiān de
我房间的 ___ 。   ___ of my room

Activity 2: speaking – after you hear the English word on the recording, say the equivalent word for it in Chinese, paying attention to tone. You will hear the standard pronunciation after your attempt.

Activity 3: vocabulary – working in pairs, student A picks a word in Chinese from the list and says it out loud; student B listens and translates it back into English; and then they change roles.

Activity 4: vocabulary – match each following Chinese word with its English equivalent.

tài chǎo le
1 太吵了   TV does not work

chuāng hu guān bú shàng
2 窗户关不上   window cannot be closed

tài xiǎo le
3 太小了   too noisy

yǒu yān wèi
4 有烟味   too small

diàn shì jī huài le

5 电视机坏了   has a strange smell

yǒu yì wèi

6 有异味   air conditioner does not work

yǒu wèn tí

7 有问题   has some problem

kōng tiáo huài le

8 空调坏了   smells of smoke

Activity 5: speaking – look at the following pictures. Use the words you've learnt, in order to describe the pictures. Then write the correct word for each picture, to improve your memory.

1

2

3

4

Key expressions: dealing with booking enquires

🔊 Listen to and memorize the following key expressions:

Qǐng wèn yǒu shén me kě yǐ bāng zhù nín de ma

1 请问有什么可以帮助您的吗？

What can I do for you?/How can I help you?

Qǐng wèn nín xū yào zhù jǐ gè wǎn shang ne

2 请问您需要住几个晚上呢？

How many nights would you like to stay?

Qǐng wèn nín xū yào shén me fáng xíng

3 请问您需要什么房型？

What type of room would you prefer?

Qǐng nín liú xià rù zhù rén de xìng míng hé lián xì fāng shì

4 请您留下入住人的姓名和联系方式。

May I have your name and contact details please?

Gǎn xiè lái diàn

5 感谢来电。

Thank you for your phone call.

Gǎn xiè yù dìng

6 感谢预定。

Thank you for your reservation.

Wǒ kàn kan shì fǒu kě yǐ bāng nín xiū gǎi

7 我看看是否可以帮您修改。

Let me see if I can help you modify it.

Rú guǒ shí jiān bù hé shì　wǒ kě yǐ bāng nín qǔ xiāo

8 如果时间不合适，我可以帮您取消。

If the time is not right, I can help you cancel.

yǔ yīn

a 语音 Phonetics

biàn yīn biàn dú

1 辨音辨读　Read aloud the following words, paying specific attention to the accuracy of your pronunciation and tone:

fáng xíng	xìng míng	lián xì fāng shì	xiū gǎi	qǔ xiāo
房型	姓名	联系方式	修改	取消

lǎng dú

2　朗读 Read aloud the following phrases, paying specific attention to the fluency of your speech:

gǎn xiè lái diàn　　gǎn xiè yù dìng　　shí jiān bù hé shì

感谢来电　　感谢预定　　时间不合适

xū yàoshénme fángxíng

需要什么房型

jù zi tì huànliàn xí

b　句子替换练习　Substitution exercises

Work in pairs, and complete the following dialogue by substituting the underlined part of the dialogue with the given words:

Wǒ yào rù zhù nǐ men jiǔ diàn

1A　我要入住你们酒店。

Nín hǎo

1B　您好。

Qǐng wèn nín xū yào zhù jǐ gè wǎn shang ne

请问您需要住几个晚上呢

Qǐng wèn nín xū yào shén me fáng xíng

请问您需要什么房型

Qǐng nín liú xià rù zhù rén de xìng míng hé lián xì fāng shì

请您留下入住人的姓名和联系方式

Wǒ méiyǒu biéde xūqiú le

2A　我没有别的需求了。

Hǎo de　zàijiàn

2B　好的,再见。

Gǎn xiè lái diàn
感谢来电

Gǎn xiè yù dìng
感谢预定

Gǎn xiè huān yíng rù zhù wǒ men jiǔ diàn
感谢，欢迎入住我们酒店

Situational dialogue 1 – dealing with room enquiries

duì huà　　 jiē dài kè ren dìng fáng xū qiú
对话 1：接待客人订房需求

qián tái　Nín hǎo　qǐng wèn yǒu shén me kě yǐ bāng zhù nín de ma
前台：您好，请问有什么可以帮助您的吗？

kè ren　Nín hǎo　qǐng wèn jīn tiān yǒu kōng fáng ma　　Wǒ xiǎng dìng yì jiān fáng
客人：您好，请问今天有空房吗？我想订一间房。

qián tái　Qǐng shāo děng　wǒ bāng nín chákàn yí xia kōngfáng　Qǐng wèn nín jǐ gèrén
前台：请 稍 等，我帮您查看一下空房。请问您几个人

rùzhù　 xūyào zhù jǐ gè wǎnshang ne
入住，需要住几个晚上呢？

kèren　Yí gè rén　　sān gè wǎn shang　Qǐng jìn liàng bāng wǒ ān pái yí gè ān jìng
客人：一个人，三个晚上。请尽量帮我安排一个安静

yì diǎn de fáng jiān
一点的房间。

qián tái　Hǎo de　xiān sheng nǔ shì
前台：好的，先生/女士。

Situational dialogue 2 – booking rooms over the phone

duì huà　　kè ren diàn huà yù dìng fáng jiān
对话 2：客人电话预定房间

qián tái　Nín hǎo　　zhè lǐ shì Jià rì jiǔ diàn　　Qǐng wèn yǒu shén me kě yǐ bāng zhù nín de
前台：您好，这里是假日酒店。请问有什么可以帮助您的

ma
吗？

kè ren　Nín hǎo　wǒ xiǎng dìng yì jiān fáng　　Qī yuè liù rì rù zhù　　zhù sān gè wǎn
客人：您好，我想订一间房。七月六日入住，住三个晚

shang
上。

qián tái　Qǐng wèn nín xū yào shén me fáng xíng
前台：请问您需要什么房型？

kè ren　Wǒ xiǎng yào yì jiān wú yān　　ān jìng de fáng jiān　　zuì hǎo shì tào fáng Duō shǎo
客人：我想要一间无烟，安静的房间，最好是套房。多少

qián
钱？

qián tái　Yí gòng bā bǎi bàng　rú guǒ méi yǒu wèn tí　qǐng nín liú xià rù zhù rén de xìng
前台：一共八百镑，如果没有问题，请您留下入住人的姓

míng hé lián xì fāng shì　Lìng wài　wǒ men xū yào shōu bǎi fēn zhī èr shí de dìng jīn
名和联系方式。另外，我们需要收百分之二十的定金。

kè ren　Wǒ jiào wáng míng　diàn huà háo mǎ shì yī sān sì wǔ jiǔ liù qī
客人：我叫王明，电话号码是一三四五九六七。

🔊 *New words*

fángxíng
房型　n. room type
Qǐng wèn nín xiǎng yào shén me fángxíng
请问您想要什么房型？

kōngfáng
空房　n. vacancy
Qǐng wèn hái yǒu kōngfáng ma
请问还有空房吗？

jìnliàng
尽量　adv. as much as possible; to the greatest extent
Nín tí de yāo qiú wǒ men huì jìnliàng mǎn zú
您提的要求我们会尽量满足。

ānjìng
安静　adj. quiet
Wǒ xiǎng yí gè rén ānjìng yì huì er
我想一个人安静一会儿。

wúyān
无烟　adj. nonsmoking
Wǒ men jiǔ diàn dōu shì wúyān kè fáng
我们酒店都是无烟客房。

zuìhǎo
最好　adj. ideally
Nín míng tiān zuìhǎo diǎnzhōng dào
您明天最好8点钟到。

liánxì fāngshì

联系方式 n. contact information

Qǐng bǎ nín de liánxì fāngshì xiě zài xìn fēng bèi miàn

请把您的联系方式写在信封背面。

Activity 6: comprehension – on the basis of the dialogue, complete the following form in Chinese.

Booking details

Customer's name:

Room type:

Contact number:

Charge:

Activity 7: translation – translate the following English sentences into Chinese.

1   What size room do you need?
2   Please wait a moment. I will help you check whether there is a room available.
3   Please leave your name and contact details.
4   I want a nonsmoking, quiet room.
5   We need to charge a 20% deposit.

◀))

Activity 8: listening – customer B is making a booking at reception A. Listen to the audio for this activity, and complete the blanks in the following dialogue.

Nǐ hǎo   zhè lǐ shì Wàn jiā lì guó jì dà jiǔ diàn   qǐng wèn nín xū yào shén me fú wù

A: 你好,这里是万家丽国际大酒店,请问您需要什么服务?

B: _____。

Wǒ men jiǔ diàn yǒu bù tóng lèi xíng de fáng jiān

A: 我们酒店有不同类型的房间,_____?

B: Wǒ bú shì hěn què dìng　nǐ néng bu néng gěi wǒ zuò yí xià jiǎn dān de jiè shào
我不是很确定　,你能不能给我做一下简单的介绍?

A: Hǎo de　wǒmen jiǔdiàn tígòng
好的,我们酒店提供 _____,

Chú cǐ zhī wài hái yǒu duì guì bīn de zhuān shǔ tào fáng
除此之外还有对贵宾的专属套房。

B: Xiè xie　wǒ xiǎng yùdìng yì jiān dānrén biāozhǔn jiān
谢谢,我想预定一间单人标准间,

zuìhǎoshì　　　　　　　　　　de　Wǒ xūyào nǐmen de
最好是 _____ 的 。我需要你们的

gōngzuòrényuán zài wǒ dào dá jiǔ diǎn qián　　　　kě yǐ ma
工作人员在我到达九点前 _____,可以吗?

A: Wǒ xiān zài diàn nǎo shàng chá xún
_____。我先在电脑上查询

yí xia　Liù lóu de liù líng sān fáng jiān　xū yào dǎsǎo bìng dǎ kāi
一下。六楼的六零三房间,需要打扫并打开

chuāng hu
窗户 , _____?

B: Xiè xie　fáng jiān fèi yòng shì duō shǎo qián
谢谢,房间费用是多少钱?

A: _____。

B: Nǐ men méi yǒu zhé kòu ma
你们没有折扣吗?

A: Rúguǒ nǐ xiǎng dǎzhé bìxū shì wǒmen
_____。如果你想打折必须是我们

jiǔdiàn de　　　　　　bìngqiě zhìshǎo zhù sāntiān
酒店的 _____,并且至少住三天。

B: Hǎo　nà jiù suàn le
好,那就算了!

Hǎo de
A: 好的, _____。

Xiè xie
B: 谢谢。

Activity 9: speaking – over the phone, describe to a Chinese customer the different types of rooms in your hotel.

Situational dialogue 3 – change/cancel a spa booking

duì huà　　kè ren xún wèn xiū gǎi huò qǔ xiāo yù dìng
对话 3: 客人询问修改或取消预定

kèren　Nǐ hǎo　　wǒ běn lái yù dìng le yī gè míng tiān xià wǔ diǎn de quán shēn àn mó
客人:你好,我本来预定了一个明天下午 3 点的全身按摩,

xiàn zài yǒu xiē xīn de ān pái　wǒ kě yǐ xiū gǎi huò zhě qǔ xiāo wǒ de yùdìng ma
现在有些新的安排,我可以修改或者取消我的预定吗?

jiǔdiàn　Nín hǎo qǐngwèn yùdìng rén de xìngmíng shì　　Wǒ kàn kan shì fǒu kě yǐ bāng
酒店:您好,请问预定人的姓名是? 我看看是否可以帮

nín xiū gǎi　Rú guǒ shí jiān bù hé shì　wǒ kě yǐ bāng nín qǔ xiāo
您修改。如果时间不合适,我可以帮您取消。

kèren　Lín nǚ shì　Wǒ xiǎng gǎi dào hòutiānxiàwǔ　wǒ xiǎng gǎi chéng miànbù hé
客人:林女士。我想改到后天下午 ,我想改成面部和

bèi bù
背 部 Spa。

jiǔ diàn　Nín hǎo　Lín nǚ shì　yǐ jīng bāng nín xiū gǎi　Nín hái yǒu shén me yāo qiú ma
酒店：您好，林女士，已经帮您修改。您还有什么要求吗？

kèren　Méi yǒu le　xiè xie
客人：没有了，谢谢。

◀)) New words

xiū gǎi yù dìng
修改预定 v. to change a booking
Zhè wèi kè ren xiǎng xiū gǎi tā de yù dìng
这位客人想修改她的预定。

qǔ xiāo yù dìng
取消预定　v. to cancel a booking
Qǔ xiāo yù dìng xū yào tí qián sì shí bā xiǎo shí
取消预定需要提前四十八小时。

gǎidào　tiān rì
改到__天/日 v. change a booking to (date)
Qǐng bǎ wǒ de yù dìng gǎidào míng tiān
请把我的预定改到明天。

gǎiwéi
改为 v. change something to something else
Wǒ men bǎ chàng gē gǎiwéi jù cān
我们把唱歌改为聚餐。

Activity 10: comprehension – fill in the blanks in the following sentences.

Lín nǚ shì xiǎng bǎ tā de yù dìng gǎi dào　　　　　　　　yīn wéi tā yǒu le xīn de ān
林女士想把她的预定改到 _____ 因为她有了新的安

pái　Lìng wài　tā xiǎng bǎ　　　　gǎi chéng　　Jiǔ diàn gōng zuò rén yuán
排。另外，她想把 _____ 改成 _____。酒店工作人员

shùn lì de bāng zhù Lín nǚ shì
顺利地帮助林女士 _____。

🔊

Activity 11: listening – listen to the following dialogues, and for each, select the item that the guests need.

Nǐ hǎo qǐng wèn jiǔ diàn qián tái yǒu méi yǒu diàn yuán zhuǎn huàn chā tóu chéng shì dì

1 你好，请问酒店前台有没有电源转换插头 / 城市地

tú dì tiě xiàn lù tú

图/地铁线路图？

Nǐ hǎo   wǒ xū yào duō yí fèn yá gāo xǐ fà shuǐ hù fà sù   yù jīn tuō xié

2 你好，我需要多一份牙膏/洗发水/护发素/浴巾/拖鞋。

Key expressions: dealing with small issues

🔊   Listen to and memorize the following key expressions:

Qǐng nín gěi wǒ dà zhì xíng róng yí xia nín de xíng li

1 请您给我大致形容一下您的行李。
Please give me a rough description of your luggage.

Méi guān xi xíng li zài jiù hǎo

2 没关系，行李在就好。
No worries. As long as your luggage is safe, it's all good.

Wǒ men xiǎng bàn fǎ bāng nǐ men huàn gè fáng jiān qǐng shāo děng

3 我们想办法帮你们换个房间，请稍等。
We will try to help you change rooms. Please wait a moment.

Zhí bān jīng lǐ xiàn zài jiù qù kàn yí xia shì shén me wèn tí

4 值班经理现在就去看一下是什么问题。
The duty manager will now go determine what the problem is.

Qǐng nín zài fáng jiān shāo hòu

5 请您在房间稍候。
Please wait in your room.

Nín hǎo huàtǒng huài le   wǒ bāng nín huàn yí gè

6 您好，话筒坏了，我帮您换一个。
Hello, the microphone is broken. I will change it for you.

Tóu yǐng yí xū yào zhuān mén de zhuǎn jiē xiàn wǒ bāng nín zhǎo yí gè sòng guò qù

7 投影仪需要专门的转接线，我帮您找一个送过去。
The projector needs a special adapter cable. I'll help you find one to take over.

Qǐng liú xià nín de yóu xiāng　wǒ gěi nín fāsòng yí fèn lùxiàntú

8　请留下您的邮箱,我给您发送一份路线图。

Please leave your email address, and I will send you a road map.

Wǒ men yǐ jīng bǎ chá diǎn bǎi fàng zài huì yì shì wài miàn　nín hé nín de kèren

9　我们已经把茶点摆放在会议室外面,您和您的客人

kěyǐ zài chá xiē shí xiǎngyòng

可以在茶歇时享用。

We have placed refreshments outside the meeting room so that you and your guests can enjoy them during a break.

Rú guǒ yǒu shén me qí tā xū yào　qǐng lián xì wǒ men zài páng biān fú wù de

10　如果有什么其他需要,请联系我们在旁边服务的

gōng zuò rén yuán

工作人员。

If you have any other needs, please contact one of our service staff members.

yǔ yīn

a　语音 Phonetics

biàn yīn biàn dú

1　辨音辨读 Read aloud the following words, paying specific attention to the accuracy of your pronunciation and tone:

xíng li　　　Zhí bān jīng lǐ　　huàtǒng　　tóu yǐng yí　　zhuǎn jiē xiàn

行李　　　值班经理　　话筒　　投影仪　　转接线

yóu xiāng　　lù xiàn tú　　chá diǎn　　huì yì　　chá xiē　　gōng zuò rén yuán

邮箱　　路线图　　茶点　　会议　　茶歇　　工作人员

lǎng dú

2　朗读 Read aloud the following phrases, paying specific attention to the fluency of your speech:

dà zhì xíng róng yí xia　　qǐng nín zài fáng jiān shāo hòu

大致形容一下　　请您在房间稍候

Wǒ men xiǎng bàn fǎ bāng nǐ men　　kàn yí xia shì shén me wèn tí

我们想办法帮你们　　看一下是什么问题

rú guǒ yǒu shén me qí tā xū yào　　kěyǐ zài chá xiē shí xiǎng yòng

如果有什么其他需要　　可以在茶歇时享用

jù zi tì huàn liàn xí

b 句子替换练习 Substitution exercises

Work in pairs, and complete the following dialogue by substituting the underlined part of the dialogue with the given words:

Wǒ fángjiān kōng tiáo huài le

1A 我房间空调坏了。

Qǐng nín zài fáng jiān shāo hòu

1B 请您在房间稍候。

Wǒ men xiǎng bàn fǎ bāng nǐ men huàn gè fáng jiān qǐng shāo děng

我们想办法帮你们换个房间, 请稍等

Zhí bān jīng lǐ xiàn zài jiù qù kàn yí xia shì shén me wèn tí

值班经理现在就去看一下是什么问题

Wǒ men mǎ shàng pài rén guò qù xiū lǐ

我们马上派人过去理修

Nín hǎo huàtǒng huài le wǒ bāng nín huàn yí gè

2A 您好, 话筒坏了, 我帮您换一个。

Xiè xie

2B 谢谢。

Tóu yǐng yí xū yào zhuān mén de zhuǎn jiē xiàn wǒ bāng nín zhǎo yí gè sòng guò qù

投影仪需要专门的转接线, 我帮您找一个送过去

Wǒ men yǐ jīng bǎ chá diǎn bǎi fàng zài huì yì shì wài miàn nín hé nín de kèren

我们已经把茶点摆放在会议室外面, 您和您的客人

kěyǐ zài chá xiē shí xiǎngyòng

可以在茶歇时享用

Rú guǒ yǒu shén me qí tā xū yào qǐng lián xì wǒ men zài páng biān fú wù de gōng

如果有什么其他需要, 请联系我们在旁边服务的工

zuò rén yuán

作人员

Situational dialogue 4 – missing luggage tag

duì huà　　kè ren yí shī xíng li pái
对话 4：客人遗失行李牌

Kè rén　Nǐ hǎo　wǒ lái qǔ yíxia wǒ de xíngli
客人：你好，我来取一下我的行李。

Lǐ bīn　　Hǎo de　nín de xíng li pái hái zài ma
礼宾：好的，您的行李牌还在吗？

Kè rén　Zāo gāo　hǎo xiàng zhǎo búdào le
客人：糟糕，好像找不到了。

Lǐ bīn　Méi guān xi　nín gěi wǒ dàzhì xíngróng yíxia
礼宾：没关系，您给我大致形容一下。

Kè rén　Shì gè hēi sè de dà xiāngzi shàngmian yǒu gè hóngsè de sīdài
客人：是个黑色的大箱子，上面有个红色的丝带。

Lǐ bīn　Shì zhège ma
礼宾：是这个吗？

Kè rén　Duì de　jiùshì zhège　Bùhǎoyìsi　xíng li pái bèi wǒ nòng diū le
客人：对的，就是这个。不好意思，行李牌被我弄丢了。

Lǐ bīn　Méi guān xi　xíng li zài jiù hǎo
礼宾：没关系，行李在就好。

🔊 *New words*

xíng li
行李 n. luggage
Wǒ de xíng li zhǎo bú dào le　nǐ kě yǐ bāng wǒ zhǎo zhǎo ma
我的行李找不到了，你可以帮我找找吗？

jìcún
寄存 v. to deposit
Wǒ men kě yǐ bǎ zhè xiē xíng li jìcún zài jiǔ diàn ma
我们可以把这些行李寄存在酒店吗？

xíng li pái
行李牌 n. luggage tag
Zhè shì nín de xíng li pái qǐng ná hǎo
这是您的行李牌，请拿好。

qǔ
取 v. to collect
Wǒ lái qǔ yí xia wǒ de kuài dì
我来取一下我的快递。

zāogāo
糟糕 exclamation. oh, no!
Zāogāo　wǒ de qián bāo bèi tōu le
糟糕，我的钱包被偷了。

dàzhì
大致 adv. roughly
Zhè shì wǒ duì zhè ge xiàng mù dàzhì de jì huà
这是我对这个项目大致的计划。

xíngróng
形容 v. to describe
Wǒ hěn nán yòng yǔ yán lái xíngróng nà gè hǎi tān de měi
我很难用语言来形容那个海滩的美。

zhǎo bú dào
找不到 v. to not be able to find
Wǒ de qián bāo zhǎo bú dào le
我的钱包找不到了。

bèi... nòng diū le
被...弄丢了 v. to lose (something)
Xīn mǎi de wán ǒu bèi tā ér zi nòng diū le
新买的玩偶被他儿子弄丢了。

Situational dialogue 5 – how to change rooms

duì huà　　huàn fáng
对 话　5：换房

Tourist C:
Nǐ hǎo wǒmen dìng de fángjiān yào liǎng gè chuángwèi　dàn zhège fángjiān
你好，我们定的房间要两个床位，但这个房间
Zhǐyǒu yì zhāng shuāng rén chuáng　shìbúshì gǎo cuò le ya
只有一张双人床，是不是搞错了呀？

DM:
Bù hǎo yì si　wǒmen chá yíxia　Nǐ men shì zhù sān gè wǎn shang　duì ba
不好意思，我们查一下。你们是住三个晚上，对吧？
Wǒ men xiǎng bàn fǎ bāng nǐ men huàn gè fáng jiān　qǐng shāo děng　Hǎo le
我们想办法帮你们换个房间，请稍等。好了，
xiàn zài huàndào bā língsān fáng jiān　shì dài liǎng gè chuáng de　Zhè shì fáng kǎ
现在换到八零三房间，是带两个床的。这是房卡。

fēn zhōng hòu   qián tái dài zhe xīn de mén kǎ gěi lǚ kè
10分 钟 后 ，前台带着新的门卡给旅客C。

Hǎo   xiè xie
Tourist C: 好，谢谢。

Yīng gāi de   bù hǎo yì si
DM: 应该的，不好意思。

Situational dialogue 6 – problem with the meeting room

duì huà   jiě jué huì yì shì wèn tí
对话 6:解决会议室问题

kèren   Nǐ hǎo   huìyìtīng de màikèfēng méiyǒu shēngyīn   dēng dǎbùkāi
客人：你好，会议厅的麦克风没有声音 ／灯打不开／

tóuyǐngyí dǎbùkāi   Lìng wài   wǒ men de jiā bīn kě néng zhǎo bú dào huì chǎng
投影仪打不开。另外，我们的嘉宾可能找不到会场，

néng gěi wǒ fā yí fèn lù xiàn tú ma
能给我发一份路线图吗？

qián tái Nín hǎo   huàtǒng huài le   wǒ bāng nín huàn yí gè   Tóu yǐng yí xū yào
前台：您好，话筒坏了，我帮您换一个。投影仪需要

zhuān mén de zhuǎn jiē xiàn   wǒ bāng nín zhǎo yí gè sòng guò qù Qǐng liú xià
专门的转接线 ，我帮您找一个送过去。请留下

nín de yóu xiāng   wǒ gěi nín fāsòng yí fèn lùxiàntú
您的邮箱，我给您发送一份 路线图。

kè ren Hǎo wǒ bǎ wǒ de yóu xiāng xiě xià lái gěi nǐ Kě yǐ jiè yòng yí xia dǎ yìn
客人：好，我把我的邮箱写下来给你。可以借用一下打印

jī ma Wǒ xiǎng dǎ yìn jǐ fèn huì yì wén jiàn
机吗？我想打印几份会议文件。

qián tái Dāng rán dǎyìn shèbèi zài yī lóu dàtīng Shuā fáng kǎ jí kě dǎ yìn
前台：当然，打印设备在一楼大厅。刷房卡即可打印。

kè ren Nín hǎo wǒ men de huì yì chá xiē zài yí gè xiǎo shí yǐ hòu
客人：您好，我们的会议茶歇在一个小时以后。

qiántái Hǎo de xiān sheng wǒmen yǐjīng bǎ chádiǎn bǎifàng zài huìyì shìwài miàn nín
前台：好的先生，我们已经把茶点摆放在会议室外面，您

hé nín de kèren kěyǐ zài chá xiē shí xiǎngyòng Rú guǒ yǒu shén me qí tā xū yào
和您的客人可以在茶歇时享用。如果有什么其他需要，

qǐng lián xì wǒ men zài páng biān fú wù de gōng zuò rén yuán
请联系我们在旁边服务的工作人员。

kè ren Hǎo de xiè xie
客人：好的，谢谢。

🔊 *New words*

huài le
坏了 adj. broken
Tóu yǐng yí huài le
投影仪坏了。

méiyǒu shēng yīn
没有声音 no sound
Zhè ge huà tǒng méiyǒu shēng yīn
这个话筒没有声音。

méiyǒu tú xiàng
没有图像 no image
Zhè kuài píng mù méiyǒu tú xiàng
这块屏幕没有图像。

jiā bīn

嘉宾 n. VIP guest

Qǐng wèn huì yì de jiā bīn shén me shí hou dào

请问会议的<u>嘉宾</u>什么时候到？

bú liàng

不亮 no light; (light) doesn't work

Zhè lǐ de dēng bú liàng le

这里的灯<u>不亮</u>了。

dǎ bù kāi

打不开 can't open/can't be opened

Wǒ dǎ bù kāi fáng jiān mén le

我<u>打不开</u>房间门了。

zhǎo bú dào

找不到 can't find

Wǒ zhǎo bú dào tíng chē wèi

我找<u>不到</u>停车位。

chuán jiēxiàn

传接线 n. transmission line

Chuán jiēxiàn yòng yú lián jiē tóu yǐng yí

<u>传接线</u>用于连接投影仪。

chá xiē

茶歇 n. break

Kè ren zhǔn bèi bǎ huì yì de chá xiē ān pái zài dà tīng de kā fēi tīng lǐ

客人准备把会议的<u>茶歇</u>安排在大厅的咖啡厅里。

shuā

刷 v. to brush; to swipe

Jiǔ diàn cān tīng xū yào shuā fáng kǎ cái néng jìn rù

酒店餐厅需要<u>刷</u>房卡才能进入。

Activity 12: comprehension – fill in the following blanks.

Kè ren fā xiàn huì yì shì de mài kè fēng　　　tóu yǐng yí　　Lìng wài tā xiǎng jiè
客人发现会议室的麦克风 ＿＿,投影仪 ＿＿。另外他想借

yòng jiǔ diàn de　　　dǎ yìn huì yì wén jiàn
用酒店的 ＿＿打印会议文件。

Jiǔ diàn qián tái gào sù kèren　　huàtǒng huài le　bāng kè ren　　　　Dǎ yìn jī zài
酒店前台告诉客人,话筒坏了,帮客人 ＿＿＿＿。打印机在

yī lóu dà tīng
一楼大厅。

Activity 13: grammar – arrange the following words in the correct order.

huìyì　tígòng　gèzhǒng jiǔdiàn wǒmen　fúwù
1 会议/提供/各种/酒店/我们/服务。

huài le　tóuyǐngyí　de　lǐ　huìyìshì
2 坏了/投影仪/的/里/会议室。

shāngwù　hěndà　zhè cì　de　huìyì　guīmó
3 商务/很大/这次/的/会议/规模。

xūyào　kèhù　wéi wǒmen dìngzhì huà　hǎibào zhǔnbèi
4 需要/客户/为/我们/定制化/海报/准备。

èr lóu　dǎyìnjī　xiǎng　yíxia　jiè yòng wǒ de
5 二楼/打印机/想/一下/借用/我/的。

Key expressions: dealing with complaints

🔊　Listen to and memorize the following key expressions:

Qǐng wèn yǒu shén me kě yǐ bāng nín
1 请问有什么可以帮您?
How can I help you?

Fēi cháng bào qiàn　shí zài bào qiàn
2 非常抱歉/实在抱歉
Very sorry.

Wǒ bāng nín /ān pái qí tā fáng jiān　huàn yì jiān fáng

3　我帮您 /安排其他房间/ 换一间房

I will arrange a new room for you.

Wǒ ān pái fú wù yuán qù bāng nín jiě jué

4　我安排服务员去帮您解决

I will have someone solve it for you.

Wǒ mǎ shàng qù chǔ lǐ

5　我马上去处理。

I'll take care of it immediately.

Nín kàn zhè yàng chǔ lǐ kě yǐ ma

6　您看这样处理可以吗？

Do you think this is OK?

Zhè yàng chǔ lǐ nín mǎn yì ma

7　这样处理您满意吗？

Are you satisfied with this solution?

Wǒ men yí dìng zuò chū péi cháng

8　我们一定做出赔偿。

We'll make restitution.

yǔ yīn

a　语音 Phonetics

biàn yīn biàn dú

1　辨音辨读 Read aloud the following words, paying specific attention to the accuracy of your pronunciation and tone:

bào qiàn	fú wù yuán	jiě jué	chǔ lǐ	mǎn yì	péi cháng
抱歉	服务员	解决	处理	满意	赔偿

lǎng dú

2　朗读 Read aloud the following phrases, paying specific attention to the fluency of your speech:

fēi cháng bào qiàn	shí zài bào qiàn	ān pái qí tā fáng jiān
非常抱歉	实在抱歉	安排其他房间

huàn yì jiān fáng	mǎ shàng qù chǔ lǐ	yí dìng zuò chū péi cháng
换一间房	马上去处理	一定做出赔偿

jù zi tì huànliàn xí

b 句子替换练习 **Substitution exercises**

Work in pairs, and complete the following dialogue by substituting the underlined part of the dialogue with the given words:

Wǒ fángjiān yǒu wèi dào

1A 我房间有味道。

Fēi cháng bào qiàn

1B 非常抱歉。

Wǒ bāng nín ān pái qí tā fáng jiān

我帮您安排其他房间

Wǒ bāng nín huàn yì jiān fáng

我帮您换一间房

Wǒ ān pái fú wù yuán qù bāng nín jiě jué

我安排服务员去帮您解决

Nín kàn zhè yàng chǔ lǐ kě yǐ ma

2A 您看这样处理可以吗？

Hǎo de

2B 好的。

Zhè yàng chǔ lǐ nín mǎn yì ma

这样处理您满意吗

Wǒ men yí dìng zuò chū péi cháng

我们一定做出赔偿

Wǒ mǎ shàng qù chǔ lǐ

我马上去处理

Situational dialogue 7 – customer complaint about a faulty air conditioner

duì huà   kè ren tóu sù kōng tiáo wèn tí
对话 7：客人投诉空调问题

kè fáng fú wù Nín hǎo qǐng wèn yǒu shén me kě yǐ bāng nín
客房服务：您好，请问有什么可以帮您？

kè ren   Wǒ de fáng jiān tài rè le   ér qiě kōng tiáo yě dǎ bù kāi
客人：我的房间太热了，而且空调也打不开。

kèfáng fúwù Fēi cháng bào qiàn qǐngwèn nín de fángjiān hào shì duōshǎo wǒ lìkè
客房服务：非常抱歉，请问您的房间号是多少，我立刻

ānpái fúwùyuán qù kàn yíxia rúguǒ kōngtiáo huài le   wǒ bāng nín chóng xīn ān
安排服务员去看一下，如果空调坏了，我帮您重新安

pái yì jiān fáng jiān kě yǐ ma
排一间房间可以吗？

kè ren   Wǒ de fáng jiān hào shì
客人：我的房间号是806。

Situational dialogue 8 – customer complaint about laundry

duì huà　　kè ren tóu sù xǐ yī wèn tí
对话 8：客人投诉洗衣问题

kè ren　Nǐ hǎo　nǐmen sònglái de yīfu búshì wǒ de　　shìbúshì gǎo cuò le
客人：你好，你们送来的衣服不是我的，是不是搞错了？

kèfáng fúwù　Bù hǎo yì si　wǒmen mǎshàng qù chá　Bù hǎo yì sī　nín de yīfu
客房服务：不好意思，我们马上去查。不好意思，您的衣服

zhǎodào le
找到了。

kè ren　Zhè jiàn yī fu zěn me tuìsè le ya　　Nǐ men zěn me nà me bù zhuān yè
客人：这件衣服怎么褪色了呀？你们怎么那么不专业？

kèfáng fúwù　Duì bu qǐ　zài zhè zhǒng qíng kuàng xià　jiǔ diàn dāng rán xū yào péi
客房服务：对不起，在这种情况下，酒店当然需要赔

cháng　Wǒ men de péi cháng biāo zhǔn shì péi cháng jīn é bù chāo guò tàng xǐ fèi
偿。我们的赔偿标准是赔偿金额不超过烫洗费

yòng de shí bèi　Nín kàn zhè yàng chǔ lǐ kě yǐ jiē shòu ma
用的十倍。您看这样处理可以接受吗？

kè ren　hái suàn hé lǐ ba
客人：还算合理吧。

◄)) *New words*

shōushi
收拾 v. to pack
Wǒ xiǎng bǎ yù gāng shōushi yí xia
我想把浴缸收拾一下。

fāngbiàn
方便 n. convenience
Nín jīn wǎn fāngbiàn chū lái yì qǐ chī wǎn fàn ma
您今晚方便出来一起吃晚饭吗？

xǐyī gōng
洗衣工 n. laundry worker
Xǐyī gōng huì bāng nín qīng xǐ yī fu de
洗衣工会帮您清洗衣服的。

shōuqǔ
收取 v. to charge (a fee)
Gù kè xǐ yī bù xū yào shōuqǔ fèi yòng
顾客洗衣不需要收取费用。

shī xǐ
湿洗 v. to wet wash
Zhè jiàn yī fu kě yǐ shī xǐ
这件衣服可以湿洗。

gānxǐ jī
干洗机 n. dry cleaning machine
Wǒ huì pài gōng zuò rén yuán lái jiāo nǐ shǐ yòng gānxǐ jī
我会派工作人员来教你使用干洗机。

yùntàng
熨烫 v. to iron
Yùntàng yī wù de shíhou yào zhù yì ān quán
熨烫衣物的时候要注意安全。

gào zhī

告知 v. to inform

Qǐng zài nín chū fā qián gào zhī wǒ

请在您出发前告知我。

chūxiàn

出现 v. to appear

Chūxiàn wèn tí wǒ men jiù yào lì kè jiě jué

出现问题我们就要立刻解决。

sǔnhuài

损坏 v. to damage

Fáng jiān lǐ de rè shuǐ hú sǔnhuài le

房间里的热水壶损坏了。

rúhé

如何 adv. how

Rú hé hé lǐ de ān pái jiǔ diàn fáng jiān fēi cháng zhòng yào

如何合理地安排酒店房间非常重要。

xiāngguān

相关 adj. related

Wǒ men xū yào liǎo jiě xiāngguān de chǔ lǐ fāng fǎ

我们需要了解相关的处理方法。

zhèngcè

政策 n. policy

Zuì jìn jiǔ diàn de yōu huì zhèngcè gǎi biàn le

最近酒店的优惠政策改变了。

zài zhèzhǒng qíngkuàng xià

在这种情况下 adv. under these circumstances

Zài zhè zhǒng qíng kuàng xià wǒ men yí dìng ān pái huàn fáng

在这种情况下，我们一定安排换房。

péicháng

赔偿 v./n. to compensate/compensation

Péicháng jīn é àn yuán jià gé de shōuqǔ

赔偿金额按原价格的20%收取。

chāoguò

超过 v. to exceed

Cān jiā huì yì de rén shù chāo guò le   rén

参加会议的人数超过了50人。

hélǐ

合理 adj. reasonable

Nín de jiě jué fāng àn fēi cháng hélǐ

您的解决方案非常合理。

érqiě

而且 conj. and

Jiǔ diàn fáng jiān hěn dà   érqiě hěn háohuá

酒店房间很大，而且很豪华。

lìkè

立刻 adv. -immediately

Qǐng shāo děng   wǒ lìkè bāng nín dǎsǎo

请 稍 等，我立刻帮您打扫。

chóngxīn

重新 adv. again

Wǒ men xū yào chóngxīn xuǎn yí gè shí jiān

我们需要重新选一个时间。

gǎocuò

搞错 v. to make a mistake

Kè ren de rù zhù rì qī shì bù kě yǐ gǎocuò de

客人的入住日期是不可以搞错的。

Activity 15: comprehension – complete the sentences according to the preceding key expressions.

Chuāng hu guān bú shàng   fēng chuī jìnlái

1   窗 户 关 不 上，风吹进来，___。

Fáng jiān lǐ de   huài le   wǒ gǎnjué tài rè le

2   房间里的___坏了，我感觉太热了。

　　　　Chuáng dān　　　　　　má fan bāng wǒ huàn yì tiáo gān jìng de chuáng dān

3　床单 ＿＿＿＿，麻烦帮我换一条干净的床单。

　　　　Zhè ge fáng jiān yǒu yān wèi

4　A: 这个房间有烟味。

　　B: ＿＿＿＿＿＿＿＿＿＿＿。

　　　　Zhè jiàn yī fu zěn me tuì sè le ya　　Nǐ men zěn me nà me bù zhuān yè

5　A: 这件衣服怎么褪色了呀? 你们怎么那么不专业?

　　　　Duì bu qǐ　　　　　　　　　　　jiǔ diàn dāng rán xū yào péi cháng

　　B: 对不起, ＿＿＿＿＿＿＿＿＿＿＿＿, 酒店当然需要赔偿。

🔊

Activity 16: listening – listen to the recording and complete the form for the customer's problem and the manager's solution. Then consider how you would solve similar problems.

Problem	Solution

Activity 17: reading and comprehension – read the following dialogue, and fill in the blanks to complete the sentences.

> Xiàn zài zěn me yàng
> 现在怎么样
>
> Nà jiù méi yǒu wèn tí le
> 那就没有问题了
>
> Xiān sheng　fēi cháng bào qiàn
> 先生, 非常抱歉

　　　Nín hǎo　wǒ shì sān yī yī fáng jiān de kèren　　wǒmen fángjiān de rè shuǐhú huài le

A: 您好, 我是三一一房间的客人, 我们房间的热水壶坏了,

　　　diànyuán zhǐshìdēng yìzhí bù liàng　wǒ gāi zěnmebàn

　　电源指示灯一直不亮, 我该怎么办?

B: _____。热水壶底座下面有一个小开关,您可以按一下

Rè shuǐ hú dǐ zuò xià mian yǒu yí gè xiǎo kāi guān   nín kě yǐ àn yí xia

再试试。_____?

zài shì shi

A: 现在可以正常使用了。

Xiàn zài kě yǐ zhèng cháng shǐ yòng le

B: _____。

A: 好的,谢谢你!

Hǎo de xiè xie nǐ

B: 先生不必客气。

Xiān sheng bú bì kè qi

🔊

Activity 18: interactive listening – listen to what the guest says on the audio, and respond accordingly.

CAT 7: How to apologize in Chinese

There are many ways to apologize in Chinese. The most popular one you may know and probably have used is '对不起 Dui-bu-qi'. However, unlike the English expression 'I'm sorry (to hear that you have not been well, lost your job, etc.)', you shouldn't use 对不起 for such situations. 对不起 is used in Chinese only when something was your mistake or was your responsibility in general. In other words, to use the right expression and apologize appropriately, you need to factor in the situation and the extent of the problem.

There are other commonly used Chinese expressions for apologizing, formally or informally. Some of the examples are listed below. When used correctly, they should help you to minimize the damaging effects of the error and any inconvenience that the problem may have caused.

1   不好意思: this is normally used in informal situations in day-to-day life. You can use this expression when you've made a minor mistake; when you want to say 'thank you' and 'sorry (for the trouble of helping you)' at the same time; when you'd say 'excuse me' in English. In order to impress Chinese visitors, you could add 真 at the beginning and/or 啊 at the end – for example, 真不好意思 (I'm really sorry); 不好意思啊; or 真不好意思啊.

bù hǎo yì si

zhēn

ā

zhēn bùhǎoyìsi

bù hǎo yì si ā   zhēn bù hǎo yì si ā

nín nǐ bié shēng qì

2 您(你)别生气 (please don't be angry): if you sense the guest is getting angry, then it is time to say this phrase. If the guest is already angry, consider calming them down first by saying '请冷静'or 请保持冷静' (please keep calm), followed by admitting your fault and responsibility.

shì wǒ men de cuò　shì wǒ men búduì

3 是我(们)的错 or 是我(们)不对 (It's my [our] fault): this is generally used to admit one's fault when saying sorry to friends or family members. You could also add

dōu　dōushì wǒ de cuò　dōushì wǒ men búduì

都 at the beginning; 都是我的错 (it's all my fault); or 都是我(们)不对, if you want to stress that it is entirely your fault.

shì wǒ men de zé rèn

4 是我(们)的责任: In a formal business setting, a sincere apology usually also includes admitting *some* responsibility or taking *full* responsibility. In the case of the

zé rèn quán zài wǒ men

latter, 责任全在我(们) is more appropriate to use, which is equivalent to the English expression 'the responsibility lies with me (us)'.

bào qiàn

5 抱歉 : In the context of the hospitality and tourism industries, you are expected to

bàoqiàn　zhēn bàoqiàn

make a formal apology politely. 抱歉 (sorry) and 真抱歉 (really sorry) are more commonly used rather than a simple 对不起 in formal situations.

wǒ men gēn nǐ péilǐ dàoqiàn

6 我(们)跟你(赔礼)道歉 (Let me [us] apologize to you): this is perhaps the most formal and sincere expression of apology in Chinese. It is even more formal when

péi lǐ　dào qiàn

赔礼 is used with 道歉. However, one needs to be aware that sometimes this phrase could be used sarcastically, such as when someone *has to* rather than when someone actually *wants to* apologize.

Experiential exercise

You might wish to visit China in the coming year. To help you to plan ahead, make direct contact with two accommodation providers (e.g. hotels or B&Bs) in a Chinese city that you wish to visit and enquire about the room type, availability, and rates for three time periods of your choice.

Revision

- Practise the key expressions and new words you have learnt in this lesson
- Invent imaginary host situations, and try to describe the common requests or problems you may need to help guests with, or create situational dialogues of your own
- Try to include as many polite expressions and as much new vocabulary as possible in your conversation, especially when it comes to dealing with complaints

Lesson 8 处理意外
Dealing with incidents

Learning objectives

By the end of this lesson, you will be able to:

*   Understand the situation and redirect help
*   Provide and explain safety information
*   Comfort and reassure customers

Warm-up

What kind of incidents do you usually need to attend to? What do you do in such situations?

◀))

Activity 1: pronunciation – listen to and repeat after the recording, paying attention to the pronunciation.

dà xiǎo yì wài shì jiàn
大小意外事件   major and minor incidents

zháohuǒ
着火   fire

dìzhèn
地震   earthquake

kǒngbù xí jī
恐怖袭击   terrorist attack

fēngbào
风暴   storm

kèren shòu shāng
客人受伤   guest injury

jíbìng
急病   sudden illness

shíwù zhòng dú
食物中毒   food poisoning

hùz hào diū shī
护照丢失   lost passport

tōu qiè
偷窃   burglary

Activity 2: speaking – after you hear the English word on the recording, say the equivalent word for it in Chinese, paying attention to tone. You will hear the standard pronunciation after your attempt.

Activity 3: vocabulary – working in pairs, student A picks a word in Chinese from the list and says it out loud; student B listens and translates it back into English; and then they change roles.

Activity 4: vocabulary – match each following Chinese word with its English equivalent.

	fēngbào			
1	风暴	A	sudden illness	

	dìzhèn			
2	地震	B	food poisoning	

	tōu qiè			
3	偷窃	C	storm	

	shí wù zhòng dú			
4	食物中毒	D	earthquake	

	kè ren shòu shāng			
5	客人受伤	E	lost passport	

	hùz hào diū shī			
6	护照丢失	F	guest injury	

	jíbìng			
7	急病	G	burglary	

Activity 5: speaking – look at the following pictures. Use the words you have learnt, in order to describe the pictures. Then write the correct word for each picture, to improve your memory.

1

2

3

4

5

Key expression: dealing with incidents

🔊 Listen to and memorize the following key expressions:

Nín hǎo yǒu shén me wǒ kě yǐ bāng nín de

1 您好, 有什么我可以帮您的? Hello, can I help you?

Wǒmen yǒu gǎn mào yào　nín yào yào piàn hái shì chōng jì

2 我们有感冒药, 您要药片还是冲剂? We have medicine for colds. Would you like a tablet or a granular infusion?

Nín xiàn zài zěn me yàng le

3 您现在怎么样了? How are you doing now?

Qǐng nín bié jǐn zhāng

4 请您别紧张。Please don't be nervous.

Nín bú yào zháo jí

5 您不要着急。Please don't worry.

Wǒ xiàn zài jiù bāng nín jiào jiù hù chē

6 我现在就帮您叫救护车。I'll call an ambulance for you now.

Wǒmen kè fáng bù de tóng shì xiàn zài qù zhào kàn nín

7 我们客房部的同事现在去照看您。Our colleague in the housekeeping department will look after you now.

Nín bié dān xīn　wǒmen tóng shì yīng gāi hěn kuài jiù dào

8 您别担心, 我们同事应该很快就到。Don't worry, our colleague should be here soon.

Wǒ xiàn zài jiù bào jǐng

9 我现在就报警。I will call the police now.

Nín xū yào wǒ bāng nín jiào chē qù jǐng chá jú ma

10 您需要我帮您叫车去警察局吗? Do you need me to call a cab for you to go to the police station?

yǔ yīn

a 语音 Phonetics

biàn yīn biàn dú

1 辨音辨读 Read aloud the following words, paying specific attention to the accuracy of your pronunciation and tone:

gǎnmàoyào	yàopiàn	chōngjì	jiù hù chē	kè fáng bù
感冒药	药片	冲剂	救护车	客房部

zhào kàn　　　bào jǐng　　　jǐng chá jú

照看　　　报警　　　警察局

lǎng dú

2　朗读 Read aloud the following phrases, paying specific attention to the fluency of your speech:

nín xiàn zài zěn me yàng le　　qǐng nín bié jǐn zhāng　　nín búy ào zháo jí　　nín bié dān xīn

您现在怎么样了　请您别紧张　您不要着急　您别担心

hěn kuài jiù dào

很快就到

jù zi tì huàn liàn xí

b 句子替换练习 Substitution exercises

Work in pairs, and complete the following dialogue by substituting the underlined part of the dialogue with the given words:

Wǒ gǎn jué shēn tǐ bù shū fu

1A 我感觉身体不舒服。

Nín hǎo yǒu shén me wǒ kě yǐ bāng nín de

1B 您好,有什么我可以帮您的?

Nín xiàn zài zěn me yàng le

您现在怎么样了

Wǒmen kè fáng bù de tóng shì xiàn zài qù zhào kàn nín

我们客房部的同事现在去照看您

Nín bié dān xīn wǒ men tóng shì yīng gāi hěn kuài jiù dào

您别担心,我们同事应该很快就到

Wǒ de qián bāo bèi qiǎng le

2A 我的钱包被抢了。

Xiān sheng nǚ shì nín bú yào zháo jí

2B 先生／女士,您不要着急。

Qǐng nín bié jǐn zhāng

请您别紧张

Wǒ xiàn zài jiù bào jǐng

我现在就报警

Nín xū yào wǒ bāng nín jiào chē qù jǐng chá jú ma

您需要我帮您叫车去警察局吗

Situational dialogue 1 – an unwell guest

duì huà　　kè rén shēn tǐ bù shū fu

对话1：客人身体不舒服

jiē dài yuán Nín hǎo yǒu shén me wǒ kě yǐ bāng nín de

接待员：您好，有什么我可以帮您的？

Zhāng nǔ shì Nín hǎo　　wǒ mǔ qīn shēn tǐ bù tài shū fu qǐng wèn lǐ bèi yǒu

张女士：您好，我母亲身体不太舒服，请问酒店里备有

cháng yòng yào ma

常用药吗？

jiē dài yuán Yǒu de nǔ shì

接待员：有的，女士。

Zhāng nǚ shì Tài hǎo le yǒu gǎn mào yào ma
张 女士：太好了，有感冒药吗？

jiē dài yuán Wǒ men yǒu   xì liè de gǎn mào yào nín yào yào piàn hái shì chōng jì
接待员：我们有 Lemsip 系列的感冒药，您要药片还是冲剂？

Zhāng nǚ shì Yào piàn jiù hǎo   tài gǎn xiè nǐ le
张女士：药片就好， 太感谢你了。

jiē dài yuán Bú kè qi nǚ shì   nín de fáng jiān hào shì
接待员：不客气女士， 您的房间号是…？

Zhāng nǚ shì Wǒ zài èr líng yī fáng jiān
张女士：我在二零一房间。

jiē dài yuán Hǎo de gōng zuò rén yuán yí huì er jiù wéi nín sòng dào
接待员：好的，工作人员一会儿就为您送到。

🔊 *New words*

chángyòng
常用 adj. commonly used
Wǒ cháng yòng jīng yóu lái xiāo chú pí láo
我常用精油来消除疲劳。

gǎnmào
感冒 n. rheum; a cold
Wǒ mā mā jīn tiān gǎn mào le
我妈妈今天感冒了。

xìliè
系列 n. series
Wǒ men yǒu duōz hǒng xì liè de àn mó fú wù
我们有多种系列的按摩服务。

yàopiàn   chōngjì
药片 n. pill 冲剂 n. granular infusion
Nín xiǎng mǎi gǎn mào yào piàn hái shì chōng jì
您想买感冒药片还是冲剂？

Situational dialogue 2 – a guest needs an ambulance

du huaì　　　kè ren xū yào jiù hù chē
对话2：客人需要救护车

qián tái Nín hǎo zhèlǐ shì qián tái qǐng wèn yǒu shén me kě yǐ bāng nín
前台：您好，这里是前台，请问有什么可以帮您。

kèren　　Wǒ shì bā líng bā fángjiān de kèren wǒ zài yùshì shuāi dǎo le wǒ xiǎng wǒ
客人：我是八零八房间的客人，我在浴室摔倒了，我想我

xū yào jiào yí liàng jiù hù chē
需要叫一辆救护车。

qiántái　Nín xiàn zài zěn me yàng le qǐng nín bié jǐn zhāng　wǒ xiàn zài jiù bāng nín jiào
前台：您现在怎么样了，请您别紧张，我现在就帮您叫

jiùhùchē　Wǒ men kè fáng bù de tóng shì xiàn zài qù zhào kàn nín
救护车。我们客房部的同事现在去照看您。

kèren　　Wǒ huá le yí xia shuāi dǎo zài yù shì tóu zhuàng dào le yù gāng shàng xiàn
客人：我滑了一下，摔倒在浴室，头撞到了浴缸上，现

zài wǒ méi bàn fǎ zhàn qǐ lái tóu hěn tòng yòu shǒu gē bo hǎo xiàng yě dòng bù
在我没办法站起来，头很痛，右手胳膊好像也动不

liǎo le
了了。

qián tái Qǐng wèn nín yǒu chū xiě ma
前台：请问您有出血吗？

Nín bié dān xīn wǒ men tóng shì yīng gāi hěn kuài
您别担心，我们同事应该很快

jiù dào
就到。

kèrén　Yīng gāi méi yǒu zhǐ shì tóu hěn yūn zhàn bù qǐ lái
客人：应该没有，只是头很晕，站不起来。

qián tái Qǐng ràng tā men bāng zhù nín jiù hù chē shí fēn zhōng jiù dào
前台：请让她们帮助您，救护车十分钟就到。

🔊 *New words*

yù shì
浴室 n. bathroom
Zhè lǐ shì yù shì
这里是浴室。

shuāi dǎo
摔倒　v. to fall down
Tā bù xiǎo xīn shuāi dǎo le
她不小心摔倒了。

shòu shāng
受伤　v. to get hurt; to be injured
Méi yǒu rén zài shì gù zhōng shòu shāng
没有人在事故中受伤。

zhuàng
撞　v. to hit; to bump into
Tā bèi chē zhuàng le
她被车撞了。

jiù hù chē
救护车　n. ambulance
Qǐng bāng wǒ jiào yí liàng jiù hù chē
请帮我叫一辆救护车。

Nín xiàn zài zěn me yàng le
您现在怎么样了? How are you feeling now?

Qǐng bié jǐn zhāng
请别紧张。Please stay calm.

Wǒ men mǎ shàng dào
我们马上到。We will be there right away.

Activity 6: comprehension – fill in the blanks in the following sentences, according to the dialogue.

Kè ren zài　　shuāi dǎo le tā xū yào bāng tā　　　　Tā xiàn zài　hěn tòng zhàn bù
客人在__摔倒了,她需要帮她____。她现在__很痛,站不

qǐlái　tā de　　　yě dòng bù liǎo le　Jiǔ diàn de gōng zuò rén yuán ān wèi tā
起来,她的_____也动不了了。酒店的工作人员安慰她

jiùhù chē hěn kuài jiù dào
_____,救护车很快就到。

Situational dialogue 3 – lost passport
duì huà　　hù zhào diū le
对话3: 护照丢了

Zhào xiān sheng　Xiān sheng nín hǎo　Wǒ de hùz hào nòng diū le　wǒ gāi zěn me bàn
赵先生:先生,您好!我的护照弄丢了,我该怎么办?

qián tái Xiān sheng　nín búy ào zháo jí　wǒ ji ànyì nín kě yǐ xiān qù jǐng chá jú bè iàn
前台：先生，您不要着急，我建议您可以先去警察局备案，
rú guǒ yǒu rén jiǎn dào le　jǐng chá jiù huì dì yí shí jiān tōng zhī nín　Rán hòu zài
如果有人捡到了，警察就会第一时间通知您。然后在
Zhōng guó zhù yīng dà shǐ guǎn wǎng zhàn yù yuē bǔ bàn shí jiān àn shí dào shǐ guǎn
中国驻英大使馆网站预约补办时间，按时到使馆
miàntán　Nín xū yào wǒ bāng nín jiào chē qù jǐng chá jú ma
面谈。您需要我帮您叫车去警察局吗？

Zhào xiān sheng　Tài hǎo le　xiè xie
赵先生：太好了，谢谢！

qián tái Bú kè qi xiān sheng chū zū chē shāo hòu huì dào Zhè shì wǒ de diàn huà hào mǎ
前台：不客气先生，出租车稍后会到。这是我的电话号码，
nín yǒu wèntí kě yǐ suí shí lián xì wǒ
您有问题可以随时联系我。

Zhào xiān sheng Fēi cháng gǎn xiè zài jiàn
赵先生：非常感谢，再见！

qián tái Zài jiàn
前台：再见！

New words

hùzhào
护照 n. passport
Chū guó lǚ xíng xū yào shǐ yòng hù zhào
出国旅行需要使用护照。

jǐngchájú
警察局 n. police station
Xū yào wǒ bāng máng gěi jǐng chá jú dǎ diàn huà ma
需要我帮忙给警察局打电话吗？

bèiàn

备案 v. to file a case

Wǒ jiàn yì nín xiān dào jǐng chá jú bèi àn

我建议您先到警察局备案。

jiǎn

捡 v. to pick up

Tā jiǎn dào le yī bǎ yào shi

她捡到了一把钥匙。

zhù yīng

驻英 adj. UK based

Qǐng lì kè yǔ Zhōng guó zhù yīng shǐ guǎn lián xì

请立刻与中国驻英使馆联系。

bǔbàn

补办 v. to reissue

Nín de hù zhào kě yǐ shēn qǐng bǔ bàn

您的护照可以申请补办。

miàn tán

面谈 v. to discuss in person

Zhāng jīng lǐ xiàn zài zhèng hé Wáng zǒng miàn tán

张经理现在正和王总面谈。

Activity 7: role play – review the following scenarios and answer the corresponding questions.

1 Imagine that a guest called to tell you that they are not well. How would you help them?

2 Imagine that a guest lost their wallet with important ID in it. How would you help them?

Key expression: dealing with incident inquiries

🔊 Listen to and memorize the following key expressions:

Nín shuō de jǐn jí qíng kuàng   zhǐ shén me yàng de wèn tí

1 您说的紧急情况，指什么样的问题？ What kind of problem do you mean by an 'emergency'?

Zhè zhǒng tū fā shāng bìng de qíng kuàng   nín qǐng bō dǎ   huò   lián

2 这种突发伤病的情况，您请拨打112或999联

xì Lún dūn de jǐn jí fú wù qǐng qiú pài chū jí jiù chē yī liáo rén yuán lái jiù zhù

系伦敦的紧急服务，请求派出急救车、医疗人员来救助。
In case of sudden injury, please call London's emergency services at 112 or 999 and ask for an ambulance or medical staff to help.

Zhè lǐ yào shuō míng yí xia

3 这里要说明一下。Let me explain this point.

Bào qiàn wǒ bú tài liǎo jiě

4 抱歉，我不太了解。Sorry, I don't know much about this.

Jiàn yì nín gòu mǎi lǚ yóu bǎo xiǎn

5 建议您购买旅游保险。It is recommended that you purchase travel insurance.

Zhè lèi bèi dào huò hùz hào diū shī de shì jiàn   nín kě yǐ zhí jiē xiàng Zhōng guó zhù

6 这类被盗或护照丢失的事件，您可以直接向中国驻

Yīng guó dàshǐ guǎn lǐng shì guǎn lián xì tā men lái bāng zhù nín

英国大使馆、领事馆联系，他们来帮助您 。In the event of your losing your passporting or its being stolen, you can directly contact the Chinese Embassy or Chinese Consulate in the UK, and they will help you.

Duì bu qǐ zhè lèi fú wù jiǔ diàn wú fǎ bàn lǐ

7 对不起，这类服务酒店无法办理。Sorry, this kind of service cannot be handled by the hotel.

Hái yǒu shén me xū yào qǐng suí shí zài lái

8 还有什么需要，请随时再来。If you need anything else, please come back any time.

yǔ yīn

a 语音 Phonetics

biàn yīn biàn dú

1 辨音辨读 Read aloud the following words, paying specific attention to the accuracy of your pronunciation and tone:

jǐn jí qíng kuàng	tū fā shāng bìng	jǐn jí fú wù	lǚ yóu bǎo xiǎn
紧急情况	突发伤病	紧急服务	旅游保险

lǎng dú

2 朗读 Read aloud the following phrases, paying specific attention to the fluency of your speech:

zhǐ shén me yàng de wèntí　qǐng qiú pài chū jí jiù chē　yào shuō míng yí xia　bù tài liǎo jiě

指什么样的问题　请求派出急救车　要说明一下　不太了解

hùz hào diū shī　zhōng guó zhù yīng guó dàshǐ guǎn　lǐng shì guǎn　wú fǎ bàn lǐ

护照丢失　中国驻英国大使馆、领事馆　无法办理

jù zi tì huàn liàn xí

b 句子替换练习 Substitution exercises

Work in pairs, and complete the following dialogue by substituting the underlined part of the dialogue with the given words:

Rú guǒ lǚ yóu yù dào jǐn jí qíng kuàng zěn me bàn

1A 如果旅游遇到紧急情况怎么办?

Nín shuō de jǐn jí qíng kuàng　zhǐ shén me yàng de wèn tí

1B 您说的紧急情况,指什么样的问题?

Bào qiàn　wǒ bú tài liǎo jiě

抱歉,我不太了解

Jiàn yì nín gòu mǎi lǚ yóu bǎo xiǎn

建议您购买旅游保险

tū fā shāng bìng de qíng kuàng nín qǐng bō dǎ yī yī èr huò jiǔ jiǔ jiǔ lián xì Lún

突发伤病的情况,您请拨打一一二或九九九联系伦

dūn de jǐn jí fú wù　qǐng qiú pài chū jí jiù chē　yī liáo rén yuán lái jiù zhù

敦的紧急服务,请求派出急救车、医疗人员来救助

Wǒ de hù zhào diū shī le jiǔ diàn kě yǐ bāng máng bàn lǐ ma

2A　我的护照丢失了,酒店可以帮忙办理吗？

Wǒ kě yǐ bāng nín bào jǐng

2B　我可以帮您报警。

Duì bu qǐ zhè lèi fú wù jiǔ diàn wú fǎ bàn lǐ

对不起,这类服务酒店无法办理

Zhè lèi bèi dào huò hùz hào diū shī de shì jiàn nín kě yǐ zhí jiē xiàng Zhōng guó zhù

这类被盗或护照丢失的事件,您可以直接向中国驻

Yīng guó dà shǐ guǎn lǐng shì guǎn lián xì tā men lái bāng zhù nín

英国大使馆、领事馆联系,他们来帮助您

Situational dialogue 4 – enquiries about emergency contact

duìhuà　　kè ren wèn xún jǐn jí qíng kuàng lián luò

对话4: 客人问询紧急情况联络

kè rén　　Nín hǎo xiān sheng nǚshì　　wǒ kě yǐ zī xún gè wèn tí ma

客人：您好, 先生(女士),我可以咨询个问题吗?

jiēdàiyuán　Nín hǎo dān grán kě yǐ

接待员：您好当然可以。

kè rén Wǒ men zài Yīng guó qī jiān rú guǒ fāshēng le jǐn jí qíng kuàng yīng dāng

客人：我们在英国期间，如果发生了紧急情况，应当

zěn me qiú zhù

怎么求助？

jiē dài yuán Nín shuō de jǐn jí qíng kuàng zhǐ shén me yàng de wèn tí

接待员：您说的紧急情况，指什么样的问题？

kè rén Zài lǚ tú zhōng tū rán fāshēng jí bìng huò shòu shāng wǒ men xiàng nǎlǐ

客人：在旅途中，突然发生疾病或受伤，我们向哪里、

rú hé qiú zhù

如何求助？

jiē dài yuán Zhè zhǒng tū fā shāng bìng de qíng kuàng nín qǐng bōdǎ huò

接待员：这种突发伤病的情况，您请拨打112或

lián xì Lúndūn de jǐn jí fú wù qǐng qiú pài chū jí jiù chē yī liáo rén yuán lái

999联系伦敦的紧急服务，请求派出急救车、医疗人员来

jiù zhù Zhè lǐ yào shuō míng yí xià Yīng guó de zhǔ yào yī liáo fú wù tí gòng zhě shì

救助。这里要说明一下：英国的主要医疗服务提供者是

guó mín yī liáo fú wù wèi Yīng guó jū mín miǎn fèi tí gòng yī liáo fú wù

国民医疗服务(NHS)。NHS为英国 居民免费提供医疗服务，

bú wèi hǎi wài rén shì tí gòng miǎn fèi yī liáo fú wù chú fēi tā men xū yào jǐn jí

NHS不 为海外人士提供免费医疗服务，除非他们需要紧急

zhì liáo Yīn cǐ jiàn yì nín gòu mǎi lǚ yóu bǎo xiǎn zài fāshēng bì yào de yī liáo

治疗。因此，建议您购买旅游保险，在发生必要的医疗

fú wù shí fāng biàn zhī fù kěn éng de yīliá ofèi yòng

服务时，方便支付可能医疗费用。

kè rén Zhè lǚ yóu bǎo xiǎn měi gèrén xū yào jiāo nà duō shǎo qián

客人：这旅游保险，每个人需要交纳多少钱？

jiē dài yuán Bào qiàn wǒ bú tài liǎ ojiě Dà yuē shì měi rén yīng bàng zuǒ yòu

接待员：抱歉，我不太了解。大约是每人100英镑左右。

kè rén Zhè lǚ yóu bǎo xiǎn zài nǎ li gòu mǎi ne

客人：这旅游保险在哪里购买呢？

jiē dài yuán Yīng dāng xiàng wéi nín ān pái lǚ yóu huó dòng de lǚ xíng shè bàn lǐ Jiǔ diàn
接待员：应当向为您安排旅游活动的旅行社办理。酒店

wú fǎ bàn lǐ
无法办理。

kè rén Rú guǒ fā shēng cái wù yí shī huò zhě bèi dào shì jiàn yòu zěn me qiú zhù
客人：如果发生财务遗失，或者被盗事件，又怎么求助？

jiē dài yuán Ō zhè lèi bèi dào huò hùz hào diū shī de shì jiàn nín kě yǐ zhí jiē xiàng
接待员：噢，这类被盗或护照丢失的事件，您可以直接向

Zhōng guó zhù Yīng guó dàshǐ guǎn lǐng shì guǎn qiú zhù qǐng tā men lái bāng zhù nín Zài
中国驻英国大使馆、领事馆求助，请他们来帮助您。在

Yīng guó jìng nèi yě kě yǐ bō dǎ diàn huà yī líng yī lián xì Yīng guó de jǐng chá
英国境内，也可以拨打电话一零一，联系英国的警察、

xún qiú bāng zhù
寻求帮助。

kè rén Hǎo wǒ míng bái le gǎn xiè nín
客人：好，我明白了；感谢您！

jiē dài yuán Bú kè qì hái yǒu shén me xū yào qǐng suí shí zài lái
接待员：不客气，还有什么需要，请随时再来。

kè rén Zài jiàn
客人：再见！

jiē dài yuán Zài jiàn
接待员：再见！

🔊 *New words*

jǐn jí
紧急 adj. urgent
Zhè lǐ yǒu jǐn jí qiú zhù diàn huà
这里有紧急求助电话。

qiú zhù

求助 v. to seek help

Yù dào kùn nan yào xiān xiàng jǐng chá qiú zhù

遇到困难，要先向警察求助。

tū fā

突发 v. to occur suddenly

Fēi jī shàng yǒu chéng kè tū fā jí bìng le

飞机上有乘客突发疾病了。

yī liáo

医疗 adj. medical

bǎo xiǎn

保险 n. insurance

Nín gòu mǎi hǎi wài yī liáo bǎo xiǎn le ma

您购买海外医疗保险了吗？

yí shī

遗失 v. lost

Wǒ bù xiǎo xīn yí shī le wǒ de qián bāo

我不小心遗失了我的钱包。

lǐng shì guǎn

领事馆　n. consulate

dà shǐ guǎn

大使馆 n. embassy

Hù zhào diū shī hòu kě yǐ xiān qù lǐng shì guǎn huò zhě dà shǐ guǎn bǔ bàn

护照丢失后，可以先去领事馆或者大使馆补办。

Activity 8: comprehension – answer the following questions.

1   How should you advise a guest who has fallen ill?
2   How should you advise a guest who has lost their passport?

Situational dialogue 5 – enquiries about hotel emergency exits

duì huà　　　　　 guān yú tū fā shì jiàn jǐn jí shū sàn de zī xún
对话5：关于突发事件紧急疏散的咨询

kè ren　Nín hǎo duì yú tū fā shì jiàn jǐn jí shū sàn de wèn tí wǒ yǒu xiē shì bú dà
客人：您好，对于突发事件紧急疏散的问题，我有些事不大
　　　míng bái xiǎng qǐng jiào yí xia
　　　明白，想请教一下。

kè fú rén yuán Nín hǎo huān yíng nín lái zī xún　Qǐng wèn nín yǒu shén me xū yào bāng zhù
客服人员：您好，欢迎您来咨询。请问，您有什么需要帮助
　　　de
　　　的？

kè ren　Jiǎ rú wǒ men zài bīn guǎn qī jiān yù yǒu　dì zhèn　shì fǒu yě àn zhào　jǐn jí
客人：假如我们在宾馆期间遇有'地震'，是否也按照《紧急
　　　qíng kuàng shū sàn lù xiàn zhǐ shì tú guī dìng de fāng xiàng hé lù xiàn jìn xíng shū sàn
　　　情况疏散路线指示图》规定的方向和路线进行疏散
　　　ne
　　　呢？

kè fúrén yuán Nín de wèn tí hěn hǎo tū fā shì jiàn bù tóng bì xiǎn de yāo qiú huì
客服人员：您的问题很好，突发事件不同，避险的要求会
　　　yǒu yì xiē qū bié　Dì zhèn cháng tū fā yú wú zhǔn bèi zhōng bì miǎn kōng zhōng zhuì
　　　有一些区别。地震常突发于无准备中，避免空中坠
　　　wù dǎotā wù duì rén zá shāng shì shǒu yào fáng fàn de wèn tí Dì zhèn fāshēng shí
　　　物物对'砸伤'，是首要防范的问题。地震发生时，

首先应当就地避险,应当迅速躲进有'阻隔能力,物体的

下方,如书桌下、工作台下、俯身趴在床下、两床之间、

或卫生间浴盆侧。地震稍停,应迅速撤离房间,按照

《紧急情况疏散路线指示图》指示的方向、路线,快速

疏散到楼下'安全区域'。

客人:噢,知道了。遇到地震时,先要就地避险,防止'砸伤';

震停时,迅速撤离。这是与火警不同的地方。

客服人员:是的。必须要考虑应对突发事件的主要'危险

源'。

客人:在疏散撤离过程中,是否也不能乘电梯?

客服人员:是的。突发事件中,电梯都停运、不能乘坐

电梯!

客人:谢谢您,给了我很好的帮助。

客服人员:不客气,感谢您对我们的信任和支持。祝您平

安、快乐!

🔊 *New words*

duì yú
对于 prep. with regard to
Duì yú zhè ge wèn tí wǒ men hái dé zǐ xì yán jiū
<u>对于</u>这个问题我们还得仔细研究。

shū sàn
疏散 v. to evacuate
Wèi le ān quán dé jǐn kuài shū sàn
为了安全得尽快<u>疏散</u>。

qǐng jiào
请教 v. to consult
Wǒ men yào xū xīn xiàng yǒu jīng yàn de rén qǐng jiào
我们要虚心向有经验的人<u>请教</u>。

yù yǒu
遇有 v. to encounter
Péng you yù yǒu wē inàn shí tā zǒng shì háo bù yóu yù de bāng máng
朋友<u>遇有</u>危难时，他总是毫不犹豫地帮忙。

lù xiàn zhǐ shì tú
路线指示图 n. route map
Qǐng ná hǎo nín de lù xiàn zhǐ shì tú
请拿好您的<u>路线指示图</u>。

bì miǎn
避免 v. to avoid
Sī jī jí shí shā chē bì miǎn le yí cì shì gù
司机及时刹车，<u>避免了</u>一次事故。

zhuì wù
坠物 n. falling objects
Bì xū dài ān quán mào fáng zhǐ zhuì wù
必须戴安全帽，防止<u>坠物</u>。

dǎo tā

倒塌 v. to collapse

Nà zuò lǎo fáng zi bù jiǔ qián dǎo tā le

那座老房子不久前倒塌了。

jiù dì

就地 adv. on the spot

Rú guǒ fā xiàn wèn tí wǒ men yīng gāi jiù dì jiě jué

如果发现问题，我们应该就地解决。

zǔ gé néng lì

阻隔能力 n. barrier capability

Jìn liàng duǒ zài yǒu zǔ gé néng lì de wù tǐ xià fāng

尽量躲在有'阻隔能力'的物体下方。

fǔ shēn

俯身 v. to lean over

Tā fǔ shēn jiǎn qǐ tā de qián bāo

他俯身捡起他的钱包。

chè lí

撤离 v. to evacuate

Miè huǒ rèn wu yǐ jīng wán chéng xiāo fáng rén yuán biàn lù xù chè lí le huǒ chǎng

灭火任务已经完成消防人员便陆续撤离了火场。

ān quán qū yù

安全区域 n. safe area

Qǐng xiān bǎo zhèng kè ren dào dá le ān quán qū yù

请先保证客人到达了安全区域。

huǒ jǐng

火警 n. fire alarm

Jiǔ diàn huǒ jǐng xiǎng le qǐng lìkè lí kāi fáng jiān

酒店火警响了，请立刻离开房间。

yìng duì
应对 v. to cope with; to deal with; to face
Wǒ men yīng gāi tóu nǎo qīng xǐng chén zhuó yìng duì
我们应该头脑清醒，沉着应对。

wēi xiǎn yuán
危险 源 n. sources of danger
Wēi xiǎn yuán shì rén men rèn shi shì gù xíng chéng jī lǐ de zhòng yào yīn sù
危险源是人们认识事故形成机理的重要因素。

tíng yùn
停运 v. to suspend
Yóu yú dà wù tiān qì hěn duō huǒ chē wǎn diǎn shèn zhì tíng yùn
由于大雾天气，很多火车晚点甚至停运。

Activity 9: comprehension – fill in the blanks according to the information from the preceding dialogue.

Kè ren duì yú　　　　　　　　de wèn tí bú tài míng bái tā xiǎng　　yíxia
客人对于＿＿＿＿＿＿＿的问题不太明白，他想＿＿一下
kè fúrén yuán Kè fú rén yuán biǎo shì rú guǒ　　　　dìz hèn shǒu yào fáng fàn de
客服人员。客服人员表示如果＿＿＿地震，首要防范的
wèn tí shì　　　kōng zhōng zhuì wù　　　　wù duì rén zá shāng Dì zhèn fāshēng
问题是＿＿空中坠物、＿＿物对人'砸伤'。地震发生
shí shǒu xiān yīng dāng　　　　bì xiǎn dìzhèn shāo tíng yìng xùn sù　　　fángjiān
时，首先应当＿＿＿避险；地震稍停，应迅速＿＿＿房间，
àn zhào jǐn jí qíng kuàng shū sàn lù xiàn　zhǐ shì tú　　kuàisù　shūsàn dào lóuxià de
按照《紧急情况疏散路线指示图》，快速 疏散到楼下的
　　　　　　　Zài　　　　shì jiàn zhōng diàn tī　　　bùnéng
'＿＿＿＿＿'。在＿＿事件中，电梯＿＿＿，不能
chéng zuò diàn tī
乘坐电梯。

Key expression: notifying of an emergency evacuation drill

🔊 Listen to and memorize the following key expressions:

Wǒ shì běn jiǔ diàn kè fú zhōng xīn de　　hào gōng zuò rén yuán

1　我是本酒店客服中心的 xxx 号工作人员。I am number xxx staff member of the customer service centre of the hotel.

Běn diàn míng tiān shàng wǔ jiǔ diǎn sān shí fēn yào jǔbàn yí cì tū fā shì

2　本店明天上午九点三十分 要举办一次《突发事

jiàn jǐn jí shū sàn de yǎn xí huó dòng chéng yāo nín cān jiā

件紧急疏散》的演习活动，诚邀您参加。The store will hold an emergency evacuation drill at 9:00 a.m. We invite you to participate.

Shǒu xiān qǐng nín hé zhù diàn de bīn kè yào yuè dú gè fáng jiān de jǐn jí qíng

3　首先，请您和住店的宾客要阅读：各房间的《紧急情

kuàng shū sàn lù xiàn zhǐ shì tú

况疏散路线指示图》。First of all, you and your guests are asked to read the Emergency Evacuation Route Map for each room.

Qǐng nín yí dìng yào jì zhù zhè ge shū sàn de ān quán lù xiàn

4　请您一定要记住这个疏散的安全路线。Please remember this safe route for evacuation.

Míng tiān shàng wǔ jiǔ diǎn sān shí fēn jiǔ diàn fáng jiān diàn huà de líng shēng

5　明天上午九点三十分，酒店各房间电话的铃声

búduàn xiǎngqǐ　zhízhì　kèren jiē qǐ　yǐ zhèzhǒng fāngshì fābù jiǎxiǎng de

不断响起，直至客人接起；以 这种 方式发布假想的

huǒ xiǎn jǐng bào

'火险' 警报。From 9:30 a.m. tomorrow, the telephone will ring in each room of the hotel, which will continue until the guest picks it up; in this way, an imaginary fire danger alert is issued.

Gè wèi kèren jiē dào jǐng bào hòu qǐng lìjí dào wèi shēng jiān jìn shī máo jīn

6　各位客人接到警报报后，请立即到卫生间，浸湿毛巾、

wǔz hù kǒu bí mǎsh àng chè chū fáng jiān zhù yì guān bì fáng jiān mén yǐ fáng

捂住口鼻，马上撤出房间；注意关闭房间门，以防

huǒ qíng qīn rù fáng jiān

火情侵入房间。After receiving the alarm, please immediately go to the bathroom, soak a towel, cover your nose and mouth, and evacuate the room. Ensure you close the door of the room, to prevent fire from entering the room.

7 各位客人在撤离时，请弯腰、俯身、按规定的方向

Gè wèi kèren zài chèlí shí qǐng wān yāo fǔshēn àn guī dìng de fāng xiàng

、路线奔向安全下楼的通道，要防止被烟雾熏

lù xiàn bēn xiàng ān quán xià lóu de tōng dào yào fáng zhǐ bèi yān wù xūn

倒；快速下楼到安全区域集中。When you evacuate the room, please bend down and keep low, and run to the designated safe downstairs passage in the prescribed direction or as otherwise directed, to prevent smoke inhalation. Quickly make your way downstairs to congregate in the designated safe area.

dǎo kuài sù xià lóu dào ān quán qū yù jíz hōng

8 需要注意：发生紧急情况时，电梯停运。所以一定

Xū yào zhù yì fāshēng jǐn jí qíng kuàng shí diàn tī tíng yùn Suǒ yǐ yí dìng

不要等电梯、乘坐电梯。Please pay attention: in case of emergency, the elevator will stop running. So don't wait for the elevator, and don't take the elevator.

búy ào děng diàn tī chéng zuò diàn tī

9 楼下会有服务人员，指引大家到安全区域休息。

Lóu xià huì yǒu fú wù rén yuán zhǐ yǐn dà jiā dào ān quán qū yù xiū xi

请千万不要分散，不要单独行动。There will be service staff downstairs to guide everyone to congregate in a safe area. Please don't become separated, and don't act alone.

qǐng qiān wàn bú yào fēn sàn bú yào dān dú xíng dòng

10 基本就是这些要求，您还有不清楚的问题吗？These are the basic requirements. Do you have any questions?

Jī běn jiù shì zhè xiē yāo qiú nín hái yǒu bù qīng chǔ de wèn tí ma

a 语音 Phonetics
yǔ yīn

1 辨音辨读 Read aloud the following words, paying specific attention to the accuracy of your pronunciation and tone:
biàn yīn biàn dú

客服中心　演习　活动　阅读　指示图　疏散
kè fú zhōng xīn　yǎnxí　huódòng　yuèdú　zhǐ shì tú　shū sàn

安全　路线　电话　铃声　假想　火险
ān quán　lù xiàn　diànhuà　língshēng　jiǎxiǎng　huǒ xiǎn

jǐngbào　　wèi shēng jiān　　wānyāo　　fǔshēn　　tōngdào

警报　卫生间　弯腰　俯身　通道

yānwù　　xūn dǎo　　diàntī

烟雾　熏倒　电梯

lǎng dú

2　朗读 Read aloud the following phrases, paying specific attention to the fluency of your speech:

chéng yāo nín cān jiā　　　yí dìng yào jì zhù　　　búdu àn xiǎng qǐ

诚邀您参加　一定要记住　不断响起

zhí zhì kèren jiē qǐ　　　jìn shī máo jīn　　　wǔ zhù kǒu bí

直至客人接起　浸湿毛巾　捂住口鼻

chè chū fáng jiān　　jī běn jiù shì zhè xiē yāo qiú

撤出房间　基本就是这些要求

jù zi tì huàn liàn xí

b 句子替换练习 Substitution exercises

Work in pairs, and complete the following dialogue by substituting the underlined part of the dialogue with the given words:

Wǒ xū yào zuò xiē shén me ne

1A　我需要做些什么呢？

Qǐng nín hé zhù diàn de bīnkè yào yuè dú gè fáng jiān de jǐn jí qíng kuàng shū sàn

1B　请您和住店的宾客要阅读：各房间的《紧急情况疏散

lù xiàn zhǐ shì tú

路线指示图》。

Qǐng nín yí dìng yào jì zhù zhè ge shū sàn de ān quán lù xiàn

请您一定要记住这个疏散的安全路线

Jiē dào jǐng bào hòu qǐng lì jí dào wèi shēng jiān jìn shī máo jīn wǔ zhù kǒu bí

接到警报后，请立即到卫生间，浸湿毛巾，捂住口鼻，

mǎ shàng chè chū fáng jiān

马上撤出房间

Zhù yì guān bì fáng jiān mén yǐ fáng huǒ qíng qīn rù fáng jiān

注意关闭房间门，以防火情侵入房间

Gāi rú hé ān quán chè lí ne
2A 该如何安全撤离呢?

Gè wèi kèren zài chè lí shí qǐng wān yāo fǔshēn àn guī dìng de fāng xiàng lù xiàn
2B <u>各位客人在撤离时,请弯腰、俯身、按规定的方向、路线</u>

bēn xiàng ān quán xià lóu de tōng dào yào fáng zhǐ bèi yān wù xūn kuài sù xià lóu dào
<u>奔向安全下楼的通道,要防止被烟雾熏倒;快速下楼到</u>

ān quán qū yù jí zhōng
<u>安全区域集中</u>。

Fā shēng jǐn jí qíng kuàng shí diàn tī tíng yùn Suǒ yǐ yí dìng bú yào děng diàn tī
发生紧急情况时,电梯停运。所以一定不要等电梯、

chéng zuò diàn tī
乘坐电梯

Lóu xià huì yǒu fú wù rén yuán zhǐ yǐn dà jiā dào ān quán qū yù xiū xiqǐng qiān wàn
楼下会有服务人员,指引大家到安全区域休息。请千万

bú yào fēn sàn bú yào dān dú xíng dòng
不要分散,不要单独行动

Situational dialogue 6 – notice of an emergency drill

duìhuà tūfā shì jiàn shū sàn yǎn liàn de tōng zhī
对话 6:突发事件疏散演练的通知

客服人员：先生，您好！我是本酒店客服中心的203号工作人员。本店明天上午九点三十分要举办一次《突发事件紧急疏散》的演习活动，诚邀您参加。希望得到您的支持并欢迎您共同参与。您看是否可以？

客人：您好！这是一次什么样的活动？您能大体介绍一下吗？

客服人员：这是假想本店突然发生了火情、或突遇地震等灾害，会意外伤害人身安全的事件；需要组织住店宾客紧急疏散，以防止发生人身伤害的演习活动。

客人：噢，这个活动是非常有意义的！我们一定参加。请问，我们能做些什么事情？

客服人员：就是请您参加，按照规定方向、路线，从房间疏散到酒店安全休息区域的演习活动。

客人：我知道了。我们在活动中，具体应当怎么做？要符合哪些要求呢？

客服人员：好，我来讲清楚。首先，请您和住店的宾客要阅读：各房间的《紧急情况疏散路线指示图》。需要明确：您的客房位置，紧急事件发生、需要安全撤离的疏散方向、快速下楼的地点。请您一定要记住这个疏散的安全路线。

客人：好的，我一定会阅读，记住这个疏散路线。

客服人员：明天上午九点三十分，酒店各房间电话的铃声不断响起，直至客人接起；以这种方式发布假想的'火险'警报。

客人：我们一定注意电话警报。

客服人员：各位客人接到警报后，请立即到卫生间，浸湿毛巾、捂住口鼻，马上撤出房间；注意关闭房间门，以防火情侵入房间。

客人：明白了，用湿毛巾，捂住口鼻，迅速从房间撤离，并关闭房门。

客服人员：是的。各位客人在撤离时，请弯腰、俯身、按规定的方向、路线奔向安全下楼的通道，要防止被烟雾熏

dǎo kuài sù xià lóu dào ān quán qū yù jíz hōng
倒；快速下楼到安全区域集中。

kè ren　Jì zhù le　Yào wān yāo fǔsh ēn fáng yān wù　àn guīd ìng de shū sàn fāng xiàng
客人：记住了！要弯腰、俯身防烟雾，按规定的疏散方向、

lù xiàn xùn sù xià lóu
哪线，迅速下楼。

kè fúrén yuán　Xū yào zhù yì　fāsh ēng jǐn jí qíng kuàng shí　diàn tī tíng yùn　Suǒ yǐ
客服人员：需要注意：发生紧急情况时，电梯停运。所以

yí dìng bú yào děng diàn tī chéng zuò diàntī
一定不要等电梯、乘坐电梯！

kè ren　Jì zhù le　Jiē dào diàn huà　yòng shī máo jīn wǔ kǒu bí　guān bì fáng mén
客人：记住了！接到电话，用湿毛巾捂口鼻、关闭房门、

àn guī dìng lù xiàn xùn sù chè lí　bùn éng chéng diàn tī　Wǒ men xià lóu hòu　dào
按规定路线迅速撤离，不能乘电梯。我们下楼后，到

nǎ lǐ qù ne
哪里去呢？

kè fú rén yuán　Lóu xià huì yǒu fú wù rén yuán　zhǐ yǐn dà jiā dào ān quán qū yù
客服人员：楼下会有服务人员，指引大家到安全区域

xiū xi　Qǐng qiān wàn bú yào fēn sàn　bú yào dān dú xíng dòng　Jī běn jiù shì zhè xiē
休息。请千万不要分散，不要单独行动。基本就是这些

yāo qiú nín hái yǒu bù qīng chǔ de wèn tí ma
要求，您还有不清楚的问题吗？

kè ren Hǎo de dōu jì zhù le Xiè xie nín de jiè shào
客人：好的，都记住了。谢谢您的介绍！

kè fúrén yuán　Fēi cháng gǎn xiè nín de cān yù　zhù nín kuài lè　jiàn kāng　xìng fú
客服人员：非常感谢您的参与，祝您快乐、健康、幸福！

Míng tiān jiàn
明天见。

kè ren Fēi cháng gǎn xiè míng tiān jiàn
客人：非常感谢，明天见。

🔊 **New words**

yǎn xí

演习 v. to exercise; to drill

Cǐ cì yǎn xí hěn chéng gōng

此次演习很成功。

cān yù

参与 v. to participate

Dà jiā dōu cān yù le biǎo yǎn

大家都参与了表演。

dà tǐ

大体 adj. in general, on the whole

Nǐ de kàn fǎ dà tǐ zhèng què dàn hái bú gòu quán miàn

你的看法大体正确,但还不够全面。

jiǎ xiǎng

假想 v./n. to hypothesize/hypothesis

Jiǎ xiǎng bì jìng shì jiǎ xiǎng bù néng chéng wéi xiàn shí

假想毕竟是假想,不能成为现实。

zāi hài

灾害 n. disaster

Dì zhèn zāi hài fā shēng hòu zhòng duō zāi mín jí shí dé dào le zhèng fǔ de ān fǔ

地震灾害发生后,众多灾民及时得到了政府的安抚。

yì wài

意外 n. accident

Bú yào yí gè rén dào shēn shuǐ chí lǐ yóu yǒng yǐ miǎn fāshēng yì wài

不要一个人到深水池里游泳,以免发生意外。

rén shēn ān quán

人身 安全 n. personal safety

Wài chū lǚ yóu qiè jì rén shēn ān quán

外出旅游,切记人身安全。

fáng zhǐ

防止 v. to prevent

Wǒ men yí dìng huì zhù yì fáng zhǐ lèi sì qíng kuàng zài fā shēng

我们一定会注意,防止类似况再发生。

yǒu yìyì

有意义 adj. meaningful

Zhè shì yí jiàn fēi cháng yǒu yì yì de shì qíng

这是一件非常有意义的事情。

yuè dú

阅读 v. to read

Qǐng nín zǐ xì yuè dú shǐ yòng shuō míng

请您仔细阅读使用说明。

zhí zhì

直至 prep. until

Cān tīng huì jì xù yíng yè zhí zhì zuì hòu yí wèi kè ren lí kāi

餐厅会继续营业,直至最后一位客人离开。

fā bù

发布 v. to release

Guó jiā fā bù le guān yú zhè jiàn shì de shēng míng

国家发布了关于这件事的声明。

jǐng bào

警报 n. alert

Jǐng bào lā xiǎng rén men jīng huāng shī cuò

警报拉响,人们惊慌失措。

jìn shī

浸湿 v. to soak

Wǒ bǎ wà zi jìn shī zài shuǐ pén lǐ

我把袜子浸湿在水盆里。

wǔ zhù

捂住 v. to cover

Fā shēng huǒ zāi shí qǐng yòng shī máo jīn wǔ zhù kǒu bí

发生火灾时，请用湿毛巾<u>捂住</u>口鼻。

qīn rù

侵入 v. to invade

Tā tīng shuō dí qīn rù guó jìng xíng wéi yì cháng cán bào

他听说敌人<u>侵入</u>国境，行为异常残暴。

wān yāo

弯腰 v. to stoop

Tā zǒng shì qiān xùn de wān yāo dī tóu

他总是谦逊地<u>弯腰</u>低头。

xūn

熏 v. to smoke

Yān wù tài nóng shí zài shì xūn rén

烟雾太浓，实在是<u>熏</u>人。

jí zhōng

集中 v. to focus on

Jí zhōng nǐ de jīng lì qù zuò zuì zhòng yào de shì qing

<u>集中</u>你的精去做最重要的事情。

zhǐ yǐn

指引 v. to guide

Zài fù qīn de zhǐ yǐn xià wǒ duì huì huà chǎn shēng le nón ghòu de xìng qù

在父亲的<u>指引</u>下，我对绘画产生了浓厚的兴趣。

qiān wàn

千万 modal v. must

Yù dào wèn tí yào lěng jìng yìng duì qiān wàn bú yào huāng zhāng

遇到问题要冷静应对，<u>千万</u>不要慌张。

fēn sàn

分散 v. to disperse

Shàng kè zhù yì tīng jiǎng bú yào fēn sàn jīng lì

上课注意听讲，不要分散精力。

Activity 10: comprehension – arrange the order of the actions one should take in the event of a fire.

Jiē dào jǐng bào hòu lì jí dào wèi shēng jiān jìn shī máo jīn wǔ zhù kǒu bí mǎ shàng

1   接到警报后，立即到卫生间，浸湿毛巾、捂住口鼻，马上

chè chū fáng jiān

撤出房间。

Gēn suí fú wù rén yuán de zhǐ yǐn dào ān quán qū yù xiū xi

2   跟随服务人员的指引，到安全区域休息。

Jiē dào jiǔ diàn diàn huà jiǎ xiǎng huǒ xiǎn jǐng bào

3   接到酒店电话，假想'火险'警报。

Guān bì fáng mén yǐ fáng huǒ qíng qīn rù fáng jiān

4   关闭房门，以防火情侵入房间。

Wān yāo fǔ shēn fáng yān wù àn guī dìng de shū sàn fāng xiàng lù xiàn xùn sù

5   弯腰，俯身防烟雾，按规定的疏散方向，路线，迅速

xià lóu

下楼。

◀))

Activity 11: interactive listening – imagine that you are a receptionist, listen to what the guest says on the audio, and respond accordingly.

CAT 8: Gifts and gift-giving etiquette

Wishing you get well soon	zǎo rì kāng fù 早日康复	Wishing you'll make a speedy recovery Wishing you'll recover soon
	zhù nǐ zǎo rì kāng fù 祝你早日康复	
	duō duō bǎo zhòng 多多保重	Please take care
	zhù nǐ 祝你	Wishing you well

- The preferred wrapping colours in China are red, pink, and gold
- Avoid anything too expensive and too difficult to carry to China
- Avoid using black and white for wrapping, because they are funeral colours in China
- Don't give clocks, shoes, or handkerchiefs, because present because they sound like the Chinese words for funeral and death
- Don't give a green hat
- Present the gift with both hands, but don't expect the recipient to open it in front of you
- When you give a single group gift from your organization, make sure that you present the gift to the most senior member of the delegation

Experiential exercise

Continue with your vlog by developing a five- to ten-minute video for Chinese visitors who travel to your local area. It should cover at least five situations that a traveller may encounter when they visit your local area. Make sure that you provide the most up-to-date emergency contact details, and use pictures or signs to explain what to do in case of emergency and how to deal with unexpected events. Share your vlog with at least two Chinese-speaking classmates, friends, or colleagues, to get some feedback before you post your vlog online.

Revision

- Practise the key expressions and new words you have learnt in this lesson
- Invent imaginary host situations, and try to provide guidance and support in emergency situations to your guests, or create situational dialogues of your own
- Try to include as many polite expressions and as much new vocabulary as possible in your conversation

Lesson 9 提供酒店周边信息
Talking about areas nearby

Learning objectives

By the end of this lesson, you will be able to:

• Provide general information about a given area
• Make recommendations and suggestions
• Provide directions and provide information on local transportation

Warm-up

What are the common requests or complaints you may encounter? How do you usually deal with them?

Activity 1: pronunciation – listen to and repeat after the recording, paying attention to the pronunciation.

tiān qì
天气　　　　　　***weather***

qíng tiān
晴天　　　　　　sunny day

yīn tiān
阴天　　　　　　overcast

xià yǔ
下雨　　　　　　to rain

xià xuě
下雪　　　　　　to snow

duō yún
多云　　　　　　cloudy

jiāo tōng
交通　　　　　　***transportation***

dì tiě
地铁　　　　　　underground

dà bā
大巴　　　　　　coach

huǒ chē
火车　　　　　　train

gōng jiāo chē
公交车　　　　　bus

jī chǎng kuài chē
机场快车　　　　airport express

jǐng diǎn
景点　　　　　　***sights of interest***

dà yīng bó wù guǎn
大英博物馆　　　British Museum

guó jiā měi shù guǎn

国家美术馆　　　　　　　national gallery

Bái jīn hàn gōng

白金汉宫　　　　　　　　Buckingham Palace

táng rén jiē

唐人街　　　　　　　　　Chinatown

Luó sù guǎngchǎng

罗素广场　　　　　　　　Russell Square

Activity 2: speaking – after you hear the English word on the recording, say the equivalent word for it in Chinese, paying attention to tone. You will hear the standard pronunciation after your attempt.

Activity 3: vocabulary – working in pairs, student A picks a word in Chinese from the list and says it out loud; student B listens and translates it back into English; and then they change roles.

Activity 4: vocabulary – match each following Chinese word with its English equivalent.

	dìtiě			
1	地铁	A	overcast
	duōyún			
2	多云	B	airport express train
	xiàxuě			
3	下雪	C	cloudy
	jīchǎng kuài xiàn			
4	机场快线	D	underground
	tángrénjiē			
5	唐人街	E	national gallery
	guójiā měishùguǎn			
6	国家美术馆	F	to snow
	yīntiān			
7	阴天	G	Chinatown

Activity 5: Speaking – look at the following pictures. Use the words you have learnt to describe the pictures. Then write the correct word for each picture, to improve your memory.

1

2

3

4

5

Key expression: introducing local areas

🔊 Listen to and memorize the following key expressions:

Lún dūn de tiān qì yì bān bǐ jiào duō biàn

1 伦敦的天气一般比较多变。The weather in London seems to be rather erratic.

Wǒmen jiǔ diàn fù jìn de jiāo tōng hěn fāng biàn

2 我们酒店附近的交通很方便。It's convenient to travel around from the hotel.

Zhè shì yí fèn Lún dūn dì tú　xī wàng duì nín yǒu bāng zhù

3 这是一份伦敦地图,希望对您有帮助。This is a map of London, and we hope it's helpful to you.

> Wǒmen jiǔ diàn jù lí dà yīng bó wù guǎn hěn jìn   bù xíng shí fēn zhōng jiù dào le
>
> 4 我们酒店距离大英博物馆很近，步行十分钟就到了。
>
> The hotel is really close to the British Museum. It is about ten minutes on foot.
>
> Xū yào wǒ bāng nín zài dì tú shàng dōu biāo chū lái ma
>
> 5 需要我帮您在地图上都标出来吗？ Would you like to mark it on the map?

yǔ yīn

a 语音 Phonetics

biàn yīn biàn dú

1 辨音辨读 Read aloud the following words, paying specific attention to the accuracy of your pronunciation and tone:

Lún dūn	tiān qì	duō biàn	jiāo tōng	fāng biàn	dì tú
伦敦	天气	多变	交通	方便	地图

lǎng dú

2 朗读 Read aloud the following phrases, paying specific attention to the fluency of your speech:

xī wàng duì nín yǒu bāng zhù   dà yīng bó wù guǎn   bù xíng shí fēn zhōng jiù dào le

希望对您有帮助   大英博物馆   步行十分钟就到了

jiāo tōng hěn fāng biàn   zài dì tú shàng dōu biāo chū lái

交通很方便   在地图上都标出来

jù zi tì huàn liàn xí

b 句子替换练习 Substitution exercises

Work in pairs, and complete the following dialogue by substituting the underlined part of the dialogue with the given words:

Lún dūn de tiān qì yì bān bǐ jiào duō biàn   qǐng dài yǔsǎn

1A 伦敦的天气一般比较多变，请带雨伞。

Xièxie

1B 谢谢。

Wǒmen jiǔ diàn fù jìn de jiāo tōng hěn fāng biàn　chūmén jiùshì dìtiě
我们酒店附近的交通很方便，出门就是地铁

Zhè shì yí fèn Lún dūn dì tú　xī wàng duì nín yǒu bāng zhù
这是一份伦敦地图，希望对您有帮助

Nǐmen jiǔdiàn fùjìn de jǐngdiǎn duō ma
2A 你们酒店附近的景点多吗？

Hěnduō　wǒmen jiǔdiàn zài shìzhōngxīn
2B 很多，我们酒店在市中心。

Wǒmen jiǔ diàn jù lí dà yīng bó wù guǎn hěn jìn　bù xíng shí fēn zhōng jiù dào le
我们酒店距离大英博物馆很近，步行十分钟就到了，

Xū yào wǒ bāng nín zài dì tú shàng dōu biāo chū lái ma
需要我帮您在地图上都标出来吗？

Situational dialogue 1 – guest asking about weather and nearby surroundings

duì huà　　　kè ren xún wèn tiān qì hé fù jìn de dì tiě zhàn
对话1：客人询问天气和附近的地铁站

客人：你好，请问这两天伦敦的天气怎么样？酒店附近的交通便利吗？

前台：您好，伦敦的天气一般比较多变，这几天估计是下雨天比较多。我们酒店附近的交通很方便，附近有三个地铁站。离酒店最近的地铁站是罗素广场地铁站。您出门右转，直走五百米就可以看到。这是一份伦敦地图，希望对您有帮助。

客人：我听说这里离大英博物馆很近，是吗？

前台：对的，我们酒店距离大英博物馆很近，步行十分钟就到了。您看，在地图这里。（point at the map）附近的景点还有国家美术馆，科文特花园，唐人街等等，基本上都在步行范畴之内。需要我帮您在地图上都标出来吗？

客人：好啊，谢谢。附近超市多吗？是二十四小时的吗？

前台：超市很多的，一般早上六点开门，晚上十点关门。周日营业时间会短些。

🔊 *New words*

biànlì

便利

Zhè shì zuì biàn lì de xiàn lù

这是最<u>便利</u>的线路。

duōbiàn

多变　adj. erratic

Yīng guó de tiān qì fēi cháng duō biàn

英国的天气非常<u>多变</u>。

gū jì

估计　v. to estimate

Wǒ gū jì míng tiān huì xià yǔ

我<u>估计</u>明天会下雨。

jī běn shàng

基本上　adv. basically

Wǒmen de yì jiàn jī běn shàng shì yí zhì de

我们的意见<u>基本上</u>是一致的。

fànchóu zhīnèi

范畴之内　prep. under the category

Péi cháng bú zài wǒ men kǎo lǜ de fàn chóu zhī nèi

赔偿不在我们考虑的<u>范畴之内</u>。

biāo chū lái

标出来　v. to mark out; to highlight

Wǒ bǎ yì xiē zhòng yào de xìn xī dōu gěi nín biāo chū lái le

我把一些重要的信息都给您<u>标出来</u>了。

yíng yè shí jiān

营业时间　n. business hours

Jiǔ diàn cān tīng zài zhōu rì de yíng yè shí jiān shì cóng zǎo shang shí diǎn dào xià wǔ

酒店餐厅在周日的<u>营业时间</u>是从早上十点到下午

sì diǎn

四点。

jĭng diǎn

景点 n. tourist attractions

Lún dūn yǒu hěn duō zhù míng de jĭng diǎn

伦敦有很多著名的景点。

Activity 6: Comprehension – please answer the following questions based on the above dialogue.

1   How is the weather in London for the next two days?
2   How many subway terminals are nearby?
3   How long does it take from the hotel to the British Museum?
4   What attractions are near the hotel?
5   What are the business hours of nearby supermarkets?

Key expression: suggesting local transportation

🔊 Listen to and memorize the following key expressions:

Cóng jiǔ diàn chū mén   zuǒ zhuǎn huò yòu zhuǎn   xiàng qián zǒu yuē   mĭ   jiù dào

1   从酒店出门，左转（或右转），向前走约3米，就到

gōng jiāo chē zhàn

公交车站。 Go out of the hotel, turn left (or right), go about 3 metres forward, and you will get to the bus stop.

Chéng zuò   lù chē   dào   zhàn xià

2   乘坐 xxx 路车，到xxx 站下。 Take the number xxx bus to xxx Station.

Rú guǒ nín xiǎng mǎi gèng xīn xiān yì xiē de   kě yǐ dào fù jìn de nóng chǎng qù mǎi

3   如果您想买更新鲜一些的，可以到附近的农场去买。

If you want to buy something fresher, you can go to a nearby farm.

Nín kě yǐ yǒu bù tóng xuǎn zé   zhǔ yào kàn nín de shí jiān hé jià wèi

4   您可以有不同选择，主要看您的时间和价位。 You have different options, mainly depending on time and price.

Zuì kuài de shì zuò xī sī luó kuài chē

5   最快的是坐希思罗快车。 The fastest way is to take the Heathrow Express.

Nín kě yǐ zài wǎng shàng chá kàn shí kè biǎo

6   您可以在网上查看时刻表。 You can view the timetables online.

Nín hái kě yǐ zuò dà bā　shí jiān hé jià gé zài xī sī luó kuài chē hé dì tiě jiān zhī jiān

7　您还可以坐大巴,时间和价格在希思罗快车和地铁之间。

> You could also take coach (or airport shuttle bus), journey time is longer than Heathrow Express but shorter than using Underground.
> It costs less than Heathrow Express but more expensive than Underground.

Wǒ jué de nín yào shi bù gǎn shí jiān de huà　cóng wǒ men jiǔ diàn zuò dì tiě qù jī

8　我觉得您要是不赶时间的话,从我们酒店坐地铁去机

chǎng bǐ jiào fāngbiàn

场比较方便。If you are not in a hurry, I believe that it's more convenient to take the subway from our hotel to the airport.

yǔ yīn

a 语音 Phonetics

biàn yīn biàn dú

1　辨音辨读 Read aloud the following words, paying specific attention to the accuracy of your pronunciation and tone:

zuǒ zhuǎn	yòu zhuǎn	gōng jiāo chē zhàn	xīn xiān	nóng chǎng
左转	右转	公交车站	新鲜	农场
xuǎn zé	shí jiān	jià wèi	dà bā	dì tiě
选择	时间	价位	大巴	地铁

lǎng dú

2 朗读 Read aloud the following phrases, paying specific attention to the fluency of your speech:

xiàng qián zǒu chéng　　　zuò　　lù chē　dào　　zhàn xià　zuì kuài de shì

向前走乘　　　坐 xxx 路车　到 xxx 站下　最快的是

chá kàn shí kè biǎo　　xī sī luó kuài chē　　yào shi bù gǎn shí jiān de huà

查看时刻表　希思罗快车　要是不赶时间的话

zhǔ yào kàn nín de shí jiān hé jià wèi　　kě yǐ zài wǎng shàng chá kàn shí kè biǎo

主要看您的时间和价位　　可以在网上查看时表

jù zi tì huàn liàn liàn xí
b 句子替换练习 Substitution exercises

Work in pairs, and complete the following dialogue by substituting the underlined part of the dialogue with the given words:

Qǐngwèn zěnme qù dà yīng bówùguǎn
1A 请问怎么去大英博物馆？

Cóng jiǔ diàn chū mén zuǒ zhuǎn jiù dào le
1B 从酒店出门，左转就到了。

Chéng zuò   lù chē dào   zhàn xià
乘坐 xxx 路车，到 xxx 站下

Nǐ kě yǐ zuò   dì dào   zhàn xià
你可以坐 xxx 地铁，到 xxx 站下

Cóng jiǔ diàn chū mén   xiàng qián zǒu yuē   mǐ
从酒店出门，向前走约300米

Qǐng wèn zěn me qù jī chǎng
2A 请问怎么去机场？

Nín kě yǐ yǒu bù tóng xuǎn zé zhǔ yào kàn nín de shí jiān hé jià wèi
2B 您可以有不同选择，主要看您的时间和价位。

Zuì kuài de shì zuò xī sī luó kuài chē
最快的是坐希思罗快车

Nín kě yǐ zuò dà bā   shí jiān hé jià gé zài xī sī luó kuài chē hé dì tiě zhī jiān
您可以坐大巴，时间和价格在希思罗快车和地铁之间

Wǒ jué de nín yào shi bù gǎn shí jiān de huà   cóng wǒ men jiǔ diàn zuò dì tiě qù jī
我觉得您要是不赶时间的话，从我们酒店坐地铁去机

       chǎng bǐ jiào fāng biàn
场比较方便

Situational dialogue 2 – providing suggestions on local food

duì huà　　　tí gòng běn dì tè sè chǎn pǐn de jiàn yì
对话2：提供本地特色产品的建议

yóukè　　xiàng fúwù rényuán xúnwèn Xiān sheng　　nínhǎo
游客：（向服务人员询问）先生，您好！
　　Qǐng wèn guì jiǔdiàn fùjìn yǒu gòuwùzhōngxīn ma　Huò zhě fù jìn nǎli lǐ huì yǒu jí
请问，贵酒店附近有购物中心吗？或者附近哪里会有集
　shì　Zài nǎli néng gòu mǎi dào běn dì de tè sè chǎn pǐn ne
市？在哪里能够买到本地的特色产品呢？

jiēdàiyuán　Nín hǎo Xiān sheng nín xūyào gòumǎi shénme zhǒnglèi de shāngpǐn　　Rú
接待员：您好！先生您需要购买什么种类的商品？如
　　guǒ shì yī fu bǎihuò de pǔtōng shāngpǐn kěyǐ dào gòuwùzhōngxīn　Cóng jiǔ diàn
果是衣服、百货的普通商品，可以到购物中心。从酒店
chū mén　zuǒzhuǎn　xiàng qián zǒu yuē mǐ　dào gōngjiāo chēzhàn　chéngzuò lù chē
出门，左转，向前走约10米，到公交车站，乘坐路车，
dào　　　zhàn xià　nàli jiù yǒu bǐjiào dà de gòuwùzhōngxīn
到xxx站下，那里就有比较大的购物中心。

jiēdàiyuán　Rú guǒ nín yào gòu mǎi shí pǐn　huòzhě běndì de nóngyè chǎnpǐn　jiànyì
接待员：如果您要购买食品，或者本地的农业产品，建议
　nín　kěyǐ dào chāoshì gòumǎi　cóng jiǔdiàn chūmén　zuǒzhuǎn　bù xíng sān bǎi mǐ
您：可以到超市购买，从酒店出门，左转，步行三百米，
jiù yǒu yìjiā búcuò de chāoshì　gèzhǒng shípǐn bǐjiào qíquán
就有一家不错的超市；各种食品比较齐全。

yóukè　Qǐng wèn　zài nǎli kěyǐ mǎi dào xīnxiān de shuǐguǒ
游客：请问，在哪里可以买到新鲜的水果？

jiēdàiyuán Nín yào gòu mǎi shuǐ guǒ shūcài zhīlèi de chǎnpǐn chāo shìlǐ jiù yǒu Rú
接待员：您要购买水果、蔬菜之类的产品，超市里就有。如

guǒ nín xiǎng mǎi gèng xīn xiān yì xiē de kěyǐ dào fùjìn de nóngchǎng qù mǎi
果您想买更新鲜一些的，可以到附近的农场去买；

nóngchǎng lǐ dōu yǒu yí gè zì chǎn pǐn shāng diàn nàlǐ huì yǒu gāng cǎizhāi
农场里都有一个'自产品商店'，那里会有刚采摘

xiàlái de shuǐguǒ shūcài kǒugǎn bǐjiào hǎo
下来的水果、蔬菜，口感比较好。

jiēdàiyuán Měi zhōu liùhuì zài dìfāng yǒu gè zì mào chǎn pǐn de jíshì
接待员：每周六，会在 xxx(地方)，有个'自贸产品'的集市，

nín yě kěyǐ chōu shíjiān qù kànkan
您也可以抽时间去看看。

yóukè Xiè xiè Zì mào chǎn pǐn de jíshì zài nǎlǐ Zěnme qù
游客：谢谢！'自贸产品'的集市，在哪里？怎么去？

jiēdàiyuán Xū yào zuò lù gōngjiāo qìchē cóng jiǔdiàn ménkǒu zuǒcè lùpáng
接待员： 需要坐 xx 路公交汽车，从酒店门口左侧、路旁

chéngzuòchéng zhàn
乘坐，乘 xxx 站。

jiēdàiyuán Lìng wàijiànyì nín qǐng zhùyì chákàn dàolù zuǒcè de gōngjiāo
接待员：另外，建议您，请注意查看道路左侧的公交

chēzhàn túshì pái yīngguó guīdìngchē liàng rén yuán yào kào dào lù zuǒ cè zǒu
车站图示牌，英国规定，车辆、人员要靠道路左侧走。

🔊 **New words**

fùjìn
附近 adj. nearby
Jiǔ diàn fù jìn yǒu yì jiā hěn dà de gòu wù zhōng xīn
酒店<u>附近</u>有一家很大的购物中心。

gòuwùzhōngxīn
购物中心 n. shopping centre
Zhōu mò wǒ tè bié xǐ huan qù gòu wù zhōng xīn mǎi dōng xī
周末我特别喜欢去<u>购物中心</u>买东西。

jíshì

集市 n. market

Jí shì shàng yǒu hěn duō shuǐ guǒ hé shū cài

<u>集市</u>上有很多水果和蔬菜。

běndì

本地 adj. local

Wǒ hěn xǐ huan pǐn cháng běn dì xiǎo chī

我很喜欢品尝<u>本地</u>小吃。

tè sè

特色 n. characteristic

Zhè jiā jiǔ diàn hěn yǒu tè sè

这家酒店很有<u>特色</u>。

chǎn pǐn

产品 n. product

Nín kě yǐ wèi wǒ tuī jiàn yì xiē chǎn pǐn ma

您可以为我推荐一些<u>产品</u>吗？

gòumǎi

购买 v. to buy; to purchase

Wǒ xiǎng gòu mǎi yì xiē shuǐ guǒ dài huí jiǔ diàn

我想<u>购买</u>一些水果带回酒店。

zhǒnglèi

种类 n. Variety

Bǎi huò zhōng xīn de wù pǐn zhǒng lèi hěn fēng fù

百货中心的物品<u>种类</u>很丰富。

nóngyè

农业 n. agriculture

Chāo shì lǐ yǒu hěn duō nóng yè chǎn pǐn

超市里有很多<u>农业</u>产品。

pǔtōng

普通 adj. ordinary

Pǔ tōng chāo shì dōu kě yǐ mǎi dào zhè zhǒng shuǐ guǒ
普通超市都可以买到这种水果。

xīnxiān
新鲜 adj. fresh
Jīn tiān de yú tè bié xīn xiān
今天的鱼特别新鲜。

shūcài
蔬菜 n. vegetables
Měi tiān chī shū cài duì shēn tǐ hǎo
每天吃蔬菜对身体好。

nóngchǎng
农场 n. farm
Nóng chǎng lí wǒ jiā hěn yuǎn
农场离我家很远。

cǎizhāi
采摘 v. to pick (fruit/flowers)
Wǒ xiǎng qù nóng chǎng cǎi zhāi yì xiē shuǐ guǒ
我想去农场采摘一些水果。

kǒugǎn
口感 n. taste
Nóng chǎng de shuǐguǒ kǒugǎn xiān měi
农场的水果口感鲜美。

chōu shíjiān
抽时间 v. to make time
Wǒ xiǎng chōu shíjiān qù gòu wù zhōng xīn zhuàn zhuan
我想抽时间去购物中心转转。

zuǒcè
左侧 n. left side
Dà tīng zuǒ cè jiù shì xǐ shǒu jiān
大厅左侧就是洗手间。

chákàn

查看 v. to check

Wǒ xū yào chákàn yíxia nín de hùzhào

我需要<u>查看</u>一下您的护照。

túshì pái

图示牌 n. icon card

Měi gè rù kǒu chù dōu yǒu yí gè túshì pái

每个入口处都有一个<u>图示牌</u>。

guīdìng

规定 n. regulation

Jiǔ diàn yǒu guīdìng　rùzhù qián bìxū dēngjì

酒店有<u>规定</u>，入住前必须登记。

kào

靠 pref. by, alongside

Kào diàn tī yòu bian jiù shì wǒ de fáng jiān

<u>靠</u>电梯右边就是我的房间。

Activity 7: comprehension – answer the following questions.

1　Where can a customer buy clothes?
2　Where can a customer buy food or local produce?
3　Where can a customer buy fresh fruit?
4　How can a customer get to the free trade product market?
5　What traffic precautions does the receptionist give to tourists?

Situational dialogue 3 – receptionist giving directions

duì huà　　　qián tái xiàng kè ren miáo shù dì diǎn
对话3：前台向客人描述地点

kè ren　　Nǐ hǎo　qǐng wèn zěn me qù xī sī luó jī chǎng bǐ jiào fāng biàn
客人：你好，请问怎么去希思罗机场比较方便？

qián tái　Nín hǎo　　nín kěyǐ yǒu bùtóng xuǎnzé　　zhǔyào kàn nín de shíjiān hé jià wèi
前台：您好，您可以有不同选择，主要看您的时间和价位。

Zuì kuài de shì zuò xī sī luó kuàichē　yīngwén jiào　　　　　　　　xī sī luó kuài
最快的是坐希思罗快车，英文叫 Heathrow Express (希思罗快

xiàn　　Zhè zhǐ yǒu zài　　　　　pà dīng dùn huǒ chē zhàn cái néng chéng zuò　shí
线）。这只有在 Paddington(帕丁顿)火车站才能乘坐，　十

wǔ fēn zhōng jiù zhí dá jī chǎng　Wǎng fǎn piào sān shí qī bàng　dān chéng de huà èr
五分钟就直达机场。　往返票三十七镑，　单程的话二

shí wǔ bàng　Nín kě yǐ zài wǎng shàng chá kàn shí kè biǎo chēpiào dehuà wǎng
十五镑。您可以在网上查看时刻表，　车票的话在网

shàng huò zài huǒchēzhàn　　shènzhì shàngchē le yě kěyǐ xiàn gòu　　dàn jiàgé huì guì
上或在火车站、甚至上车了也可以现购，但价格会贵

yìxiē　　Hái yǒu jiù shì zuò dì tiě　shì lán xiàn　　　　　　pí kǎ dí lì xiàn
一些。还有就是坐地铁，是蓝线，Piccadilly Line (皮卡迪利线)，

yě shì zhídá jīchǎng　　dàn xūyào yí gèduōxiǎoshí de chēchéng Jià gé de huà xiāngduì
也是直达机场，但需要一个多小时的车程。价格的话相 对

pián yi yì xiē　　　wǎngfǎn búhuì chāoguò shí bàng èr　　dānchéng dàgài sānwǔ
便宜一些，　往返不会超过十镑二，　单程大概三、五

bàng　Rú guǒ nín méi yǒu lún dūn de jiāo tōng kǎ　kěyǐ yòng xiànjīn gòumǎi huì shāo
镑。如果您没有伦敦的交通卡，可以用现金购买，会稍

guì yī、liǎng bàng Dāng rán nín hái kěyǐ zuò dà bā　shíjiān hé jià gé zài xī sī luó
贵一两镑。当然，您还可以坐大巴，时间和价格在希思罗

kuài chē hé dì tiě zhī jiān
快车和地铁之间。

kè ren　Míng bái le
客人：明白了。

qián tái　Wǒ jué de nín yào shi bù gǎn shí jiān de huà cóng wǒmen jiǔdiàn zuò dìtiě qù
前台：我觉得您要是不赶时间的话，从我们酒店坐地铁去

jīchǎng bǐjiào fāngbiàn Jiǔ diàn fù jìn de dì tiě zhàn jiù yǒu lán xiàn Nín shì xū yào qù
机场比较方便。酒店附近的地铁站就有蓝线。您是需要去

jǐ hào háng zhàn lóu
几号航站楼？

kè ren Wǔ hào
客人：五号。

qián tái　Nín xū yào zài xī sī luó　yī　èr　sān zhàn tái xià chē　rán hòu nín
前台：您需要在希思罗 T 一／二／三站台下车，　然后您

huàn chéng jī chǎng zhuān mén de kuài guǐ zài wǔ zhàn xià chē jiù kě yǐ le
换乘机场专门的快轨在 T 五站下车就可以了。

kè ren　Hǎo de　xiè xie nǐ de jiàn yì
客人：好的，谢谢你的建议。

🔊 *New words*

zhàn tái
站台 n. platform
Qǐng qù nà biān zhàn tái hòu chē
请去那边站台候车。

Yuǎn ma　Jìn ma
远 吗？　近 吗？　Is it far away? Is it nearby?
Jiǔ diàn lí huǒ chē zhàn yuǎn ma Jiǔ diàn lí jī chǎng jìn ma
酒店离火车站远吗？　酒店离机场近吗？

hěn jìn
很近 adj. very close; nearby
Jī chǎng lí jiǔ diàn hěn jìn
机场离酒店很近。

bǐjiào jìn

比较近 adj. quite near

Huǒ chē zhàn lí jiǔ diàn bǐ jiào jìn

火车站离酒店比较近。

bú tài yuǎn

不太远 adj. not very far

Gòu wù zhōng xīn lí jiǔ diàn bú tài yuǎn

购物中心离酒店不太远。

yǒudiǎn yuǎn

有点远 adj. somewhat far

Huǒ chē zhàn lí jī chǎng yǒu diǎn yuǎn

火车站离机场有点远。

hěn yuǎn

很远 adj. very far

Gòu wù zhōng xīn lí jīchǎng hěn yuǎn

购物中心离机场很远。

jià wèi

价位 n. price

Zhè ge jià wèi fēi cháng hé shì　nín kěyǐ kǎolǜ yíxia

这个价位非常合适，您可以考虑一下。

zhídá

直达 v. to directly arrive

Zhè ge qì chē zhàn yǒu zhí dá xī sī luó jī chǎng de dà bā

这个汽车站有直达希思罗机场的大巴。

wǎngfǎn

往返 adj. round trip

Nín kě yǐ zài huǒ chē zhàn zhàn zhí jiē gòu mǎi wǎng fǎn piào

您可以在火车站直接购买往返票。

dānchéng

单程 adj. one way

Qù bā sī de dān chéng piào jià wéi èr shí wǔ bàng

去巴斯的单程票价为二十五镑。

shíkèbiǎo

时刻表　n. timetable (typically for transportation)

Jiǔ diàn qián qián tái yǒu huǒ chē shí kè biǎo

酒店前台有火车<u>时刻表</u>。

chēchéng

车程　n. drive

Cóng Lún dūn dào　　　　huǒchēzhàn xūyào liǎngxiǎoshí de chēchéng

从伦敦到Paddington火车站需要两小时的<u>车程</u>。

gǎn shíjiān

赶时间　v. to hurry

Rú guǒ nín gǎn shí jiān de huà　wǒmen jiǔdiàn kěyǐ bāng nín yùyuē jiào chē fúwù

如果您<u>赶时间</u>的话，我们酒店可以帮您预约叫车服务。

huàn chéng

换乘　v. to transfer (public transport)

Chū dì tiě zhàn hòu　nín xū yào huàn chéng jī chǎng bā shì

出地铁站后，您需要<u>换乘</u>机场巴士。

Activity 8: speaking – introduce a local transportation option according to the under-lined words in Chinese. The request is from Hyde Park to St Paul's Church by subway.

kè ren　Nín hǎo qǐngwèn qù guójiā měishùguǎn zuì biànlì de lùxiàn shì shénme　Zěn

客人：您好，请问去国家美术馆最便利的路线是什么？怎

me zǒu

么走？

qián tái　Nín gǎn shíjiān ma　Rú guǒ shí jiān jǐn zhāng jiù chéng zuò dì tiě　rú guǒ nín

前台：您赶时间吗？<u>如果时间紧张就乘坐地铁</u>，如果您

de shíjiān hěn chōng zú　nà wǒ jiàn yì nín chéng gōng jiāo qù　shùn biàn kàn kan lù shang

的时间很充足，那我建议您乘公交去，顺便看看路上

de fēng jǐng

的风景。

kè ren　Nà wǒ jiù zuò gōng jiāo chē ba
客人：那我就坐公交车吧。

qián tái　Nín yǒu Lún dūn de jiāo tōng kǎ ma
前台：您有伦敦的交通卡吗？

kè ren　Yǒu de
客人：有的。

qián tái　Nín kěyǐ zài　　　　　　　　chéng zuò yī qī liù lù gōngjiāo　ránhòu zài
前台：您可以在 Savoy Street，Stop U 乘坐一七六路 公交，然后在

tèláfǎjiāguǎngchǎng zhàn xiàchē　guójiā měishùguǎn jiù zài pángbiān　Chē chéng
特拉法加广场站下车，国家美术馆就在旁边。　车程

dàgài shì bànxiǎoshí　Nín hái kě yǐ zài tè lá fǎ jiā guǎng chǎng zhuàn zhuan　fēi
大概是半小时。您还可以在特拉法加广场转转，　　非

cháng rè nao
常热闹。

kè ren　Tài gǎn xiè nǐ le
客人：太感谢你了。

qián tái　Xiān sheng bú yòng kè qi　nín zài chūfā qián zuìhǎo zài shǒujī shàng xiàzǎi
前台：先生不用客气，　您在出发前最好在手机上下载

gǔ gē dì tú　nín kě yǐ yòng lái chá xún xiàn lù hé gōng jiāo shí kè biǎo　xī wàng
谷歌地图，您可以用来查询线路和公交时刻表，　希望

duì nín yǒu bāng zhù
对您有帮助。

kè ren　Hǎo de　xiè xie nǐ de jiàn yì
客人：好的，谢谢你的建议。

Activity 9: speaking – use the following structure to describe how to get to the nearest scenic spot.

Zuì jìn de jǐng diǎn shì　　tā zài　　nǎ gè dì tiě zhàn fù jìn　dì zhǐ　Nín kěyǐ
最近的景点是 ___，它在 ____（哪个地铁站附近/地址）。您可以

cóng zhèlǐ chūmén zuǒzhuǎn yòuzhuǎn　zhí zǒu　mǐ bù xíng　fēn zhōng Rán
从这里出门，左转／右转／___直走 ___米／步行 ___分钟。然

hòu zuò　xiàn dào　zhàn cóng　kǒu chū lái
后坐 ___线，到 ___站，从 ___口出来。

Activity 10: speaking – describe how to get to Heathrow Terminal 3 by taking the subway, starting from a nearby station.

Key expression: suggesting places to visit

🔊 Listen to and memorize the following key expressions:

Zhè shì nín dì yī cì lái Yīng guó ma

1 这是您第一次来英国吗？ Is this your first time in the UK?

Nín tí dào de nà jǐ gè dì fāng dōu hěn zhí dé qù kàn kan

2 您提到的那几个地方都很值得去看看。The places you mentioned are worth checking out.

Wǒ gè rén jué de Bā sī hěn zhí dé qù　　　tèbiéshì nín yàoshi xǐhuan pào wēnquán

3 我个人觉得巴斯很值得去，特别是您要是喜欢泡温泉
dehuà
的话。I personally think it is worth to go to bath, especially if you like to enjoy hot springs.

Rú guǒ nín xǐ huan Yīng guó wén xué　Jiǎn　Àosītīng de gùjū yě zài nà lǐ

4 如果您喜欢英国文学，简•奥斯汀的故居也在那里。
If you like English literature, Jane Austen's former home is also there, which you may want to visit.

Wǒ men jiǔ diàn yǒu zhuān mén de lǚ xíng fú wù zī xún

5 我们酒店有专门的旅行服务咨询。Our hotel specializes in travel service consultation.

Nín ruò shì gǎn xìng qù　kěyǐ　qù wǒmen jiǔdiàn xiàshǔ de lǚxíngshè zīxún yí

6 您若是感兴趣，可以去我们酒店下属的旅行社咨询一
xia　jiù zài dàtáng de zuǒshǒubiān
下，就在大堂的左手边。If you are interested, go to our hotel's travel

agency for consultation, which is on the left-hand side of the lobby.

yǔ yīn
a 语音 Phonetics

biàn yīn biàn dú

1 **辨音辨读** Read aloud the following words, paying specific attention to the accuracy of your pronunciation and tone:

Yīng guó　　Bā sī　　pào wēnquán　　Yīng guó wén xué

英国　　巴斯　　泡温泉　　英国文学

gùjū　　xiàshǔ　　dàtáng

故居　　下属　　大堂

lǎng dú

2 朗读 Read aloud the following phrases, paying specific attention to the fluency of your speech:

hěn zhí dé qù kàn kan

很值得去看看

lǚ xíng fú wù zī xún

旅行服务咨询

wǒ gè rén jué de

我个人觉得

nín ruò shì gǎn xìng qù

您若是感兴趣

wǒmen jiǔdiàn xiàshǔ de lǚxíngshè

我们酒店下属的旅行社

jù zi tì huàn liàn xí

b 句子替换练习 Substitution exercises

Work in pairs, and complete the following dialogue by substituting the underlined part of the dialogue with the given words:

Yīngguó Bā sī hǎowán ma

1A 英国巴斯好玩吗？

Wǒ gè rén jué de Bā sī hěn zhí dé qù　tèbiéshì nín yàoshi xǐhuan pào wēnquán

1B 我个人觉得巴斯很值得去，特别是您要是喜欢泡温泉

dehuà

的话。

Rú guǒ nín xǐ huan Yīng guó wén xué　Jiǎn　Àosītīng de gùjū yě zài nà lǐ

如果您喜欢英国文学，简·奥斯汀的故居也在那里

Hěn hǎo wán　tí dào de nà jǐ gè dì fāng dōu hěn zhí dé qù kàn kan

很好玩，提到的那几个地方都很值得去看看

Wǒ xiǎng liǎo jiě yí xià Yīng guó lǚ xíng

2A 我想了解一下英国旅行？

Zhè shì nín dì yī cì lái Yīng guó ma

2B 这是您第一次来英国吗？

Wǒmen jiǔ diàn yǒu zhuān mén de lǚ xíng fú wù zī xún

我们酒店有专门的旅行服务咨询

Nín ruò shì gǎn xìng qù　kěyǐ qù wǒmen jiǔdiàn xiàshǔ de lǚxíngshè zīxún yí xia
您若是感兴趣，可以去我们酒店下属的旅行社咨询一下，
jiù zài dàtáng de zuǒshǒubiān
就在大堂的左手边

Situational dialogue 4 – suggesting places to visit

duì huà　　 tí gòng lǚ xíng jiàn yì
对话 4：提供旅行建议

qián tái　　 Zhè shì nín dì yī cì lái Yīng guó ma　　 Zhǔ yào shì xiǎng zài Lún dūn wán wan
前台：这是您第一次来英国吗？　主要是想在伦敦玩玩
háishì　yǒuyì qù Yīngguó qítā dìfāng zhuànzhuan
还是，有意去英国其他地方转转？

客人：是第一次来，除了伦敦也准备去其他地方看一下。听说这里去牛津，布莱顿或者巴斯都很方便是吗？

前台：是的，从伦敦走坐火车或大巴都很方便。您提到的那几个地方都很值得去看看。每个地方都不太一样。我个人觉得巴斯很值得去，特别是您要是喜欢泡温泉的话。这是英国唯一有天然温泉、露天温泉的场所，而且历史悠久，保留了两千年前的古罗马浴场 的遗迹，所以对喜欢历史的人来说也是很有意思的地方。如果您喜欢英国文学，简·奥斯丁的故居也在那里。

客人：不错，不错。

前台：我们酒店有专门的旅行服务咨询，主要有些一日游，也有去湖区或者苏格兰的行程。您若是感兴趣，可以去我们酒店下属的旅行社咨询一下，就在大堂的左手边。

客人：太好了。谢谢。

◀) New words

cān guān

参观 v. to visit

Wǒ xiǎng cān guān Bái jīn hàn gōng

我想参观白金汉宫。

yóulǎn
游览 v. to tour around
Wǒ xiǎng yóulǎn gǔluómǎ yùchǎng yíjì
我想游览古罗马浴场遗迹。

zhuàn zhuan
转 转 v. to walk around
Nǐ xiǎng qù Gé lín wēi zhì gōng yuán zhuàn zhuan zhuan ma
你想去格林威治公园转转吗?

chúle hái
除了…还 conj. except
Chú le Wēn shāwǒ hái xiǎng qù Niú jīn
除了温莎,我还想去牛津。

zhí dé
值得 v. to deserve
Zhè cì lǚ xíng shí fēn zhí dé
这旅行十分值得。

gè rén
个人 adj. personal
Wǒ gèrén de yìjiàn shì chéngzuò huǒchē qù
我个人的意见是乘坐火车去。

pào wēn quán
泡温泉 v. to stay in hot springs
Pào wēn quán yǒu zhù yú huǎn jiě yā lì
泡温泉有助于缓解压力。

Jiǎn Ào sī dīng
简·奥斯丁 n. Jane Austen
Jiǎn Ào sī dīng shì yí wèi fēi cháng yǒu míng de nǚ zuò jiā
简·奥斯丁是一位非常有名的女作家。

gù jū
故居 n. former residence

Wǒ men jīn tiān shàng wǔ jiāng huì qù Shā shì bǐ yà de gù jū cān guān
我们今天上午将会去士比亚的<u>故居</u>参观。

wéi yī
唯一 adj. only
Tiān é jiǔ diàn shì xiǎo zhèn shàng wéi yī yì suǒ jiǔ diàn
天鹅酒店是小镇<u>上唯一</u>一所酒店。

jǐngsè
景色 n. view
Qiū tiān de hú qū jǐng sè fēi cháng měi
秋天的湖区<u>景色</u>非常美。

xíngchéng
行程 n. stroke
Zhè shì wǒ men jīn tiān de xíng chéng ān pái nín kěyǐ tíqián kànkan
这是我们今天的<u>行程</u>安排，　您可以提前看看。

zīxún
咨询 v. to consult; to seek advice
Wǒ xiǎng zīxún yíxià mǎi huǒchēpiào de shìqing
我想<u>咨询</u>一下买火车票的事情。

xiàshǔ
下属 n. subordinate
Jiǔ diàn xià shǔ de lǚ xíng shè jià gé fēi cháng shí huì
酒店<u>下属</u>的旅行社价格非常实惠。

tiānrán
天然 adj. nature
Zhè shì yí gè tiān rán yán dòng yǒu fēicháng yōujiǔ de lìshǐ
这是一个<u>天然</u>岩洞，有非常悠久的历史。

bǎoliú
保留 v. to reserve
Kǎn tè bó léi dà jiào táng bǎo liú le xǔ duō Ōu zhōu zhōng shì jì de yì shù pǐn
坎特伯雷大教堂<u>保留</u>了许多欧洲中世纪的艺术品。

yùchǎng

浴场　n. bath

Nín xiǎng jìn gǔ luó mǎ yù chǎng lǐ cān guān ma

您想进古罗马浴场里参观吗？

yíjì

遗迹 n. remains

Yīng guó jù shí zhèn shì yí chù shén mì de yí jì

英国巨石阵是一处神秘的遗迹。

gēn jù nín de qíng kuàng wǒ jiàn yì nín kě yǐ

根据您的情况，我建议您可以 xxx。According to your situation,
　I suggest that you xxx.

Gēn jù nín de qíng kuàng　wǒ jiàn yì nín kě yǐ xuǎn zé míng tiān zǎo chén bā diǎn

根据您的情况，我建议您可以选择明天早晨八点
chū fā

出发。

Activity 11: comprehension – complete the following dialogue.

Wǒ zhōu mò xiǎng zài Lún dūn fù jìn zhuàn zhuan　nín néng gěi wǒ tuījiàn yí gè yǒuqù

A: 我周末想在伦敦附近转转，　您能给我推荐一个有趣
de jǐngdiǎn ma

的景点吗？

nín kěyǐ kàndào fēicháng zhùmíng de běnchūzǐwǔxiàn fēicháng shìhé

B: ＿＿＿＿＿＿，您可以看到非常著名的本初子午线，非常适合
pāizhào liúniàn

拍照留念。

Xū yào mén piào ma

A: 需要门票吗？

Piào jià shì bàng　　　　　　huòshì xiàn gòu

B: 票价是 15 镑，＿＿＿＿＿＿或是现购。

Fù jìn hái yǒu qí tā kě yǐ cān guān de dì fāng ma
A: 附近还有其他可以参观的地方吗？

Gé lín wēi zhì gōngyuán fēicháng piàoliang　 zhōumò yǒu hěnduōrén
B: _____，格威治公园非常漂亮，周末有很多人。

◀))

Activity 12: interactive listening – imagine that you are a receptionist, listen to what the guest says on the audio, and respond accordingly.

CAT 9: Politeness in making requests

There are many ways to make requests in Chinese. The most formal way is to use '请'. Please note that the position of 请 is always at the beginning of a sentence in Chinese. Alternatively, it is also common to use the question form to make a request, such as 可以 ... 吗？ This is much more common with friends, colleagues, and people you know in general. Finally, one can also add '一下' after the verb to make the request more polite if the request involves the other person's carrying out that particular action. See the following examples:

Qǐng nín gēn wǒ lái
1　请您跟我来。Please follow.

Qǐng zuò yí xia
2　请坐一下。Please have a seat.

Qǐng hēchá
3　请喝茶。Please have some tea.

Wǒ kě yǐ kàn yí xia fáng jiān ma
4　我可以看一下房间吗？ Could you show me the room?

Wǒ kě yǐ tí zǎo rù zhù ma
5　我可以提早入住吗？ Can I check in earlier?

Qǐng nín jièshào yíxia jiǔdiàn de shè shī　 hǎo ma
6　请您介绍一下酒店的设施，好吗？ Could you introduce the facilities in our hotel?

Experiential exercise

If you have not done so before, now is the time to make your first vlog to promote your local area to Chinese tourists. Produce a short video of ten minutes about your local area that might interest Chinese tourists.

Revision

- Practise the key expressions and new words you have learnt in this lesson
- Invent imaginary host situations, and try to describe nearby surroundings and local transportations you can explain to guests, or create situational dialogues of your own
- Try to include as many polite expressions and as much new vocabulary as possible in your conversation

Lesson 10 提供城市及活动信息
What is going on now

Learning objectives

By the end of this lesson, you will be able to:

* Provide information about activities in the city
* Make recommendations and suggestions
* Use appropriate vocabulary to explain different cultural activities and festivals

Warm-up

What are the common activities your city can offer? Do you know how to say them in Chinese?

◀))

Activity 1: pronunciation – listen to and repeat after the recording, paying attention to the pronunciation.

chéng shì huó dòng
城市活动   *activities around the city*

yīn yuè jù
音乐剧   musical

gē jù
歌剧   opera

diàn yǐng
电影   movie

shí zhuāng zhōu
时装周   fashion week

huà zhǎn
画展   painting exhibition

yì shù zhǎn
艺术展   art exhibition

lù tiān yīn yuè huì
露天音乐会   open-air concert

yǎn chàng huì
演唱会   concert

zhǔ yào jié rì
主要节日   *major festivals*

shèng dàn jié
圣诞节   Christmas

fù huó jié
复活节   Easter

wàn shèng jié
万圣节   Halloween

qíng rén jié
情人节   Valentine's Day

kuáng huān jié
狂欢节   Carnival

chūn jié

春节   Spring festival

zhōng qiū jié

中秋节   Mid-autumn festival

duān wǔ jié

端午节   Dragon Boat festival

Activity 2: speaking – after you hear the English word on the recording, say the equivalent word for it in Chinese, paying attention to your tone. You will hear the standard pronunciation after your attempt.

Activity 3: vocabulary – working in pairs, student A picks a word in Chinese from the list and says it out loud; student B listens and translates it back into English; and then they change roles.

Activity 4: vocabulary – match each following English word with its Chinese equivalent.

			zhōng qiū jié
1	Christmas	A	中秋节
			shèng dàn jié
2	Mid-autumn festival	B	圣诞节
			chūn jié
3	Valentine's Day	C	春节
			wàn shèng jié
4	Easter	D	万圣节
			qíng rén jié
5	Spring festival	E	情人节
			fù huó jié
6	Halloween	F	复活节

Activity 5: speaking – look at the following pictures. Use the words you have learnt, in order to describe the pictures. Then write the correct word for each picture, to improve your memory.

1

2

3

4

5

Key expression: introducing local activities

🔊 Listen to and memorize the following key expressions:

Jìn qī yǒu hěn duō yīn yuè jù   xīn diàn yǐng shàng yìng

1 近期有很多音乐剧/新电影上映。

Many musicals/new movies have been released recently.

Shāo děng wǒ zài wǎng zhàn shàng bāng nín chá xún

2 稍等我在网站上帮您查询。

Please wait a minute. I will help you search on the website.

Xià zhōu sān wǎn shang qī diǎn yǒu gē jù mèi yǐng   xià zhōuwǔ

3 下周三晚上七点有歌剧魅影,下周五

wǎnshangliùdiǎnbàn huì shàngyǎn bēicǎn shìjiè

晚上六点半会上演悲惨世界。

The *Phantom of the Opera* will be shown at 7:00 p.m. next Wednesday, and *Les Misérables* will be staged at 6:30 p.m. next Friday.

Wǒ wèi nín tuī jiàn yí gè dìng piào wǎng zhàn ba

4 我为您推荐一个订票网站吧。

I will recommend a booking website for you.

Nín kě yǐ xià zǎi gǔ gē dì tú de   shàng mian yǒu jù tǐ de xiàn

5 您可以下载谷歌地图的APP,上面有具体的线

lù   fāng biàn nín chá yuè

路,方便您查阅。

You can download the Google Maps app, which has specific lines for your convenience.

Jiàn yì nín tí qián chá hǎo tiān qì qíng kuàng

6 建议您提前查好天气情况。

Please check the weather conditions in advance.

Zhù nín wán de kāi xīn

7 祝您玩得开心。

Have fun.

yǔ yīn

a 语音 Phonetics

biàn yīn biàn dú

1 辨音辨读 Read aloud the following words, paying specific attention to the accuracy of your pronunciation and tone:

jìn qī	shàng yìng	gē jù mèi yǐng	bēicǎn shìjiè	xià zǎi	xiàn lù
近期	上映	歌剧魅影	悲惨世界	下载	线路

lǎng dú

2 朗读 Read aloud the following phrases, paying specific attention to the fluency of your speech:

bāng nín chá xún　wèi nín tuī jiàn　nín kě yǐ xià zǎi　fāng biàn nín chá yuè

帮您查询　为您推荐　您可以下载　方便您查阅

jù zi tì huàn liàn xí

b 句子替换练习　Substitution exercises

Work in pairs, and complete the following dialogue by substituting the underlined part of the dialogue with the given words:

Zuì jìn yǒu shén me xīn jù ma

1A 最近有什么新剧吗？

Xià zhōu sān wǎn shang qī diǎn yǒu gē jù mèi yǐng　xià zhōuwǔ

1B <u>下周三晚上七点有歌剧魅影，下周五</u>

wǎnshangliùdiǎnbàn huì shàngyǎn bēicǎn shìjiè

<u>晚上六点半会上演悲惨世界。</u>

Shāo děng wǒ zài wǎng zhàn shàng bāng nín chá xún

稍等我在网站上帮您查询

Yǒu de　jìn qī yǒu hěn duō xīn yīn yuè jù shàng yìng

有的，近期有很多新音乐剧上映。

Wǒ xiǎng liǎo jiě yí xia rú hé dìng piào

2A 我想了解一下如何定票？

Hǎo de   nín xiǎng dìng nǎ gè gē jù de piào
2B 好的,您想订哪个歌剧的票?

Wǒ men jiǔ diàn yǒu zhuān mén de dìng piào fú wù zī xún jiù zài dàtáng de
我们酒店有专门的订票服务咨询,就在大堂的
zuǒshǒubiān
左手边
Wǒ wèi nín tuī jiàn yí gè dìng piào wǎng zhàn ba
我为您推荐一个订票网站吧。

Situational dialogue 1 – suggesting a musical

duì huà   tí gòng yīn yuè jù de jiàn yì
对话 1: 提供音乐剧的建议

Wáng xiān sheng Nín hǎo
王 先 生:您好!

jiē dài yuán Wáng xiān sheng nín hǎo   wǒ néng wéi nín zuò xiē shén me
接待员:王 先 生 您 好,我能为您做些什么?

Wáng xiān sheng　Wǒ tài tai xiǎng zài Lún dūn kàn yīn yuè jù　Lún dūn jìn qī yǒu méi

王　先　生：我太太想在伦敦看音乐剧，伦敦近期有没

yǒu yīn yuè jù yǎn chū　Nín néng tuī jiàn yí xia ma

有音乐剧演出？您能推荐一下吗？

jiē dài yuán　Jìn qī yǒu hěn duō yīn yuè jù shàng yǎn　nín fū rén xǐ huan shén me

接待员：近期有很多音乐剧上演，您夫人喜欢什么

tí cái de　Xī wàng zài shén me shí jiān guān kàn ne

题材的？希望在什么时间观看呢？

Wáng xiān sheng　Wǒ men jì huà zài xià zhōu sān huò zhě zhōu wǔ

王　先　生：我们计划在下周三或者周五。

jiē dài yuán　Hǎo de xiān sheng　shāo děng wǒ zài wǎngzhàn shàng bāng nín cháxún

接待员：好的先生，稍等我在网站上帮您查询。

jiē dài yuán　Xià zhōu sān wǎn shang qī diǎn yǒu gē jù mèi yǐng　xià zhōu wǔ wǎn

接待员：下周三晚上七点有歌剧魅影，下周五晚

shang liù diǎn bàn huì shàng yǎn bēi cǎn shì jiè

上六点半会上演悲惨世界。

Wáng xiān sheng　Hǎo de　wǒ huí qù hé tài tai shāng liáng yí xia

王　先　生：好的，我回去和太太商量一下。

jiē dài yuán　Méi wèn tí　xiān sheng　wǒ wèi nín tuījiàn yí gè

接待员：没问题，先生，我为您推荐一个

dìngpiào wǎngzhàn　　　　　　　nín kěyǐ zì xíng xuǎn zé jù mù hé

订票网站：Ticket master，您可以自行选择剧目和

rì qī　shàng mian yě yǒu xiáng xì de dì zhǐ

日期，上面也有详细的地址。

Wáng xiān sheng　Tài hǎo le　fēi cháng gǎn xiè

王　先　生：太好了，非常感谢！

🔊 *New words*

yīnyuè jù

音乐剧 n. musical

Wǒ zhōu mò yào dào xī qū kàn yīn yuè jù

我周末要到西区看<u>音乐剧</u>。

bēicǎn

悲惨 adj. tragic

Xiǎo shuō jiǎng shù le yí gè hěn bēi cǎn de gùshi

小说讲述了一个很<u>悲惨</u>的故事。

jùmù

剧目 n. repertoire

Nín xū yào liǎo jiě wǒ men de jù mù ma

您需要了解我们的<u>剧目</u>吗？

xiáng xì

详细 adj. detailed

Nín xū yào xiáng xì de shuō míng ma

您需要<u>详细</u>的说明吗？

Activity 6: comprehension – answer the following questions according to the preceding dialogue.

1   What does Mr Wang want?
2   When is Mr Wang planning to watch a musical?
3   What musical did the receptionist recommend?
4   Did Mr Wang book a ticket for the musical?
5   Why did the receptionist recommend Ticket Master to Mr Wang?

Activity 7: vocabulary – complete the following sentences by using the given words.

yǎn chū	guān kàn	jìnqī	tuījiàn
A 演出	B 观看	C 近期	D 推荐
dìngpiào	wǎngzhàn	shàng yǎn	jù mù
E 订票	F 网站	G 上演	H 剧目

Wáng xiān sheng xiǎng liǎo jiě　　Lúndūn yǒu　　nǎxiē yīnyuè jù
王先生想了解　　（　）伦敦有（　）哪些音乐剧,

yīnwéi tā de tài tai xǐhuan kàn yīnyuè jù　Tā qù qiántái wènxún
因为他的太太喜欢看音乐剧。他去前台问询,

xīwàng yǒu zhōu mòkě yǐ qù　　de　　Qián tái bāng tā chá kàn
希望有周末可以去（　）的（　）。前台帮他查看

le xìn xī　　le gējù mèi yǐng hé bēicǎn shìjiè de　　tā hái
了信息,（　）了歌剧魅影和悲惨世界的（　）,他还

gěi Wáng xiān sheng tuī jiàn le yí gè　　kě yǐ zì xíng chá kàn
给王先生推荐了一个　　（　）（　）,可以自行查看。

Situational dialogue 2 – information for a picnic

duì huà　　　　tí gòng qù yě cān de xìn xī
对话 2: 提供去野餐的信息

Lǐ nǚ shì　　Nín hǎo
李女士:您好!

jiē dài yuán　　Nǚ shì nín hǎo　hěngāoxìng wèi nín fúwù
接待员:女士您好,很高兴为您服务!

Lǐ nǚ shì　　Wǒ men jiǔ diàn fù jìn yǒu gōng yuán ma　　Tiān qì bú cuò
李女士:我们酒店附近有公园吗 ?天气不错,

wǒ xiǎng dài jiārén qù yěcān　Wǒ kàn dì tú shàng zhè biān yǒu yí gè
我想带家人去野餐。我看地图上这边有一个

gōng yuán　　bù zhī dào shì bú shì kě yǐ zǒu de dào
公园,不知道是不是可以走得到。

接待员：<ruby>好<rt>Hǎo</rt></ruby> <ruby>的<rt>de</rt></ruby> <ruby>女士<rt>nǚ shì</rt></ruby>，<ruby>我<rt>wǒ</rt></ruby> <ruby>看<rt>kàn</rt></ruby> <ruby>一下<rt>yí xia</rt></ruby>。<ruby>这是<rt>Zhè shì</rt></ruby> <ruby>海德公<rt>Hǎi dé gōng</rt></ruby>

<ruby>园<rt>yuán</rt></ruby>，<ruby>走路的话<rt>zǒu lù de huà</rt></ruby> <ruby>有点<rt>yǒu diǎn</rt></ruby> <ruby>远<rt>yuǎn</rt></ruby>，<ruby>您可以在<rt>nín kěyǐ zài</rt></ruby> Holborn <ruby>站<rt>chéng zuò</rt></ruby> <ruby>乘坐<rt></rt></ruby>

Central Line，<ruby>在<rt>zài</rt></ruby> <ruby>海德公<rt>Hǎidégōngyuán</rt></ruby> <ruby>园<rt></rt></ruby> <ruby>下车<rt>xiàchē</rt></ruby>，<ruby>您可以<rt>nín kě yǐ</rt></ruby> <ruby>下载<rt>xià zǎi</rt></ruby> <ruby>谷歌<rt>gǔ gē</rt></ruby>

<ruby>地图的<rt>dì tú de</rt></ruby>App，<ruby>上面<rt>shàng mian</rt></ruby> <ruby>有<rt>yǒu</rt></ruby> <ruby>具体的<rt>jù tǐ de</rt></ruby> <ruby>线路<rt>xiàn lù</rt></ruby>，<ruby>方便<rt>fāng biàn</rt></ruby> <ruby>您<rt>nín</rt></ruby> <ruby>查阅<rt>chá yuè</rt></ruby>。

李女士：<ruby>太好了<rt>Tài hǎo le</rt></ruby>，<ruby>谢谢<rt>xièxie</rt></ruby> <ruby>您的<rt>nín de</rt></ruby> <ruby>帮忙<rt>bāngmáng</rt></ruby>。

接待员：<ruby>不客气<rt>Bú kè qì</rt></ruby> <ruby>女士<rt>nǚ shì</rt></ruby>，<ruby>如果<rt>rú guǒ</rt></ruby> <ruby>您<rt>nín</rt></ruby> <ruby>需要<rt>xūyào</rt></ruby> <ruby>购买<rt>gòumǎi</rt></ruby> <ruby>食物<rt>shíwù</rt></ruby> <ruby>的话<rt>dehuà</rt></ruby>，

<ruby>可以<rt>kěyǐ</rt></ruby> <ruby>在<rt>zài</rt></ruby> <ruby>我们<rt>wǒmen</rt></ruby> <ruby>酒店<rt>jiǔdiàn</rt></ruby> <ruby>旁边<rt>pángbiān</rt></ruby> <ruby>的<rt>de</rt></ruby> Waitrose <ruby>超市<rt>chāo shì</rt></ruby> <ruby>购买<rt>gòumǎi</rt></ruby>。<ruby>伦<rt>Lún</rt></ruby>

<ruby>敦<rt>dūn</rt></ruby> <ruby>天气<rt>tiān qì</rt></ruby> <ruby>多变<rt>duō biàn</rt></ruby>，<ruby>最好<rt>zuì hǎo</rt></ruby> <ruby>提前<rt>tíqián</rt></ruby> <ruby>查好<rt>chá hǎo</rt></ruby> <ruby>天气<rt>tiānqì</rt></ruby>，<ruby>祝<rt>zhù</rt></ruby> <ruby>你们<rt>nǐ men</rt></ruby> <ruby>玩得<rt>wán de</rt></ruby> <ruby>开心<rt>kāixīn</rt></ruby>。

🔊 ***New words***

<ruby>野餐<rt>yě cān</rt></ruby> n. picnic

<ruby>我想和朋友一起去野餐<rt>Wǒ xiǎng hé péng you yì qǐ qù yě cān</rt></ruby>。

<ruby>下载<rt>xià zǎi</rt></ruby> v. to download

<ruby>您可以用手机下载一个软件<rt>Nín kě yǐ yòng shǒu jī xià zǎi yí gè ruǎn jiàn</rt></ruby>。

Activity 8: comprehension – answer the following questions according to the preceding dialogue.

1   Are there any parks near the hotel?
2   Why does Ms Li want to go to the park?
3   Can customers walk to Hyde Park?
4   How can one get to Hyde Park easily?
5   Where is it easy to buy food?

Activity 9: vocabulary – complete the following sentences by using the given words.

	yěcān		dì tú		dìtiě		xiànlù
A	野餐	B	地图	C	地铁	D	线路
	gòumǎi		duō biàn		fùjìn		jiàn yì
E	购买	F	多变	G	附近	H	建议

Lǐ nǔ shì xiǎng liǎo jiě jiǔ diàn   yǒumeiyǒu gōngyuán   yīnwéi tiānqì búcuò
李女士想了解酒店 （ ）有没有公园,因为天气不错,

xiǎng dài jiārén   Tā chákàn   fāxiàn le yígè gōngyuán zài fùjìn   bù
想带家人（ ）。她查看（ ），发现了一个公园在附近, 不

zhīdào néngbunéng zǒu de dào   Jiē dài yuán zhī dào nà ge gōng yuán shì hǎi dé
知道能不能走得到。接待员知道那个公园是海德

gōng yuán rènwéi zǒulù yǒudiǎn yuǎn chéng zuò   qù gōng yuán zuì hǎo
公园,认为走路有点远,乘坐 （ ）去公园最好。

Tā tuījiàn le gǔ gē dìtú   yīnwéi shàngmian yǒu jùtǐ de   Rú guǒ Lǐ nǔ shì
她推荐了谷歌地图,因为上面有具体的 （ ）。如果李女士

yào   shípǐn dehuà   kěyǐ qù   chāo shì gòumǎi Lún dūn tiān
要（ ）食品的话,可以去 Waitrose 超市购买 。伦敦天

qì   jiē dài yuán   yào tí qián chá hǎo tiān qì
气（ ）, 接待员 （ ）要提前查好天气。

Key expression: describing a local activity

🔊 Listen to and memorize the following key expressions:

Zhè lǐ yǒu fēng fù duō cǎi de wén yì huó dòng děng zhe nín lái cān yù

1 这里有丰富多彩的文艺活动等着您来参与。
Here are a variety of cultural activities for you to participate in.

Rén men kěyǐ yìbiān xīnshǎng yīnyuè yìbiān xiǎngshòu měishí

2 人们可以一边欣赏音乐,一边享受美食。
People can enjoy music while enjoying food.

3
yí dǐng zhàng péng　jǐ píng píjiǔ　měiwèi de bīngqílín hé kěkǒu de shuǐguǒ
一顶帐篷,几瓶啤酒,美味的冰淇淋和可口的水果,
yīngyǒujìnyǒu
应有尽有。
You will find everything a tent, beer, ice cream and fruit.

4
Dāng tiān de hǎo tiān qì lìng zài chǎng gē mí quán dōu xīng fèn bù yǐ
当天的好天气令在场歌迷全都兴奋不已。
The day's wonderful weather made all the fans super excited.

5
Shè jì shī de jié chū zuò pǐn jiāng huì yǐ zhǎn lǎn de xíng shì zhǎn xiàn gěi guān zhòng
设计师的杰出作品将会以展览的形式展现给观众。
The excellent work of the designers will be presented to the audience in the form of exhibitions.

6
Lún dūn shì cháo liú chuàng yì fā yuán dì zhī yī
伦敦是潮流创意发源地之一。
London is one of the birthplaces of creative industries.

7
Wú lùn shì zài xíng táishàng　háishì zài chéng zhōng de zhùmíng
无论是在T型台上,还是在城中的名
cāntīng　jiǔbā　yèzǒnghuì huòshì dàjiē shàng　zhěnggè
餐厅、酒吧、夜总会或是大街上,整个
chéngshì dōu zài jìnxíng jīngcǎi de fúzhuāng zhǎnshì
城市都在进行精彩的服装展示。
Regardless of whether it is on the fashion show stages, in famous restaurants, bars, and clubs of the city, or even on the streets, the whole city presents a wonderful fashion show.

8
Zài zhòngduō de jūnzhuāng zhōng　pí cǎo wàitào tuōyǐngérchū
在众多的军装中,Cruella De Vil皮草外套脱颖而出,
kěài de tài dí xióng wàitào bódé le shèjìshī de qīnglài
可爱的泰迪熊外套博得了设计师的青睐。
Among many military outfits, the leather jacket by Curella De Vil stood out, and the cute teddy bear outfit won the favour of many designers.

9
Tā men xī yǐn zhe guó jì shí shàng biān jí hé míng rén de mù guāng
它们吸引着国际时尚编辑和名人的目光。
They attracted the attention of international fashion editors and celebrities.

Yīng guó xīn yí dài de shè jì shī qún tǐ yě zhèng zài bú duàn

10　英国新一代的设计师群体也正在不断

zhuàng dà　zài shíshàng jiè zhàn jù le　huǒrè de xīn jiāodiǎn　　de dìwèi

壮大，在时尚界占据了'火热的新焦点'的地位。

The new generation of British designers continue to grow and enjoy the status of the hot new focus of the fashion world.

yǔ yīn

a　语音 Phonetics

biàn yīn biàn dú

1　辨音辨读　Read aloud the following words, paying specific attention to the accuracy of your pronunciation and tone:

zhàng péng	píjiǔ	bīngqílín	shuǐguǒ	gē mí	Shè jì shī
帐篷	啤酒	冰淇淋	水果	歌迷	设计师

jié chū	zhǎn lǎn	guān zhòng	fā yuán dì	jiǔbā	yèzǒnghuì
杰出	展览	观众	发源地	酒吧	夜总会

jūnzhuāng	shíshàng jiè	jiāodiǎn
军装	时尚界	焦点

lǎng dú

2　朗读　Read aloud the following phrases, paying specific attention to the fluency of your speech:

fēng fù duō cǎi de wén yì huó dòng	děng zhe nín lái cān yù	xīnshǎng yīnyuè
丰富多彩的文艺活动	等着您来参与	欣赏音乐

xiǎngshòu měishí	cháo liú chuàng yì	bódé le shèjìshī de qīnglài
享受美食	潮流创意	博得了设计师的青睐

guó jì shí shàng	biān jí míng rén de mù guāng
国际时尚	编辑名人的目光

b 句子替换练习 **Substitution exercises**

jù zi tì huàn liàn xí

Work in pairs, and complete the following dialogue by substituting the underlined part of the dialogue with the given words:

Yīn yuè jié zěn me yàng

1A 音乐节怎么样？

Zhè lǐ yǒu fēng fù duō cǎi de wén yì huó dòng děng zhe nín lái cān yù

1B <u>这里有丰富多彩的文艺活动等着您来参与。</u>

Rén men kěyǐ yìbiān xīnshǎng yīnyuè　yìbiān xiǎngshòu měishí

人们可以一边欣赏音乐，一边享受美食

Dāng tiān de hǎo tiān qì lìng zài chǎng gē mí quán dōu xīng fèn bù yǐ

当天的好天气令在场歌迷全都兴奋不已

Zhàng péng　pí　jiǔ　měiwèi de bīngqílín hé kěkǒu de shuǐguǒ　yīngyǒujìnyǒu

帐篷、啤酒、美味的冰淇淋和可口的水果，应有尽有

Gěi wǒ jiǎng jiǎng Lúndūn de shíshàng ba

2A 给我讲讲伦敦的时尚吧。

Lún dūn shì cháo liú chuàng yì fā yuán dì zhī yī

2B <u>伦敦是潮流创意发源地之一。</u>

Lúndūn měinián dōu jǔ xíng Lún dūn shí zhuāng zhōu

伦敦每年都举行伦敦时装周

Tā xī yǐn zhe guó jì shí shàng biān jí hé míng rén de mù guāng

它吸引着国际时尚编辑和名人的目光

Yīng guó xīn yí dài de shè jì shī qún tǐ yě zhèng zài bú duàn zhuàng dà　zài shíshàng

英国新一代的设计师群体也正在不断壮大，在时尚

jiè zhàn jù le　huǒrè de xīn jiāodiǎn de　dìwèi

界占据了'火热的新焦点'的地位

Text – London outdoor music festival

duǎn wén　Lún dūn lù tiān yīn yuè jié
短文：伦敦露天音乐节

Lún dūn shì yí gè yǒng yuǎn bú huì lìng rén gǎn dào yàn juàn de chéng shì
伦敦是一个永远不会令人感到厌倦的城市，

zhèlǐ yǒu fēngfùduōcǎi de wényì huódòng děng zhe nǐ lái cānyù　Wǔyuèhòu Lúndūn de
这里有丰富多彩的文艺活动等着你来参与。五月后，伦敦的

lùtiān yīnyuèhuì jiù duō le qǐlái　　cóng Xībānyá wǔqǔ　yīnyuè jù　dào xùyǎng
露天音乐会就多了起来，从西班牙舞曲，音乐剧，到蓄养

jīngshén de juéshì　cóng gōngyuán dào gōngdiàn　zài dào lǎo shìzhèngtīng de
精神的爵士，从公园到宫殿，再到老市政厅的

hòuyuàn　yǒngbù tíngxiē　Měi nián zài Lún dūn hǎi dé gōng yuán jǔ xíng de lù tiān yě
后院，永不停歇。每年在伦敦海德公园举行的露天野

cān yīn yuè huì　shì Yīngguórén xiàjì kuánghuān de kāishǐ　rénmen kěyǐ yìbiān
餐音乐会，是英国人夏季狂欢的开始，人们可以一边

xīnshǎng yīnyuè　yìbiān xiǎngshòu měishí　suǒyǐ cái jiào yěcān yīnyuèhuì　Yí dǐng
欣赏音乐，一边享受美食，所以才叫野餐乐会。一顶

zhàng péng　jǐ píng píjiǔ　měiwèi de bīngqílín hé kěkǒu de shuǐguǒ
帐篷，几瓶啤酒，美味的冰淇淋和可口的水果，

yīngyǒujìnyǒu　Zài jiāshang liúxíngyīnyuè jùxīng de jiāméng　shǐde zhèlǐ de
应有尽有。再加上流行音乐巨星的加盟，使得这里的

yīnyuèhuì gèngjiā jīngcǎifēnchéng　Gòng yǒu yuē liù wàn gē mí cānjiā le wǔ yuè èr
音乐会更加精彩纷呈。共有约六万歌迷参加了五月二

shí jiǔ rì zài Hǎi dé gōngyuán jǔbàn de yīnyuèhuì　dāngtiān de hǎo tiānqì lìng

十九日在海德公园举办的音乐会，当天的好天气令

zàichǎng gēmí quándōu xīngfèn bùyǐ　Lái zì Jiā ná dà de gē shǒu

在场歌迷全都兴奋不已。来自加拿大的歌手

dēngtái xiàn chàng shí　jiāng quánchǎng de qìfēn tuī xiàng le gāocháo

Celine Dion 登台献唱时，将全场的气氛推向了高潮。

🔊 *New words*

lùtiān

露天 adj. open-air

Wǒ hěn xǐ huan lù tiān yīn yuè huì

我很喜欢露天音乐会。

yànjuàn

厌倦 v. to get tired of

Wǒ yǐjīng yànjuàn le zhèzhǒng wúliáo de shēnghuó

我已经厌倦了这种无聊的生活。

fēngfùduōcǎi

丰富多彩 adj. rich and colourful

Lún dūn shì zhōng xīn yǒu fēng fù duō cǎi de yè shēng huó

伦敦市中心有丰富多彩的夜生活。

wǔqǔ

舞曲 n. dance music

Zhè zhī wǔ qǔ shí fēn huān kuài

这支舞曲十分欢快。

xùyǎng

蓄养 v. to stock; to reserve

Měi tiān wǔ shuì kě yǐ xù yǎng jīng shén

每天午睡可以蓄养精神。

juéshìyuè

爵士乐 n. jazz

Wǒ zuì xǐhuan tīng juéshìyuè

我最喜欢听<u>爵士乐</u>。

shìzhèngtīng

市政厅　n. town hall

Míng tiān shàng wǔ wǒ men jiāng yóu lǎn màn chè sī tè shì zhèng tīng

明天上午我们将游览曼彻斯特<u>市政厅</u>。

tíngxiē

停歇 v. to stop

Xià le yì tiān de bào yǔ hái wèi tíng xiē

下了一天的暴雨还未<u>停歇</u>。

kuánghuān

狂欢　v. to revel

Rén men zài guǎng chǎng shàng huān kuáng

人们在广场上<u>狂欢</u>。

zhàngpeng

帐篷　n. tent

Zhè ge zhàngpeng yǒu fáng shuǐ de xiào guǒ

这个<u>帐篷</u>有防水的效果。

bīngqílín

冰淇淋 n. ice cream

Zhè ge wèidào de bīngqílín hěn hǎochī

这个味道的<u>冰淇淋</u>很好吃。

jiāméng

加盟 v. to join

Gǎn xiè Wáng zǒng jiāméng wǒ men de xiàng mù

感谢王总<u>加盟</u>我们的项目。

jīngcǎifēnchéng

精彩纷呈 adj. wonderful

Jīn wǎn de yǎn chū zhēn shì jīng cǎi fēn chéng

今晚的演出真是<u>精彩纷呈</u>。

gāocháo

高潮 n. climax

Zhè zhī wǔdǎo shì jīnwǎn jiémù de gāocháo

这支舞蹈是今晚节目的<u>高潮</u>。

Activity 10: comprehension – according to the preceding dialogue, determine whether each following sentence is true or false.

1   London is a city that will never be boring, and there are a variety of cultural activities for you to participate in.
2   After April, there will be more open-air concerts in London.
3   An annual open-air picnic concert in London Hyde Park marks the start of the British summer carnival.
4   About 40,000 fans attended a concert in Hyde Park on 29 May.
5   Canadian singer Celine Dion sang on stage, bringing the atmosphere of the audience to a climax.

Activity 11: speaking – use the following expressions and sentence structure to describe the city you live in.

shì yí gè   de chéngshì zhèlǐ yǒu   děng zhe nǐ lái

………是一个………的城市，这里有……等着你来

cānyù cóng   dào   cóng   dào   zài dào   huó dòng

参与。从……到……，从……到……，再到……，活动

fēngfùduōcǎi yǒngbù tíngxiē měinián zài   jǔxíng

丰富多彩、永不停歇。每年在……举行……，

rénmen kěyǐ yìbiān   yìbiān   suǒyǐ cái jiào

人们可以一边……，一边……，所以才叫………

lìng   quándōu xīngfèn bùyǐ

令………全都兴奋不已。

Text – London Fashion Week

duǎn wén　　Lúndūn shízhuāng zhōu

短文：伦敦时装周

Měi nián jiǔ yuè chāo guò wǔ shí wèi yǐn lǐng cháo liú de shè jì shī

每年九月超过五十位引领潮流的设计师

jiāng zài Lún dūn jǔ xíng tā men de shí zhuāng xiù　qí tā shèjìshī de

将在伦敦举行他们的时装秀，其他设计师的

jiéchū zuòpǐn jiāng huì yǐ zhǎnlǎn de xíngshì zhǎnxiàn gěi

杰出作品将会以展览的形式展现给

guānzhòng　Shí zhuāng zhōu qī jiān　zhèxiē shízhuāng shèji tiāncái

观众。时装周期间，这些时装设计天才

jiāng jūzhù zài zìrán lìshǐ bówùguǎn de tèzhì zhàngpeng huòqítā

将居住在自然历史博物馆的特质帐篷或其他

róngyì jīfā línggǎn de dìfāng　Měigè jì dù　　shèjìshīdōu huìqí

容易激发灵感的地方。每个季度，设计师都会齐

jù Lúndūn de gèdì xiàng zhuānyè méitǐ hé mǎijiā zhǎnshì zìjǐ de zuòpǐn

聚伦敦的各地，向专业媒体和买家展示自己的作品。

Lún dūn shì cháo liú chuàng yì fā yuán dì zhī yī　Zài zhè lǐ

伦敦是潮流创意发源地之一。在这里，

cáihuáhéngyì de shèjìshī dédào jìnqíng fāhuī　　fánróng xīngshèng

才华横溢的设计师得到尽情发挥，繁荣兴盛

de fúzhuāngshèjì yè yě déyǐ dànshēng　Wú lùn shì zài xíng

的服装设计业也得以诞生。无论是在 T 型台上，还是在城中的著名餐厅、酒吧、夜总会或是大街上，整个城市都在进行精彩的服装展示。有现代嬉皮士造型，有可爱外套的造型，例如在众多的军装中，Cruella De Vil 皮草外套和裁剪精致的皮革脱颖而出，可爱的泰迪熊外套博得了设计师的青睐。Marios Schwab 的设计采用了高级的史泰福泰迪熊羊毛。温馨的外套有蔓延开来的趋势。伦敦时装周期间，英国著名配饰设计师 Anya Hindmarch 将在奢华的英国国宴厅举办一场连续三天的展览。令人称叹的鲁本斯的油画天花板下，被仿制成云彩形状的巨型豆袋可供互动。从时装发布到艺术装置，伦敦从未让文艺和设计界的人失望，这里始终都是一场视觉的盛宴。从趋势来看，这一季的伦敦时装周仍旧呈现了充满创意的多彩设计，但也较以往增添了许多向

shìchǎng kàolǒng de jiǎnjié huà hé jǐnshèn shèjì　Yīng guó de shí
市场靠拢的简洁化和谨慎设计。英国的时

shàng zhī dū shì quē shǎo xiàng zài Niǔ yuē　　Mǐ lán hé Bālí nàlǐ de
尚之都是缺少像在纽约、米兰和巴黎那里的

dàliàng hé zhīmíng de míngxīng lìliàng de　dànshì tā yě yōngyǒu
大量和知名的明星力量的，但是它也拥有

xiǎngyù shìjiè de jīngdiǎn pǐnpái　bǐrú
享誉世界的经典品牌，比如　Burberry、Pringleof

　　　　hé　　　　　　　tāmen xīyǐn zhe guójì shíshàng
Scotland 和　Matthew Williamson，它们吸引着国际时尚

biānjí hé míngrén de mùguāng　Ér zài shì shí shàng　Lúndūn
编辑和名人的目光。而在事实上，伦敦

zhēnzhèng de shíshàng lìliàng yě zhèngshì láiyuányú yì pī xiānfēng
真正的时尚力量也正是来源于一批先锋

de chuàngyì pǐnpái　Yīng guó xīn yí dài de shè jì shī qún tǐ yě zhèng
的创意品牌。英国新一代的设计师群体也正

zài bú duàn zhuàng dà　zài shíshàng jiè zhàn jù le　huǒrè de xīn
在不断壮大，在时尚界占据了'火热的新

jiāodiǎn　de dìwèi　　　　　　　　　　　　　　　hé
焦点'的地位。Emilio Dela, Morena, Mary Katrantzou 和

　　　　　jiù shì zhè ge duì wǔ zhōng tuō yǐng ér chū de jiǎo jiǎo zhě
Mark Fast 就是这个队伍中脱颖而出的佼佼者。

🔊 **New words**

cháoliú
潮流 n. trend (fashion)
Nián qīng rén xǐ huan zhuī suí shí shàng cháo liú
年轻人喜欢追随时尚潮流。

yǐnlǐng
引领 v. to lead
Bā lí yǐn lǐng zhe shí shàng cháo liú
巴黎引领着时尚潮流。

línggǎn

灵感 n. inspiration

Xiě zuò shì xū yào líng gǎn de

写作是需要<u>灵感</u>的。

chuàngyì

创意 adj. creative

Nǐ de shè jì chōng mǎn le chuàng yì

你的设计充满了<u>创意</u>。

fāyuándì

发源地 n. place of origin

Yīng guó shì jìn dài xiǎo shuō de fā yuán dì

英国是近代小说的<u>发源地</u>。

cáihuáhéngyì

才华横溢 adj. talented

Zhè lǐ bì yè de shè jì shī gè gè cái huá héng yì

这里毕业的设计师个个<u>才华横溢</u>。

xīpíshì

嬉皮士 n. hippie

Tā zhè shēn xī pí shì zào xíng fēi cháng kù

他这身<u>嬉皮士</u>造型非常酷。

tuōyǐngérchū

脱颖而出 adj. excellent

Tā yōuxiù de bìyè chéngjì zài zhòngrén zhōng tuōyǐngérchū

他优秀的毕业成绩在众人中<u>脱颖而出</u>。

shēhuá

奢华 adj. luxurious

Zhè jiā jiǔ diàn de bù zhì zhēn de tài shē huá le

这家酒店的布置真的太<u>奢华</u>了。

wēnxīn

温馨 adj. warm; cosy

Jiǔ diàn xī wàng gěi kè ren yíng zào yí gè wēn xīn de huán jìng

酒店希望给客人营造一个温馨的环境。

guóyàn

国宴 n. state banquet

Míng tiān nǚ wáng jiāng zài Wēn shā chéng bǎo lǐ jǔ xíng guó yàn

明天女王将在温莎城堡里举行国宴。

hùdòng

互动 adj. interactive

Jiào shòu xī wàng duō hé xué shēng hù dòng

教授希望多和学生互动。

shīwàng

失望 adj. disappointed

Wǒ duì nǐ men de fú wù tài du gǎn dào shī wàng

我对你们的服务态度感到失望。

qūshì

趋势 n. trend; tendency (e.g. a situational development trend)

Àn zhào zhè ge qū shì　wǒmen yīnggāi jiādà chéngběn tóurù

按照这个趋势，我们应该加大成本投入。

kàolǒng

靠拢 v. to move towards the centre; to move closer

Suǒ yǒu rén dōu xiàng zhōng jiān kào lǒng

所有人都向中间靠拢。

jiǎnjiè

简介 n. introduction

Qǐng yuè dú yí xià jiǔ diàn fú wù de jiǎn jiè

请阅读一下酒店服务的简介。

jǐnshèn

谨慎 adj. cautious

Duì dài wèn tí yīng gāi xiǎo xīn jǐn shèn

对 待 问 题 应 该 小 心 谨 慎。

biān jí

编辑 v. to edit

Wǒ xiǎng zài zhè ge wén běn shàng jìn xíng biān jí

我 想 在 这 个 文 本 上 进 行 编 辑。

xiānfēng

先锋 n. pioneer

Gōng sī guǎn lǐ rén yuán yīng gāi qǐ xiān fēng de zuò yòng

公 司 管 理 人 员 应 该 起 先 锋 的 作 用。

jiāodiǎn

焦点 n. focus

Tā lì kè chéng wéi rén qún zhōng de jiāo diǎn

他 立 刻 成 为 人 群 中 的 焦 点。

jiǎojiǎozhě

佼佼者 n. leader

shì yuángōng zhōng de jiǎojiǎozhě

Sam 是 员 工 中 的 佼 佼 者。

Activity 12: comprehension – answer the following questions according to the preceding dialogue.

1   When is the London Fashion Week?
2   What is the trend of London Fashion Week this season?
3   What is the real fashion power of London? Please give some examples.
4   Where does Anya Hindmarch hold exhibitions?
5   What are the world-renowned brands in the UK?

Activity 13: grammar – rearrange the following words into grammatically correct sentences.

hěnduō　Lúndūn　lùtiān　jùxīng　liúxíng　yǒu　jiāméng　yīnyuèjié

1　很多/伦敦/露天/巨星/流行/有/加盟/音乐节。

jiéchū　yìshùguǎn　chuàngzào　lǐ　fēicháng　yǒu　de

2　杰出/艺术馆/ 创造 /里/非常/有/的。

pǐnpái　shèjìshī　wǒ　xiānfēng　xīnshǎng　shí fēn　de

3　品牌/设计师/我/ 先锋 / 欣赏 /十分/的。

shízhuāng zhōu　shèngyàn　de　yì chǎng　Lúndūn　shì　shì jué

4　时 装 周 / 盛 宴 /的/一场 /伦敦/是/视觉。

xiǎng yù　jīng diǎn　yǒu　wǒ men　shì jiè　de　shāng diàn lǐ　pǐn pái

5　享 誉 /经 典 /有/我们 /世界/的/ 商店里 /品牌。

Activity 14: listening – first listen to and complete the following statements, and then determine whether you can form your own sentences with the given structures.

Rén men kě yǐ yì biān　　　　　　yìbiān

1　人们可以一边＿＿＿＿＿＿，一边＿＿＿＿。

lìng　　　quándōu xīngfèn bùyǐ

2　＿＿＿＿令＿＿＿＿ 全都兴奋不已。

jiāng huì yǐ　　　　de xíngshì zhǎnxiàn gěi guānzhòng

3　＿＿＿＿将会以＿＿＿＿的 形 式 展 现 给 观 众。

shì　　　fāyuándì　zhīyī

4　＿＿＿＿是＿＿＿＿ 发源地之一。

Wú lùn shì　　　háishì　　　huòshì

5　无论是＿＿＿＿，还是＿＿＿＿或是＿＿＿，

dōu

＿＿＿＿都＿＿＿＿。

Zài　　　zhōng　　　tuōyǐngérchū

6　在＿＿＿＿ 中 ，＿＿＿＿脱颖而出。

xīyǐn zhe　　　de mùguāng

7　＿＿＿＿吸引着＿＿＿＿的 目光。

zài　　　zhàn jù le　　　de dìwèi

8　＿＿＿＿在＿＿＿＿占据了＿＿＿＿的 地位。

◀))

Activity 15: interactive listening – imagine that you are a receptionist, listen to what the guest says on the audio, and respond accordingly.

CAT 10: Traditional Chinese festivals and their customs

Festival Name	Date	Customs
Chinese New Year	1st–15th of the first lunar month	pasting scrolls, the character 'fu', and paper cut-out pictures, setting off firecrackers and fireworks, paying New Year visits, and eating jiaozi
Lantern Festival	15th day of the 1st lunar month	watching lanterns and fireworks, guessing lantern riddles, performing folk dances, and eating yuanxiao
Qingming Festival	4 or 5 April of the solar calendar	tomb sweeping, spring outings, and flying kites
Dragon Boat Festival	5th day of the 5th lunar month	dragon boat racing, eating zongzi, wearing a perfume pouch and tying five-colour silk thread, and hanging mugwort leaves and calamus
Double Seventh Festival	7th day of 7th lunar month	praying for skilful hands, appreciating the stars, and eating noodles, jiaozi, and wontons
Mid-autumn Festival	15th day of the 8th lunar month	appreciating and offering sacrifice to the moonlight and eating moon cakes
Double Ninth Festival	9th day of the 9th lunar month	eating Chong-yang cake, drinking chrysanthemum wine, climbing mountains, and appreciating beautiful chrysanthemums
Winter Solstice	21, 22, or 23 December in solar calendar	having dumplings in northern areas and having sticky pudding in southern areas
Laba Festival	8th day of the 12th lunar month	eating La-ba rice porridge

Source: https://www.travelchinaguide.com/essential/holidays/

Experiential exercise

Continue with your vlog in Chinese, and make a ten-minute video to describe and explain the major events that take place in your city or country. Also, develop an event calendar that highlights what is going on every month in your local area.

Revision

- Practise the key expressions and new words you have learnt in this lesson
- Invent imaginary host situations, and try to describe the local activities in your city/ town to your guests, or create situational dialogues of your own
- Try to include as many polite expressions and as much new vocabulary as possible in your conversation

Lesson 11 旅行购物
Touristic shopping

Learning objectives

By the end of this lesson, you will be able to:

- Describe areas and places for shopping
- Point out where to buy necessities
- Advise customers about local prices

Warm-up

What kind of shopping advice can you give to your guests? What are the local specialities?

◀))

Activity 1: pronunciation – listen to and repeat after the recording, paying attention to the pronunciation.

Hā luó dé bǎihuògōngsī
哈罗德百货公司　　　　　Harrods

Hā wéi　ní kè sī
哈维·尼克斯　　　　　Harvey Nichols

Sàiěrfúlǐqí　　bǎihuò
赛尔福里奇百货　　　　　Selfridges

Mǎ shā bǎihuò
玛莎百货　　　　　Marks and Spencer

Bāngdéjiē
邦德街　　　　　Bond Street

Niú jīn jiē
牛津街　　　　　Oxford Street

Wéisīfēiěrdé　gòuwùzhōngxīn
韦斯菲尔德　购物中心　　Westfield Shopping Centre

zhuānmàidiàn
LV 专卖店　　　　　LV shops

gōngchǎng diàn
Burberry 工厂店　　　　　Burberry factory shop

Kǎ mǔ dēng jíshì
卡姆登集市　　　　　Camden market

Activity 2: speaking – after you hear the English word on the recording, say the equivalent word for it in Chinese, paying attention to tone. You will hear the standard pronunciation after your attempt.

Activity 3: vocabulary – working in pairs, student A picks a word in Chinese from the list and says it out loud; student B listens and translates it back into English; and then they change roles.

Activity 4: vocabulary – match each following Chinese word with its English equivalent.

Niú jīn jiē
1 牛津街   A   LV shops

　　　gōngchǎng diàn
2 Burberry 工厂店   B   Oxford Street

　　zhuānmàidiàn
3 Lv 专卖店   C   Camden market

　Hā luó dé bǎihuògōngsī
4 哈罗德百货公司   D   Marks and Spencer

　　Kǎ mǔ dēng jíshì
5 卡姆登集市   E   Bond Street

　　Mǎ shā bǎihuò
6 玛莎百货   F   Burberry factory shop

　　Bāngdé jiē
7 邦德街   G   Harrods

Activity 5: speaking – look at the following pictures. Use the words you have learnt, in order to describe the pictures. Then write the correct word for each picture, to improve your memory.

1

2

3

4

5

Key expression: talking about shopping

🔊 Listen to and memorize the following key expressions:

Nín hǎo　zuì jìn de shāng yè jiē shì Niú jīn jiē　nà lǐ yǒu hěn duō gòu wù

1 您好,最近的商业街是牛津街,那里有很多购物

shāng chǎng

商 场 。Hello, the closest commercial street is Oxford Street, where there are many shopping malls.

Shēng huó yòng pǐn kě yǐ zài fù jìn de biàn lì diàn huò zhě chāo shì mǎi

2 生活用品可以在附近的便利店或者超市买。
Daily necessities can be bought at nearby convenience stores or supermarkets.

Chú le zhōu rì　chāoshì dōushì wǎn shang shí diǎn bàn guānmén

3 除了周日,超市都是晚上十点半关门。
Except Sunday, the supermarket is closed at 10:30 p.m.

Bǎi huò shāng diàn de yíng yè shí jiān yì bān shì zhōu yī dào zhōu liù　cóng

4 百货商店的营业时间一般是周一到周六,从

Zǎo shàng shí diǎn dào wǎnshang bā diǎn　zhōurì cóng zhōngwǔ shí èr diǎn dào

早 上 十 点 到 晚 上 八 点,周日从中午十二点到

xiàwǔ liù diǎn

下午六点。　Department stores are generally open from Monday to Saturday, from 10:00 a.m. to 8:00 p.m. and on Sunday from 12:00 p.m. to 6:00 p.m.

Qǐng wèn shì sòng nán shì hái shì nǚ shì ne

5 请问是送男士还是女士呢？　Is it for men or women?

Nín xǐ huan Sū gé lán de yáng róng zhì pǐn ma

6 您喜欢苏格兰的羊绒制品吗？　Do you like Scottish cashmere products?

Sū gé lán yǐ tè yǒu de yángróng wéijīn zhù míng

7 苏格兰以特有的羊绒围巾著名。　Scotland is famous for its unique cashmere scarf.

Yīng guó de hóng chá　qiǎo kè lì hé wēi shì jì dōu hěn shòu huānyíng　　Yīngguó

8 英国的红茶,巧克力和威士忌都很受欢迎。英国

yǒumíng de liǎng dà hóngchá pǐnpái shì　　　　　hé

有名的两大红茶品牌是Twining's 和 Whittard。British black tea, chocolate, and whiskey are all popular. The two famous black tea brands in the UK are Twining's and Whittard.

yǒu chāo guò yì bǎi wǔ shí nián de lì shǐ   shì Yīngguó jiā yù hù xiǎo de

9 Boots 有超过一百五十年的历史，是英国家喻户晓的

měiróng jí hù fū yàofáng pǐnpái

美容及护肤药房品牌。   Boots has a history of more than 150 years and
is a well-known beauty and skin care pharmacy brand in the UK.

Qí zhōng měi zhuāng yòng pǐn zuì chū míng de shì jīng měi de xiāng zào   mù yù qiú

10 其中美妆用品最出名的是精美的香皂、沐浴球。

Among them, the most famous cosmetics are exquisite soaps and bath balls.

yǔ yīn

a 语音 Phonetics

biàn yīn biàn dú

1   辨音辨读 Read aloud the following words, paying specific attention to the accu-
racy of your pronunciation and tone:

Niú jīn jiē	gòu wù	shāng chǎng	Shēng huó yòng pǐn	biàn lì diàn
牛津街	购物	商场	生活用品	便利店

chāo shì	Bǎi huò shāng diàn	Sū gé lán	yáng róng zhì pǐn	hóng chá
超市	百货商店	苏格兰	羊绒制品	红茶

qiǎokèlì	wēishìjì	měiróng	hùfū	měi zhuāng yòng pǐn
巧克力	威士忌	美容	护肤	美妆用品

xiāng zào	mù yù qiú
香皂	沐浴球

lǎng dú

2   朗读 Read aloud the following phrases, paying specific attention to the fluency of
your speech:

yíng yè shíjiān	yì bān shì zhōu yī dào zhōu liù	yǐ tèyǒu de yángróng wéijīn zhù míng
营业时间	一般是周一到周六	以特有的羊绒围巾著名

jiāyùhùxiǎo de pǐnpái	hěn shòu huānyíng	zuì chūmíng de shì
家喻户晓的品牌	很受欢迎	最出名的是

jù zi tì huàn liàn xí
b 句子替换练习 Substitution exercises

Work in pairs, and complete the following dialogue by substituting the underlined part of the dialogue with the given words:

Zài Yīng guó kě yǐ mǎi shén me jì niàn pǐn ne
1A 在英国可以买什么纪念品呢？

Nín xǐ huan Sū gé lán de yáng róng zhì pǐn ma
1B 您喜欢苏格兰的羊绒制品吗？

Qǐng wèn shì sòng nán shì hái shì nǚ shì ne
请问是送男士还是女士呢

Yīng guó de hóng chá　qiǎo kè lì hé wēishìjì dōu hěn shòu huānyíng
英国的红茶，巧克力和威士忌都很受欢迎

Kě yǐ qù　　　mǎi　　　　yǒu chāo guò yì bǎi wǔ shí nián de lì shǐ
可以去 Boots 买，Boots 有超过一百五十年的历史，

shì Yīngguó jiā yù hù xiǎo de měiróng jí hùfū yàofáng pǐnpái
是英国家喻户晓的美容及护肤药房品牌

Mǎi dōng xī kě yǐ qù nǎ li mǎi
2A 买东西可以去哪里买？

Nín hǎo　zuì jìn de shāng yè jiē shì Niú jīn jiē　nà lǐ yǒu hěn duō gòu wù shāng chǎng
2B 您好，最近的商业街是牛津街，那里有很多购物商场。

Shēng huó yòng pǐn kě yǐ zài fù jìn de biàn lì diàn huò zhě chāo shì mǎi
生活用品可以在附近的便利店或者超市买

Nín kě yǐ qù bǎi huò shāng diàn mǎi　yíng yè shí jiān yì bān shì zhōu yī dào zhōu liù
您可以去百货商店买，营业时间一般是周一到周六，

cóng zǎo shàng shí diǎn dào wǎnshang bā diǎn　zhōurì cóng zhōngwǔ shí èr diǎn dào
从早上十点到晚上八点，周日从中午十二点到

xiàwǔ liù diǎn
下午六点

Situational dialogue 1 – where to go shopping

　　duì huà　　　kè ren xún wèn qù nǎ lǐ gòu wù
对 话1:客人询问去哪里购物

　　kè rén　　Nǐ hǎo　qǐng wèn fù jìn yǒu shén me gòu wù de dì fāng ma
客人:你好,请问附近有什么购物的地方吗?

　　qián tái　Nín hǎo　　zuì jìn de shāng yè jiē shì Niú jīn jiē　　nà lǐ yǒu hěn duō gòu wù shāng
前台:您好,最近的商业街是牛津街,那里有很多购物商
　　　　 chǎng　bǐ rú lǎo pái bǎi huò gōng sī　　　　　　　　　　yǐ jí　　　　　　děng
　　　　场,比如老牌百货公司 Selfridges, Debenhams, 以及John Lewis 等
　　　　děng
　　　　等。

　　kè ren　Hǎo de　xiè xie　qǐng wèn shēng huó yòng pǐn yì bān zài nǎ lǐ mǎi bǐ jiào
客人:好的,谢谢,请问生活用品一般在哪里买比较
　　　　 fāngbiàn
　　　　方便?

　　qiántái　Kě yǐ zài fù jìn de biàn lì diàn huò zhě chāo shì　　lì rú
前台:可以在附近的便利店或者超市,例如M&S, Co-op, Sainsbury。

kèren　Hǎo zhèbiān chāoshì jǐ diǎn guānmén ne　Xiàn zài jiǔ diǎn le　huìbúhuì tài

客人:好,这边超市几点关门呢？现在九点了,会不会太

　　　wǎn　Wǒ wàngjì dài hùfūpǐn le　chāoshì yīng gāi yǒu mài de ba

晚？我忘记带护肤品了,超市应该有卖的吧？

qiántái　Chú le zhōurì　chāoshì dōushì wǎn shang shí diǎn bàn guānmén　suǒyǐ nín

前台:除了周日,超市都是晚上十点半关门,所以您

　　　búyòng dānxīn　Dàn shì fù jìn de chāo shì dōu bǐ jiào xiǎo　kěnéng méiyǒu hùfūpǐn

不用担心。但是附近的超市都比较小,可能没有护肤品。

　　Bú guò lí zhè lǐ bù yuǎn de　　　diàn yǒu mài hù fū pǐn

不过离这里不远的Boots店有卖护肤品。

kè ren　Hǎo de　xiè xie

客人:好的,谢谢。

New words

shāngyè jiē
商业街 n. commercial street
Zhè shì zhè ge chéng shì wéi yī de yì tiáo shāngyè jiē
这是这个城市唯一的一条商业街。

gòuwù zhōng xīn
购物中心 n. shopping centre
Qǐngwèn fùjìn de gòuwù zhōng xīn zài nǎ lǐ
请问附近的购物中心在哪里？

shāngchǎng
商场 n. shopping mall
Shāngchǎng xīng qī tiānguānménhěnzǎo
商场星期天关门很早。

jì niàn pǐn shāng diàn
纪念品商店 n. souvenir shop
Niú jīn jiē yǒu hěn duō jì niàn pǐn shāng diàn
牛津街有很多纪念品商店。

biàn lì diàn

便利店 n. convenience store

Biàn lì diàn jì kě yǐ shuā kǎ yě kě yǐ fù xiàn jīn

便利店既可以刷卡也可以付现金。

shēnghuó yòngpǐn

生活用品 n. necessities

Chāo shì kě yǐ mǎi dào shēng huó yòng pǐn

超市可以买到生活用品。

bǎihuò gōngsī

百货公司 n. department store

Lún dūn yǒu hěn duō zhù míng de bǎi huò gōng sī

伦敦有很多著名的百货公司。

fāngbiàn

方便 adj. convenient

Zuò huǒchē qù Wēn shāhěn fāngbiàn

坐火车去温莎很方便。

Activity 6: comprehension – according to the preceding dialogue, determine whether each following sentence is true or false.

Zuì jìn de shāng yè jiē shì Bāng dé jiē

1   最近的商业街是邦德街。

Shēng huó yòng pǐn yì bān zài fù jìn de biàn lì diàn huò zhě chāo shì gòu mǎi   lì rú

2   生活用品一般在附近的便利店或者超市购买,例如 M&S, Co-op, Sainsbury。

Chāoshì měitiāndōu shì wǎnshang   diǎnbànguānmén

3   超市每天都是晚上 10点半关门。

Fù jìn de chāo shì dōu bǐ jiàoxiǎo   kěnéng méiyǒu hù fū pǐn

4   附近的超市都比较小,可能没有护肤品。

diàn méiyǒumài hù fū pǐn de

5   Boots店没有卖护肤品的。

Situational dialogue 2 – suggesting souvenirs

duìhuà　　　　kèren wèn xún cǎigòu jìniànpǐn
对话 2：客人问询采购纪念品

kèren　　Nǐ hǎo　wǒ xiǎng mǎi yìxiē jìniànpǐn dàihuí guó　qǐngwèn yǒu shénme tuījiàn
客人：你好，我想买一些纪念品带回国，请问有什么推荐

de ma
的吗？

fúwùyuán　　Qǐng wèn shì sòng nán shì hái shì nǚ shì ne
服务员：请问是送男士还是女士呢？

kèren　　Nǚ shì hé ér tóng wéi zhǔ
客人：女士和儿童为主。

fúwùyuán　　Nín xǐ huan Sū gé lán de yáng róng zhì pǐn ma　Sū gé lán yǐ tè yǒu de
服务员：您喜欢苏格兰的羊绒制品吗？苏格兰以特有的

yáng róng wéi jīn zhù míng　tā tèbié de róu ruǎn　yì bān diàn lǐ yǒu èrshí
羊绒围巾著名，它特别的柔软，一般店里有二十

duōzhǒng bùtóng huāsè de wéijīn　Lìng wài hái yǒu yáng róng pī jiān　fēicháng de
多种不同花色的围巾。另外还有羊绒披肩，非常的

shūshì　sòng rén yě héshì
舒适，送人也合适。

kè ren　　Qǐngwèn zhè xiē yángróng wéi jīn yì bān shì shén me jià gé
客人：请问这些羊绒围巾一般是什么价格？

fúwùyuán　　Yìbān sān shí bàng yī tiáo　duō mǎi de huà　yě huì yǒu zhékòu　Dà duōshù
服务员：一般三十镑一条，多买的话，也会有折扣。大多数

diàn hái zhī chí tuìshuì
店还支持退税。

kèren　　Qǐngwèn hái yǒu bié de dōng xī tuī jiàn ma
客人：请问还有别的东西推荐吗？

服务员:英国的红茶,巧克力和威士忌都很受欢迎。英
国有名的两大红茶品牌是Twining's 和 Whittard。

客人:听上去不错。

服务员:茶店里一般都是可以品尝的,建议您去品尝一下,
然后选择自己喜欢的口味。

客人:那化妆品呢?

服务员:Body Shop 是比较老牌的英国牌子,一九七六年在
英国成立。产品全部不使用动物测试,他们坚信只有
一种方法可以达致美丽,那就是回归自然。戴妃也用
他家的产品哦,比如维他命E 眼霜、茶树精油。

客人:是嘛?

服务员:嗯,这些都是他们的明星产品。当然还有 Boots,
有超过一百五十年的历史,是英国家喻户晓的美容及护
肤药房品牌,出售多品牌化妆品,其中No7是英国卖得
最好的化妆品品牌之一。

客人:嗯,这个倒是在机场和路上经常看到。

fúwùyuán　　Rú guǒ nín xǐ huanyòng xiāng zào　　　　yǐ xīnxiān shǒugōng zhìzào de
服务员：如果您喜欢用香皂，Lush 以新鲜手工制造的

shǒugōng zào wénmíng　Qí zhōngměi zhuāng yòngpǐn zuì chūmíng de shì jīngměi
手工皂闻名。其中美妆用品最出名的是精美

de xiāngzào　　mùyù qiú　　nín kě yǐ àn zhào zì jǐ de xǐ hào qiē gē　　chēng zhòng
的香皂、沐浴球，您可以按照自己的喜好切割、称重

jì jià
计价。

🔊 **New words**

jì niànpǐn
纪念品 n. souvenir
Wǒxiǎngmǎi yì xiē jì niànpǐn dài huí jiā sòng gěi péngyou
我想买一些纪念品带回家送给朋友。

wéi jīn
围巾 n. scarf
Wéi jīn kě yǐ dǐ yù hánlěng
围巾可以抵御寒冷。

shí huì
实惠 adj. good quality and reasonably priced
Zhè lǐ de shāngpǐn jià gé dōu hěn shí huì
这里的商品价格都很实惠。

tuī jiàn
推荐 v. to recommend
Diànyuán tuī jiàn tā mǎi Sū gé lán wéi jīn
店员推荐她买苏格兰围巾。

bīngxiāng tiē
冰箱贴 n. refrigerator magnet
Yīngguó de bīngxiāng tiē hěn yǒu tè sè
英国的冰箱贴很有特色。

yáng róng

羊绒　n. goat wool

Sū gé lán de yángróngwéi jīn zhì liàng hěn hǎo

苏格兰的羊绒围巾质量很好。

róu ruǎn

柔软　adj. soft

Zhè zhǒng cái zhì fēi chángróuruǎn

这种材质非常柔软。

hóng chá

红茶　n. black tea

Qǐng wèn nǐ xǐ huan hóng chá ma

请问你喜欢红茶吗?

qiǎo kè lì

巧克力　n. chocolate

Wǒxiǎng bǎ qiǎo kè lì dàngāo huànchéng jī ròu sānmíngzhì

我想把巧克力蛋糕换成鸡肉三明治。

dǎzhé

打折　v. to discount

Zhè kuǎn shāngpǐn zuì jìn dǎzhé

这款商品最近打折。

huānyíng pǐncháng

欢迎品尝　v. please try

Zhè shì wǒmen de xīn yǐnpǐn　huānyíng pǐncháng

这是我们的新饮品,欢迎品尝。

tuì shuì

退税　adj. tax-free

Rúguǒ xū yào tuì shuì　qǐng tiánxiě zhè zhāng biǎogé

如果需要退税,请填写这张表格。

huàzhuāngpǐn

化妆品　n. cosmetics

Tā cóng lái bù yòng huàzhuāngpǐn
她 从 来 不 用 <u>化 妆 品</u>。

dòngwù cèshì

动物测试　n. animal testing

Tā zhǐ gòumǎi nà xiē zhù míng wèi jīng dòngwù cèshì de chǎnpǐn
他 只 购 买 那 些 注 明 未 经 <u>动 物 测 试</u> 的 产 品。

dài fēi

戴妃　n. Princess Diana

Dài fēi shēnshòu mínzhòng de xǐài
<u>戴 妃</u> 深 受 民 众 的 喜 爱。

yǎnshuāng

眼霜　n. eye cream

Xiàndài hěnduō nǚ shēng èr shí suì jiù kāi shǐ yòng yǎnshuāng le
现 代 很 多 女 生 二 十 岁 就 开 始 用 <u>眼 霜</u> 了。

jīngyóu

精油　n. essential oils

Zhè ge chǎnpǐn hányǒu xūn yī cǎo jīngyóu
这 个 产 品 含 有 薰 衣 草 <u>精 油</u>。

míngxīng chǎnpǐn

明星产品　n. star products

Měi gè shāng jiā dōuhuì tuī chū gè zì de míngxīng chǎnpǐn
每 个 商 家 都 会 推 出 各 自 的 <u>明 星 产 品</u>。

jiāyùhùxiǎo

家喻户晓　n. household

Sūnwùkōng shì yí gè jiā yù hù xiǎo de xíngxiàng
孙 悟 空 是 一 个 <u>家 喻 户 晓</u> 的 形 象。

shì   zhīyī

是...之一 noun phrase one of ...

Kē bǐ shì zuì yǒumíng de lán qiú míngxīng zhī yī

科比是最有名的篮球明星之一。

xiāngzào

香皂 n. soap

Zhè kuǎn shì měibái xiāngzào

这款是美白香皂。

yǐ   wénmíng

以... 闻名 v. to be famous for

Jǐng dé zhèn yǐ cí qì wénmíng shì jiè

景德镇以瓷器闻名世界。

shǒugōng zhìzào

手工制造 adj. handmade

Tāmen shì shǒugōng zhìzào de   chǎnpǐn jīngzhì   jùyǒu piàoliang de dōngfāng

它们是手工制造的,产品精致,具有漂亮的东方

yìshùpǐn de tèzhēng

艺术品的特征。

jīngměi

精美 adj. exquisite

Zhōngguó jīngměi de gōng yì pǐn zài guó jì shàng jiǔ xiǎng shèngmíng

中国精美的工艺品在国际上久享盛名。

mùyù qiú

沐浴球 n. bath ball

Zhè ge chǎnpǐn de mùyù qiú yǒu bù tóng de xiāngwèi

这个产品的沐浴球有不同的香味。

ànzhào

按照 prep. according to

Ànzhào jì huà   tā míngtiān yào dào dá zhè er

按照计划,他明天要到达这儿。

xǐhào

喜好 n. preference

Ànzhào zì jǐ de xǐhào qù zuò　dé bù dào biérén de zànshǎng yě

按照自己的<u>喜好</u>去做,得不到别人的赞赏也

méiguānxi

没关系。

qiēgē

切割 v. to cut

Zhè kuǎn chǎn pǐn kě yǐ rèn yì qiē gē

这款产品可以任意<u>切割</u>。

Activity 7: comprehension – according to the preceding dialogue, determine whether each following sentence is true or false.

1
Sū gé lán yǐ tè yǒu de yángróngwéi jīn zhùmíng　tā tè bié de róuruǎn　yì bāndiàn
苏格兰以特有的羊绒围巾著名,它特别的柔软,一般店

lǐ yǒu èrshí duōzhǒngbùtóng huāsè de wéijīn
里有二十多种不同花色的围巾。

2
Yángróngwéi jīn yìbān shì sān shí bàng yī tiáo　duō mǎi de huà　yě méiyǒu zhékòu
羊绒围巾一般是三十镑一条,多买的话,也没有折扣。

3
Chádiàn yìbān bùnéng pǐncháng
茶店一般不能品尝。

4
shì bǐjiào lǎopái de Yīngguó páizi chǎnpǐn quánbù bù shǐyòng dòngwù
Body Shop 是比较老牌的英国牌子,产品全部不使用动物

cèshì
测试。

5
yǐ xīnxiān shǒugōng zhìzào de shǒugōng zào wén míng　dàn shì bù néng suí yì
Lush 以新鲜手工制造的手工皂闻名,但是不能随意

qiē gē
切割。

Activity 8: vocabulary – complete the following paragraph with the given words.

	jì niàn pǐn		shí huì		hóngchá		dǎ zhé
A	纪念品	B	实惠	C	红茶	D	打折
	tuì shuì		jiāyùhùxiǎo		shì　zhīyī		yǐ　wénmíng
E	退税	F	家喻户晓	G	是xxx之一	H	以xxx闻名
	jīngměi		àn zhào				
I	精美	J	按照				

Kè rén rú guǒxiǎngmǎi　　　 sòng rén　 fúwùyuán tuījiàn le Yīngguó hóngchá
客人如果想买 （　）送人 ，服务员推荐了英国红茶。

Yīn wéi hóng chá bù jǐn jīng jì　　 hái néng　　 Fú wù yuán shuō mǎi de duō hái
因为红茶不仅经济（　），还 能（　）。服务员说买得多还

néng　　 Yīng guó　　 de liǎng dà hóngchá pǐnpái shì　　　 hé　　 Tā
能（　）。英 国（　）的两大红茶品牌是Twining's 和Whittard。他

men àn zhào dú tè de wèi dào　yǒu gèzì　　 de wàibāo zhuāng　Suǒ yǐ zhè liǎng
们按照独特的味道，有各自（　）的外包装。所以这两

gè pǐn pái de hóng chá shì rén men shǒu xuǎn de bàn shǒu lǐ　　 Yīng guó hóng chá yě
个品牌的红茶是人们首选的伴手礼（　）。英国红茶也

yǐ qí dú tè jīng zhì
以其独特精致（　）。

Text – shopping guides for London

duǎnwén　Lún dūngòu wù zhǐ nán
短文：伦敦购物指南

shǐ shàng zuì quán Yīng guó gòu wù gōng lüè　Yīng guó Lún dūn gòu wù hǎo qù chù
《史上最全英国购物攻略：英国伦敦购物好去处》

Yīng guó shì Ōu zhōu zuì gǔ lǎo yě zuì fā dá de yí gè guó jiā　　Lúndūn yòushì Ōuzhōu
英国是欧洲最古老也最发达的一个国家，伦敦又是欧洲

zuì dǐngjí de gòuwù zhī chéng　zài zhèlǐ　　nǐ búdàn kěyǐ táo dào　　yīngbàng de
最顶级的购物之城，在这里，你不但可以淘到15英镑的

wéijīn hé quánshìjiè zuì piányi de　　gèng yǒu zhòngduō tiàozǎoshìchǎng
Burberry 围巾和全世界最便宜的 LV，更 有 众多跳蚤市场

ràng nǐ kěyǐ tiāo dào lúndūn cháo rén zuìài de gǔdǒng shān hé xiǎo wù jiàn
让你可以挑到伦敦潮人最爱的古董衫和小物件！

bǎihuògōngsī Wéi sī tè fēi ěr dé Lúndūngòuwùzhōngxīn
百货公司韦斯特菲尔德伦敦购物中心 Westfield London

Wèi yú Lún dūn xī miàn　yǒu èr bǎi qī shí duō jiā diàn pù　shè yǒu cāntīng jí yǐng yuàn
位于伦敦西面，有二百七十多家店铺，设有餐厅及影院，

jìn sì qiān wǔ bǎi gè tíngchēwèi
近四千五百个停车位。

jiāotōng　dìtiě　　　　　　　　　　　　　　　　zhàn
交通：地铁Central Line，Shepherd's Bush 站。

Wéisī tè fēi ěr dé Sī tè lá tè fú gòuwùzhōngxīn
韦斯特菲尔德斯特拉特福购物中心 Westfield Stratford City

Ōu méng guó jiā jìng nèi zuì dà de shì nèi gòu wù zhōng xīn　wèiyú Lúndūn dōngmiàn
欧盟国家境内最大的市内购物中心，位于伦敦东面
Àolínpǐkègōngyuán　Yǒu jìn　　　jiā diànpù　cāntīng jí yǐng yuàn　wǔ qiān gè tíng
奥林匹克公园。有近300家店铺，餐厅及影院，五千个停
chē wèi
车位。

jiāotōng　dìtiě　　　　　　　　　　　　　zhàn qīngguǐ　　　　　　zhàn
交通：地铁 Central Line/Jubilee Line，Stratford 站；轻轨 DLR，Stratford 站；
huǒchē　　　　　　　　zhàn
火车 Overground，Stratford 站

Hǎluódé bǎihuò
哈罗德百货 Harrods

Lún dūn zhù míng de gāo dàng bǎi huò gōng sī　yǒu sān bǎi sān shí duō gè pǐnpái　nèibù
伦敦著名的高档百货公司，有三百三十多个品牌。内部
zhuāngxiū chōngmǎn Āijí tèsè
装修充满埃及特色。

jiāotōng　dìtiě　　　　　　　　　　　　　　zhàn
交通：地铁 Piccadilly Line，Knightsbridge 站。

Sàiěrfúlǐqí bǎihuò
赛尔福里奇百货 Selfridges

Lún dūn lìng yì jiā gāo dàng bǎi huò gōng sī bǎi nián lǎo diàn hěnduō dǐngjí de
伦敦另一家高档百货公司,百年老店,很多顶级的
shēchǐpǐn zhuānguì dōu shèyǒu zhōngwén dǎogòu kèhù fúwùzhōngxīn kě xiànchǎng
奢侈品专柜都设有中文导购,客户服务中心可现场
bànlǐ tuìshuì shǒuxù
办理退税手续。

jiāotōng dìtiě zhàn
交通:地铁Central Line/Jubilee Line,Bond Street 站

Mǎ shā bǎihuò
玛莎百货 Marks & Spencer

Yīng guó bǎi huò yè de lóng tóu lǎo dà zài Lúndūn jí shìjiè gèdì yǒu duō jiā fēndiàn
英国百货业的龙头老大,在伦敦及世界各地有多家分店,
jiàwèi yǐ zhōngdàng wéizhǔ qí nèiyī pǐnpái yóuqí shòu huānyíng
价位以中档为主,其内衣品牌尤其受欢迎。

jiāotōng dìtiě zhàn
交通:地铁Piccadilly Line,Covent Garden 站

Yuēhàn Lù yì sī bǎihuò
约翰-路易斯百货 John Lewis

Yīng guó zhōng dàng jià wèi de bǎi huò gōng sī yǒu duō gè liánsuǒdiàn Zài hěnduō
英国中档价位的百货公司,有多个连锁店。在很多
Yīngguórén xīnmù zhōng jīhū jiùshì yōuyǎ shēnghuó pǐnzhì de xiàngzhēng
英国人心目中,John Lewis 几乎就是优雅生活品质的象征。
Qí qíxià de shípǐn chāoshì yě biànbù Lúndūn gèchù
其旗下的食品超市 Waitrose 也遍布伦敦各处。

jiāotōng dìtiě zhàn
交通:地铁 Bakerloo Line/Central Line/Victoria Line,Oxford Circus 站

zhuānmàidiàn
LV 专卖店

Zài Lún dūn nǐ kě yǐ mǎi dào quán qiú zuì pián yi de
在伦敦你可以买到全球最便宜的 LV。

Lúndūn　　　　băihuò　zhuānguì
伦敦 Selfridges 百货 LV 专柜

Zhè shì yàzhōurén zuì xǐhuan qù de shāngchǎng zhīyī　huòwù xiāngduì jízhōng　gèng yǒu
这是亚洲人最喜欢去的商场之一，货物相对集中，更有
cháoliú gǎn
潮流感。

Lún dūn xīn bāng dé jiē　　zhuānmàidiàn
伦敦新邦德街 LV 专卖店

Zhè jiā　　zhuānmàidiàn zài wàibian kànqǐlái jiù hěn yǒu qìshì　　gùkè xiāngduì méiyǒu
这家 LV 专卖店在外边看起来就很有气势，顾客相对没有
nàme duō　kěyǐ cóngróng gòuwù
Selfridges 那么多，可以从容购物。

Lún dūn Sī lóng jiē　　*zhuānmàidiàn*
伦敦斯隆街 LV 专卖店

Rú guǒ nǐ duì　　de mòjìng　wàitào　shǒubiǎo nǎizhì shǒushì yě yǒuxìngqù　Sīlóngjiē
如果你对 LV 的墨镜、外套、手表乃至首饰也有兴趣，斯隆街
zhuānmàidiàn de xuǎnzé fànwéi shì zuì guǎng de
LV 专卖店的选择范围是最广的。

Lún dūn Hǎ luó dé bǎi huò　　zhuānguì
伦敦哈罗德百货 LV 专柜

shì quán Yīngguó gōngrèn zuìgāojí de shāngchǎng　　　zài zhèlǐ yǒu liǎng
Harrods 是全英国公认最高级的商场，LV 在这里有两
jiā zhuānguì　Dǐ lóu de zhuānguì shì mài píbāo　shǒubiǎo hé shǒushì　èr lóu de shì
家专柜。底楼的专柜是卖皮包、手表和首饰，二楼的是
shēnghuófāngshì zhuānguì　zhǔyào shì mài nǚzhuāng　nǚxié hé mòjìng děng
生活方式专柜，主要是卖女装、女鞋和墨镜等。

Lún dūn jīn róng chéng   zhuānmàidiàn
伦敦金融城 LV 专卖店

Zhè jiā   zhuānmàidiàn de fúwù zhìliàng jùshuō shì zuìhǎo de   Diànyuánhuì gēnjù nǐ
这家 LV 专卖店的服务质量据说是最好的。店员会根据你

de xūqiú gěi nǐ tígòng zhòngkěn de jiànyì   Yào zhùyì de shì zhè jiā diàn zhī mài
的需求给你提供中肯的建议。要注意的是这家店只卖

píbāo
皮包。

gōngchǎng diàn
Burberry 工厂店

Zuò wéi zhōng guó rén xīn mù zhōng zuì yǒu míng de Yīng guó pái zi zhī yī
作为中国人心目中最有名的英国牌子之一，Burberry

fēngyī hé   wéijīn yǐjīng chéngwéi jīngdiǎn zhōng de jīngdiǎn
风衣和 Burberry 围巾已经成为经典中的经典。

zhuāngguì tài guì   nàme jiù qù   gōngchǎng diàn ba   qiě mǎi mǎn yídìng
Burberry 专柜太贵，那么就去 Burberry 工厂店吧，且买满一定

shùé kěyǐ bànlǐ tuìshuì shǒuxù
数额可以办理退税手续。

gōngchǎng diàn qíshí jiùshì yí gè dà cāngkù   chúle ménkǒu yǒu jiézhàng
Burberry 工厂店其实就是一个大仓库，除了门口有结帐

guìtái   zǒujìn qù dōushì gèshì   chǎnpǐn yǒu fēngyī   chènshān kùzi
柜台，走进去都是各式 Burberry 产品，有风衣、衬衫、裤子、

wàzi   pídài   yǔsǎn   gèzhǒng yàngshì dàdàxiǎoxiǎo de bāobāo
T-shirt、袜子、皮带、雨伞，各种样式大大小小的包包，

wéijīn sījīn   lǐngdài děngděng   zuì jīngdiǎn de dāng shǔ wéijīn
围巾、丝巾、领带等等，Burberry 最经典的当属围巾。

jiāotōng cóng Lúndūn shìzhōngxīn chūfā dāchéng Lúndūndìtiě zhuǎn lúndūn shìnèi de
交通：从伦敦市中心出发，搭乘伦敦地铁转伦敦市内的

huǒchē   dào   chēzhàn
火车(Silverlink Metro)到 Hackney Central 车站。

tiàozǎoshìchǎng
跳蚤市场

shìjí
Portobello Road 市集

Bō tè bèi luó lù tiào zǎo shì chǎng shì Lún dūn nǎi zhì Yīng guó zuì yǒu míng de lù tiān shì
波特贝罗路跳蚤市场是伦敦乃至英国最有名的露天市
jí　　Bō tè bèi luó lù tiào zǎo shì chǎng yóu sān gè bù tóng de shì chǎng zǔ chéng
集。波特贝罗路跳蚤市场由三个不同的市场组成，
zhǐyǒu zài měi zhōuliù zhè sān gè shìchǎng cái quánbù kāifàng
只有在每周六这三个市场才全部开放。

Nán duān de shì gǔ dǒng shì chǎng　zhōngjiān de shì shípǐn shìchǎng　zuì běiduān de shì
南端的是古董市场，中间的是食品市场，最北端的是
èrshǒuhuò tiàozǎoshìchǎng
二手货跳蚤市场。

jiāotōng　cóng Nuò dīng shānmén　　　　　dìtiě zhàn chūlái　ránhòu cháozhe
交通：从诺丁山门 Notting Hill Gate 地铁站出来，然后朝着
Bōtèbèiluólù　　　　　　bēn qù　gēnzhe rénliú bùxíng yuē wǔ zhì qī
波特贝罗路 Portobello Road 奔去，跟着人流步行约五至七
fēnzhōng jí dào
分钟即到。

shìjí
Camden 市集

Wèi yú Lún dūn běi bù　shì niánqīngrén xǐhuan xiāomó shíjiān de dìfāng　dào le zhōumò
位于伦敦北部，是年轻人喜欢消磨时间的地方，到了周末
jiàrì gèngshì réncháo xiōngyǒng
假日更是人潮汹涌。
jiāotōng　dìtiě zhàn　　　　　huò
交通：地铁站 Camden Town 或 Chalk Farm

shìjí

Greenwich 市集

Shǒu gōng yì pǐn shì chǎng　hái kěyǐ shùnbiàn yóulǎn Gé lín ní zhì de qítā jǐngdiǎn
手 工 艺 品 市 场，还 可 以 顺 便 游 览 格 林 尼 治 的 其 他 景 点。

jiāotōng　dìtiě zhàn
交 通：地 铁 站 Greenwich

shìjí

Spitalfield 市集

Wèi yú Lún dūn dōng chéng qū de Sī bì tǎ fēi ěr dé　shì xiànzài Lúndūn shíshàng
位 于 伦 敦 东 城 区 的 斯 毕 塔 菲 尔 德，是 现 在 伦 敦 时 尚

rénshì zuì xǐài de yí gè shìchǎng　zhèlǐ búdàn yǒu Lúndūn míngbújiànjīngzhuàn
人 士 最 喜 爱 的 一 个 市 场，这 里 不 但 有 伦 敦 名 不 见 经 传

de běndì xīn jìn shèji pǐnpái　gèng yǒu yìzhěngtào de shíshàng xiǎodiàn
的 本 地 新 晋 设 计 品 牌，更 有 一 整 套 的 时 尚 小 店。

jiāotōng　cóng dìtiě zhàn bùxíng wǔfēnzhōng biàn kě dàodá
交 通：从 地 铁 站 步 行 五 分 钟 便 可 到 达。

🔊 *New words*

gōnglüè
攻 略 n. strategy
Tāmen de bǐ jì běn lǐ dōu zhuāng mǎn le lǚ yóu gōnglüè
他 们 的 笔 记 本 里 都 装 满 了 旅 游 攻 略。

zuì dǐngjí
最 顶 级 adj. top
Zuì dǐngjí de qiǎo kè lì fàng zài nǐ de shǒu shàng shì bú huì róng huà de　dànshì fàng
最 顶 级 的 巧 克 力 放 在 你 的 手 上 是 不 会 融 化 的，但 是 放

zài nǐ de zuǐbā lǐ　tā jiù kāishǐ rónghuà
在 你 的 嘴 巴 里，它 就 开 始 融 化。

táodào
淘到 v. to find
Èr shǒu diàn jīngcháng kě yǐ táodào hǎo dōng xī
二手店经常可以淘到好东西。

zhòngduō
众多　adj. many
Zài zhòngduō jiǔ diàn zhōng　wǒ jué de zhè jiā yóu qí shí huì
在众多酒店中,我觉得这家尤其实惠。

cháorén
潮人 n. trendsetter
Zhè jiā diàn fú shì jīngměi　shì cháorén de shǒuxuǎn
这家店服饰精美,是潮人的首选。

gǔdǒngshān
古董衫　n. vintage clothes
Zhè jiā diànnèi yǒu nǐ xiǎng yào de gǔdǒngshān
这家店内有你想要的古董衫。

wèiyú
位于 v. to locate
Zhōngguó wèiyú Yà zhōu de dōng bù
中国位于亚洲的东部。

diànpù
店铺 n. shop
Jiǔ diàn fù jìn yǒu hěnduō fú zhuāng diànpù
酒店附近有很多服装店铺。

shèyǒu
设有 v. to have; to be equipped
Jiǔ diàn nèi shèyǒu liǎng gè yóuyǒngchí
酒店内设有两个游泳池。

Ōuméng
欧盟 n. EU
Ōuméng shì Zhōng guó zhòng yào de mào yì huǒbàn
欧盟是中国重要的贸易伙伴。

Àolínpǐkè gōngyuán

奥林匹克公园 n. Olympic Park

Àolínpǐkè gōngyuán shì yě cān de hǎo qù chù

奥林匹克公园是野餐的好去处。

qīngguǐ

轻轨 n. light rail

Wǒmen de xīn jiā lí qīngguǐ zhàn hěn jìn

我们的新家离轻轨站很近。

gāodàng

高档 adj. upscale; high class

Wǒ zài yí gè hěn gāodàng de bǎihuò shāngdiàn lǐ mǎi dōng xī

我在一个很高档的百货商店里买东西。

Āijí

埃及 n. Egypt

Jīn zì tǎ shì gǔ Āijí de xiàngzhēng　yǒuzhe yōujiǔ de lìshǐ

金字塔是古埃及的象征，有着悠久的历史。

shēchǐpǐn

奢侈品 n. luxury

Duì yǒuxiē rén lái shuō　jiàn kāng shì yì zhǒng shēchǐpǐn

对有些人来说，健康是一种奢侈品。

zhuānguì

专柜 n. counter

Wǎngshàng gòuwù huì bǐ zài zhuānguì gòumǎi pián yi

网上购物会比在专柜购买便宜。

lóngtóulǎodà

龙头老大 n. leader; biggest market shareholder

Tā cái gāng chuàngyè sānnián　dàn yóu yú yè jì jié chū　yǐ shì yèjiè de

他才刚创业三年，但由于业绩杰出，已是业界的

lóngtóulǎodà

龙头老大。

zhōngdàng

中档　adj. mid-range

Yǔ zhōngdàng chē shìchǎng de zhòngduō duìshǒu bùtóng zhè kuǎn chē yōngyǒu

与中档车市场的众多对手不同，这款车拥有

wánquán shǔyú zìjǐ de gèxìng

完全属于自己的个性。

liánsuǒdiàn

连锁店　n. chain

Tā xǐ huan kuàicān liánsuǒdiàn lìrú Kěn dé jī Màidāngláo Bì shèng kè

他喜欢快餐连锁店，例如肯德鸡，麦当劳，必胜客。

yōuyǎ

优雅　adj. elegant

Jiě jie de yánxíng jǔ zhǐ shí fēn yōuyǎ

姐姐的言行举止十分优雅。

xiàngzhēng

象征　n. symbol

Zhìhuì shì wénmíng de xiàngzhēng

智慧是文明的象征。

qíxià

旗下　pron. its

Gāi gōng sī qíxià hái yǒu bǎihuò gōng sī

该公司旗下还有百货公司。

cháoliúgǎn

潮流感　n. trend; sense of fashion

Fú zhuāng gōng sī jīngxīn bù zhì diànmiàn ràng diànpù kànqǐlái yǒu cháoliúgǎn

服装公司精心布置店面，让店铺看起来有潮流感。

qìshì

气势　n. momentum

Shìdàng de shǐyòng pái bǐ jù kěyǐ zēngqiáng wénzhāng de qìshì

适当地使用排比句，可以增强文章的气势。

cóngróng

从容 adj. calm

Tā zài guānjiàn shí kè wǎngwǎng nénggòu cóngróng zì ruò

他在关键时刻往往能够从容自若。

mòjìng

墨镜 n. sunglasses

Dài shàng mòjìng　shìjiè zài nǐ yǎnqián jiù lì jí shīqù le guāngcǎi

戴上墨镜，世界在你眼前就立即失去了光彩。

wàitào

外套 n. coat

Tā jīngcháng chuān yí jiàn mǐsè de wàitào　xiǎnde yòu pǔsùyòudàfāng

她经常穿一件米色的外套，显得又朴素又大方。

shǒushì

首饰 n. jewellery

Zhè kuǎn shǒushì jià qián áng guì　búshì pǔtōngrén mǎideqǐ de

这款首饰价钱昂贵，不是普通人买得起的。

gōngrèn

公认 n. recognized

Shì jiè gōngrèn Zhōng guó shì lǐ yí zhībāng

世界公认中国是礼仪之邦。

jùshuō

据说 phrase. it is said

Jùshuō zhè jiā diàn zhōumò huì dǎ zhé

据说这家店周末会打折。

zhòngkěn

中肯 adj. fair

Tā tíchū de pīpíng fēicháng zhòngkěn

她提出的批评非常中肯。

jīngdiǎn

经典 adj. classic

Zhèxiē jīngdiǎn zhùzuò　yīng gāi hǎohǎo de yuè dú

这些经典著作，应该好好地阅读。

tiàozǎoshìchǎng

跳蚤市场 n. flea market

Tā xǐ huan zhōu mò guàng tiào zǎo shì chǎng

他喜欢周末逛<u>跳蚤市场</u>。

lùtiān shìjí

露天市集 n. open-air market

Lùtiān shìjí kěyǐ táo dào hěnduō xiǎowányiér

<u>露天市集</u>可以淘到很多小玩意儿。

gǔdǒng

古董 n. antique

Wǒmen qǐng le zhuān jiā lái gěizhèjiàn gǔdǒng gū jià

我们请了专家来给这件<u>古董</u>估价。

réncháo xiōngyǒng

人潮汹涌 adj. crowded

Jié jià rì　guǎngchǎng shàng réncháo xiōngyǒng

节假日,广场上<u>人潮汹涌</u>。

shǒu gōngyìpǐn shìchǎng

手工艺品市场 n. handicraft market

Shǒu gōngyìpǐn shìchǎng shàng yǒu hěnduō kě ài de dōngxī

<u>手工艺品市场</u>上有很多可爱的东西。

shùnbiàn

顺便 phrase. by the way

Nǐ lùguò yóujú shùnbiàn bǎ xìn jì chūqù

你路过邮局<u>顺便</u>把信寄出去。

míng bújiàn jīngzhuàn

名不见经传 adj. unknown

Èr shí nián qián　tā zhǐshì gè míng bújiàn jīngzhuàn de xiǎorénwù

二十年前,他只是个<u>名不见经传</u>的小人物。

Activity 9: speaking – look at the following photos. What can you say to a Chinese guest about each following place?

1

2

4

3

6

5

◀))

Activity 10: listening – listen to the inquires and shopping interests of the guest, and then make suggestions.

Situational dialogue 3 – VAT return

duì huà　　　lǚxíng gòuwù tuìshuì zhùyì shìxiàng
对话 3：旅行购物退税注意事项

you kè　　xiàng fúwù rényuán zīxún　xiānsheng　nínhǎo
游客：(向服务人员咨询)先生 ，您好！

jiēdàiyuán　nínhǎo
接待员：您好！

you kè　　Láo jià　wǒ xiǎng zīxún yíxia gòuwù tuìshuì de wèntí　kěyǐ ma
游客：劳驾，我想咨询一下购物退税的问题，可以吗？

jiēdàiyuán　Hěn gāo xìng wéi nín fú wù　Nín xiǎng liǎo jiě gòu wù tuì shuì nǎ xiē fāngmiàn
接待员：很高兴为您服务。您想了解购物退税哪些方面

de shì qing
的事情？

you kè　Qǐng wèn zài Lún dūn suǒ yǒu shāng diàn de suǒ gòu shāngpǐn　　dōu kěyǐ
游客：请问在伦敦所有商店的所购商品 ，都可以

tuìshuì ma
退税吗？

jiēdàiyuán　Tōngcháng kěyǐ tuìshuì de gòuwù shāngdiàn　huì yǒu zhǎnshì de
接待员：通常可以退税的购物商店，会有展示的 Premier

túbiāo　nín kěyǐ zhùyì yíxia　nín zài gòu mǎi sān shí yīng bàng yǐ shàng
Tax-Free 图标，您可以注意一下。您在购买三十英镑以上，

bìng zhǔnbèi xiédài chūjìng de shāngpǐn　kěyǐ shēnqǐng tuìshuì　dànshì　yòngyú
并准备携带出境的商品 ，可以申请退税；但是，用于

zài Lúndūn xiāofèi　shǐyòng de shāngpǐn chúwài　lìrú shípǐn děng
在伦敦消费、使用的商品除外 ，例如食品等。

you kè　　Nà me　gòuwù hòu zěnme bànlǐ tuìshuì shǒuxù ne
游客：那么，购物后怎么办理退税手续呢？

jiēdàiyuán　Nín gòuwù hòu　kě yǐ xiàng gòuwù de shāngdiàn suǒyào tuìshuì dān zhùmíng
接待员：您购物后，可以向购物的商店索要退税单，注明

suǒ gòu de shāngpǐn jiàgé qǐng búyào wàngjì ràng shāngjiā qiānmíng Píng shāngdiàn

所购的商品、价格，请不要忘记让商家签名。凭商店

qiānshǔ de tuìshuì dān zài lí jìng de jīchǎng tiánxiě hǎo dānzi bìng quèbǎo nín zài

签署的退税单，在离境的机场填写好单子、并确保您在

jīchǎng yǒu zúgòu de shíjiān lái tíjiāo tuìshuì dān Shuì wu guān kě néng huì chá yàn nín

机场有足够的时间来提交退税单。税务官可能会查验您

gòu mǎi de shāngpǐn ránhòu huì tuì gěi nín xiànjīn

购买的商品 ，然后会退给您现金。

you kè   Rú guǒ shí jiān jǐn   láibují zài jīchǎng bànlǐ shǒuxù néng yǒu qítā fāngfǎ

游客 :如果时间紧、来不及在机场办理手续,能有其他方法

bànlǐ tuìshuì ma

办理退税吗?

jiēdàiyuán Shì de   kě yǐ xuǎnzé yóujì biǎogé de fāngshì bàn lǐ   Nín kě yǐ tián hǎo

接待员 :是的 ,可以选择邮寄表格的方式办理。您可以填好

biǎo gé   ànzhào biǎogé shàng de zhǐshì qù bànlǐ tuìshuì   Nín hái yǒu xiē bù qīng chǔ

表格 ,按照表格上的指示去办理退税。您还有些不清楚

de shì xiàng   kě yǐ fǎngwèn   wǎngzhàn   liǎojiě gèngduō xìnxī

的事项 ,可以访问 Premier Tax-Free 网站 ,了解更多信息。

you kè   Xiè xie

游客 :谢谢!

jiēdàiyuán Bú kè qi   zàijiàn

接待员 :不客气 ,再见!

◄)) New words

suǒyào

索要 v. to ask for

Nín kěyǐ xiàng diànyuán suǒyào tuìshuì dān

您可以向店员索要退税单。

zhùmíng

注明 v. to indicate

Wǒ yǐjīng zài zhè fèn wénjiàn shàng zhùmíng le zhòngyào nèiróng

我已经在这份文件上注明了重要内容。

qiānshǔ

签署　v. to sign

Nín xū yào qiānshǔ zhè fèn tuì shuìdān

您需要<u>签署</u>这份退税单。

lí jìng

离境　n. to departure

Wǒ yú míng tiān zǎo shang bā diǎn lí jìng

我于明天早上八点<u>离境</u>。

shuìwu

税务　n. tax

Shāo děng　wǒ zài shuìwu xìtǒng shàng wéi nín cháyàn

稍等，我在<u>税务</u>系统上为您<u>查验</u>。

cháyàn

查验　v. to check; to verify

Wǒ kěyǐ wèi nín cháyàn pǐnpái de zhēnwěi

我可以为您<u>查验</u>品牌的真伪。

lái bu jí

来不及　adj. not too late

Xiàn zài cái qù mǎi piào yí dìng lái bu jí le

现在才去买票一定<u>来不及</u>了。

Text – tour guide to shopping outlets

duǎnwén　　dǎo yóu tuī jiàn qù de gòu wù dì diǎn

短文：导游推荐去的购物地点

Bǐ sī tè gòu wù cūn shì wèi yú Yīng guó Bǐ sī tè jiāo wài de yì jiā gòu wù

比斯特购物村是位于英国比斯特郊外的一家购物

zhōng xīn　　yǐ xiàng yóukè chūshòu dǎzhé de míngpái shāngpǐn wéizhǔ　　Duì hěnduō

中心，以向游客出售打折的名牌商品为主。对很多

yóukè láishuō　　zài zhège jùyǒu běiōu fēngqíng de gòuwù cūn xiāofèi shì bùkěhuòquē
游客来说，在这个具有北欧风情的购物村消费是不可或缺

de xíngchéng zhīyī
的行程之一。

Zhè lǐ yǒu fēi cháng duō de gāo duān pǐn pái　kuǎnshì shíshàng　shèjì dútè　　gèzhǒng
这里有非常多的高端品牌，款式时尚，设计独特，各种

chǐmǎ dōuhěn　　bǐ rú　　　　　　　hé　　Zhè xiē shāng diàn de zhé kòu
尺码都很全，比如Burberry, Gucci 和 Armani。这些商店的折扣

lì dù hěn dà　yóu kè tōngcháng huì xuǎnzé gòumǎi píbāo　　fēngyī　　tàiyángjìng
力度很大，游客通常会选择购买皮包，风衣，太阳镜

zhīlèi de　Ér qiě dǎogòu yě fēicháng rèqíng hé nàixīn　yìxiē dǎogòu dōuhuì jiǎng
之类的。而且导购也非常热情和耐心，一些导购都会讲

zhōngwén　nín kě yǐ gòumǎi hòu huíguó kuìzèng qīnyǒu　Zài nín gòu mǎi hòu tā men
中文，您可以购买后回国馈赠亲友。在您购买后她们

huì bāng nín kāi jù tuì shuì dān　jiào nín zěnyàng zài jīchǎng tuìshuì　zǒng zhī jià gé shì
会帮您开具退税单，教您怎样在机场退税，总之价格是

fēi cháng huá suàn de
非常划算的。

🔊 *New words*

dǎogòu
导购 n. shopping guide
Zhè jiā shāngdiàn lǐ de dào gòu fēi cháng rè qíng
这家商店里的导购非常热情。

jiāowài
郊外 n. suburb
Xīng qī tiān wǒ xiǎng kāi chē dào jiāo wài zǒu zou
星期天我想开车到郊外走走。

chūshòu
出售 v. to sell
Zhè jiā bǎihuòshāngdiàn tóngshí hái chūshòu zhūbǎo
这家百货商店同时还出售珠宝。

míngpái
名牌 n. famous brand
Zhè shì wǒ xīn mǎi de míngpái píxié
这是我新买的名牌皮鞋。

dǎzhé
打折 n. discount
Shāng diàn tōng cháng zài měinián de yuè dào yuè qījiān dǎzhé
商店通常在每年的6月到8月期间打折。

fēngqíng
风情 n. style
Hā luó dé bǎihuòshāngdiàn nèibù de zhuāngshìhěnyǒu Āijí fēngqíng
哈罗德百货商店内部的装饰很有埃及风情。

gāoduān
高端 adj. high quality
Wǒmen yǒu gāoduān xì liè de tài yángjìng
我们有高端系列的太阳镜。

kuǎnshì
款式 n. style
Zhè jiàn fēng yī de kuǎnshì hěn jīng zhì
这件风衣的款式很精致。

shèji
设计 n. design
Wǒ hěn xīn shǎng zhè ge pí bāo de shè ji
我很欣赏这个皮包的设计。

chǐmǎ
尺码 n. size
Nín xū yàoshén me chǐ mǎ ne
您需要什么尺码呢?

kuìzèng
馈赠 n. gift
Zhè zhǒng pú táo jiǔ shì kuì zèng qīn yǒu de jiā pǐn
这种葡萄酒是馈赠亲友的佳品。

zǒngzhī

总之 phrase. in short

Zǒngzhī   nín zuìzhōng kě yǐ xiǎngyǒu   zhé yōuhuì

总之,您最终可以享有7折优惠。

huásuàn

划算 adj. cost effective

Zhè ge pí bāozhēn de fēi cháng huásuàn

这个皮包真的非常划算。

Activity 11: vocabulary – match each word in the left column to the one that best corresponds to another in the right column.

	kuǎn shì		qīngchǔ
1	款式	A	清楚
	zhì dì		hé lǐ
2	质地	B	合理
	fú wù		shí shàng
3	服务	C	时尚
	jià gé		róuruǎn
4	价格	D	柔软
	cǎi gòu		qīnyǒu
5	采购	E	亲友
	tiánxiě		chǔ lǐ
6	填写	F	处理
	kuìzèng		mǎn yì
7	馈赠	G	满意
	chūshòu		fāngbiàn
8	出售	H	方便
	gāoduān		zhūbǎo
9	高端	I	珠宝
	dǎ zhé		lù xiàn
10	打折	J	路线

Activity 12: grammar – make grammatically correct Chinese sentences following the given patterns.

      chúle   dōu

1 除了xxx 都xxx

           kěnéng   búguò

2 xxx 可能 xxx 不过xxx

      rúguǒ   kěyǐ

3 如果xxx, 可以xxx

      shì   háishì

4 是xxx 还是xxx

      jì   yòu

5 既xxx, 又xxx

Activity 13: role play – imagine that you are an assistant in a souvenir shop. What would you recommend to customers?

Activity 14: interactive listening – imagine that you are a shop assistant, listen to what the guest says on the audio, and respond accordingly.

CAT 11: How Chinese tourists shop abroad

According to the United Nations World Tourism Organization (UNWTO), China has ranked among the top tourist-generating countries in recent years. The average spending by Chinese tourists has also increased rapidly. Chinese tourists consider sopping while abroad to be an indispensable part of travel. Therefore, hospitality and tourism organizations must understand Chinese tourists' shopping behaviour and provide advice and services accordingly.

Payxpert, an official partner of WeChat Pay in Europe that offers different WeChat Pay solutions, suggests that there are four frequent steps of Chinese tourists' shopping behaviour (https://blog.payxpert.com/how-do-chinese-tourists-shop-abroad):

1 **Searching and comparing** – Chinese travellers in general know what and where they want to shop before the trip. Long before their travel, Chinese tourists make lists ahead of what to purchase in each destination of their travel. They research Chinese websites and social media to carefully plan, which stores to visit, on the basis of which stores have the products they want to buy, who has the best price and how

significant the duty-free discount is. They also review family's and friends' experiences. Moreover, because Chinese society is focused on etiquette, favour and relationships, they also buy lots of well-known local products for their relatives, friends, and colleagues and even help them to purchase abroad. All the details will often be part of their travel plan.

2   **Experience** – Chinse tourists undertake thorough preparation before their travel. The language barrier is no longer a key deciding factor; they locate the store quickly and seek excellent service and product quality, look for the best values and prices, and are even sensitive to the prices for duty-free purchases. Chinese customers want to feel welcome, and they need others' references and reviews. Sometimes they try the products and ask for the opinions of their companions; on other occasions, they take photos or make video calls to consult with their friends in China or even post their shopping experience on a social network. A good shopping experience and good feedback from others contribute to their decisions to purchase.

3   **Buying** – Chinese tourists are accustomed to optimal user convenience. Many do not have access to Western credit cards, and increasingly they avoid paying in cash, for security reasons such as theft. Therefore, mobile payments with their own trusted payment methods are likely to be their preferred choice.

4   **Comments** – Chinese people generally enjoy sharing their life moments on social networks. Satisfied travellers post online about their purchases and share their experiences, discount offers, pictures and videos, and more. All of these affect the future shopping decisions of family and friends and even influence traveller fora.

In the report Chinese Tourists: Dispelling the Myths (2018), researchers from McKinsey & Company reveal the 'reality' of what Chinese tourists like. For example, they found that 'shopping' is not the main reason why Chinese tourists choose to travel; rather, experience-based travel is what they prefer. Thus, service providers should rethink their assumptions about Chinese outbound tourists and provide relevant products and services that could enhance their entire visiting experience.

Experiential exercise

Continue your vlog in Chinese by producing an essential local shopping guide, which should be around ten minutes long and should include vital shopping destinations, souvenirs, and tax-free or VAT-refund information.

Revision

- Practise the key expressions and new words you have learnt in this lesson
- Invent imaginary host situations, and try to provide information and suggestions on touristic shopping, or create situational dialogues of your own
- Try to include as many polite expressions and as much new vocabulary as possible in your conversation

Lesson 12 推荐当地特色餐饮
Introducing local food and drinks

Learning objectives

By the end of this lesson, you will be able to:

- Recommend local food
- Recommend different types of food
- Use appropriate vocabulary to describe food and drinks

Warm-up

What kind of local food advice can you give to your guests? What are the local specialities?

◀))

Activity 1: pronunciation – listen to and repeat after the recording, paying attention to the pronunciation.

Yìdàlì cài

意大利菜　　　Italian food

Zhōngguó cài

中国菜　　　Chinese dishes

Yìndù cài

印度菜　　　Indian food

Rìběn liàolǐ

日本料理　　　Japanese cuisine

Fǎ shì cāntīng

法式餐厅　　　French restaurant

Yìdàlì cāntīng

意大利餐厅　　　Italian restaurant

Zhōngcāntīng

中餐厅　　　Chinese restaurant

Yìndù cāntīng

印度餐厅　　　Indian restaurant

Rì liào diàn

日料店　　　Japanese restaurant

qián cài

前菜　　　starter

zhǔ cài

主菜　　　main course

tián pǐn

甜品　　　dessert

Activity 2: speaking – after you hear the English word on the recording, say the equivalent word for it in Chinese, paying attention to tone. You will hear the standard pronunciation after your attempt.

Activity 3: vocabulary – working in pairs, student A picks a word in Chinese from the list and says it out loud; student B listens and translates it back into English; and then they change roles.

Activity 4: vocabulary – match each following Chinese word with its English equivalent.

Zhōngguó cài
1　中国菜　　　　　A　starter

Rì liào diàn
2　日料店　　　　　B　French restaurant

qián cài
3　前菜　　　　　　C　Chinese dishes

tián pǐn
4　甜品　　　　　　D　main course

Fǎ shì cāntīng
5　法式餐厅　　　　E　Japanese restaurant

zhǔ cài
6　主菜　　　　　　F　Indian restaurant

Yìndù cāntīng
7　印度餐厅　　　　G　dessert

Activity 5: speaking – look at the following pictures. Use the words you have learnt, in order to describe the pictures. Then write the correct word for each picture, to improve your memory.

1

2

3

4

5

Key expressions: introducing restaurants and foods

🔊 Listen to and memorize the following key expressions:

Nín xǐ huan chī Yīng guó cài ma

1 您喜欢吃英国菜吗？ Do you like British food?

Tài wù shì hé biān yǒu yì jiā Fǎ shì cān tīng   jiàozuò   cài pǐn hěn

2 泰晤士河边有一家法式餐厅，做 Le Pont de la Tour，菜品很

zhèngzōng

正宗。 There is a French restaurant on the Thames called Le Pont de la Tour. The dishes are authentic.

Nà lǐ de tián pǐn hěn yǒu míng   jiànyì nín shìyíshì

3 那里的甜品很有名，建议您试一试。 Desserts there are very famous. I suggest you try them.

Nín hǎo qǐngwèn nín xiǎng diǎn xiē shénme

4 您好，请问您想点些什么？ Hello, what would you like to order?

Zhè shì wǒmen de xīn càidān

5 这是我们的新菜单。 This is our new menu.

Nín hǎo zhè shì jiǔshuǐ dān

6 您好，这是酒水单。 Hello, this is the wine list.

Jí shì shàng de zhōng dōng kǎo ròu bǐ jiào shòu Zhōng guó yóu kè xǐ huan

7 集市上的中东烤肉比较受中国游客喜欢。 The Middle Eastern barbecue at the fair is more popular among Chinese tourists.

Lìng wài Sū gé lán de sān wén yú   Sūgélán huángyóu bǐnggān děng děng dōu yǒu míng

8 另外苏格兰的三文鱼，苏格兰黄油饼干等等都很有名。

In addition, Scottish salmon and scotch butter biscuits are famous.

yǔ yīn

a 语音 Phonetics

biàn yīn biàn dú

1 辨音辨读 Read aloud the following words, paying specific attention to the accuracy of your pronunciation and tone:

Yīng guó cài	Fǎ shì	cān tīng	cài pǐn	tián pǐn	xīn càidān
英国菜	法式	餐厅	菜品	甜品	新菜单

jiǔshuǐ dān	jí shì	kǎo ròu	sān wén yú	huángyóu
酒水单	集市	烤肉	三文鱼	黄油

bǐnggān
饼干

lǎng dú
2　朗读 Read aloud the following phrases, paying specific attention to the fluency of your speech:

Tài wù shì hé biān	hěn zhèngzōng	jiànyì nín shìyíshì
泰晤士河边	很 正宗	建议您试一试

qǐngwèn nín xiǎng diǎn xiē shénme　shòu Zhōng guó yóu kè xǐ huan
请问您想点些什么　受中国游客喜欢

jù zi tì huàn liàn xí
b 句子替换练习　Substitution exercises

Work in pairs, and complete the following dialogue by substituting the underlined part of the dialogue with the given words:

Yīng guó yǒu shén me hào chī de
1A 英国有什么好吃的？

Nín xǐ huan chī Yīng guó cài ma
1B 您喜欢吃英国菜吗？

Tài wù shì hé biān yǒu yì jiā Fǎ shì cān tīng　jiàozuò　　　　　　cài pǐn hěn
泰晤士河边有一家法式餐厅，叫做 Le Pont de la Tour，菜品很
zhèngzōng
正宗

Niú jīn jiē de yì jiā tián pǐn hěn yǒu míng　jiànyì nín shìyíshì
牛津街的一家甜品店很有名，建议您试一试

Jí shì shàng de Zhōng dōng kǎo ròu bǐ jiào shòu Zhōng guó yóu kè xǐ huan
集市上的中东烤肉比较受中国游客喜欢

Nín hǎo qǐngwèn nín xiǎng diǎn xiē shénme
2A 您好，请问您想点些什么？

Shāo děng wǒ kàn kan
2B 稍 等，我看看。

Zhè shì wǒmen de xīn càidān
这是我们的新菜单

Nín hǎo zhè shì jiǔshuǐ dān
您好，这是酒水单

Xū yào wǒ gěi nín tuī jiàn tè sè cài ma
需要我给您推荐特色菜吗

Situational dialogue 1 – introducing places to eat

duì huà jiè shào chī fàn de dì fāng
对话1：介绍吃饭的地方。

kè ren　Qǐng wèn fù jìn yǒu shén me hào chī de cān tīng ma
客人：请问附近有什么好吃的餐厅吗？

qián tái　Nín xǐ huan chī Yīng guó cài ma
前台：您喜欢吃英国菜吗？

kèren　　Bù tài xǐ huan　wǒ xǐhuan chī Fǎ guó cài
客人：不太喜欢，我喜欢吃法国菜。

qiántái　　Tài wù shì hé biān yǒu yì jiā Fǎ shì cān tīng　jiàozuò　　　　　　　cài
前台：泰晤士河边有一家法式餐厅，叫做 Le Pont de la Tour，菜
　　　pǐn hěn zhèngzōng　Érqiě cóng nàlǐ kěyǐ zhíjiē kàndào tā qiáo　fēng jǐng hěn hǎo
　　品 很 正 宗。而且从那里可以直接看到塔桥，风景很好。

kèren　Tài hǎo le　qǐngwèn yǒu shénme tuījiàn cài ma
客人：太好了，请问有什么推荐菜吗？

qiántái　Nà lǐ de tián pǐn hěn yǒu míng　jiànyì nín shì yí shì
前台：那里的甜品很有名，建议您试一试。

🔊 **New words**

Yīngguó cài
英国菜　n. British food
Yīng guó cài zhōng zuì yǒu míng de shì Yīng guó zhá yú shǔ tiáo ba
英国菜中最有名的是英国炸鱼薯条吧。

Fǎguó cài
法国菜　n. French cuisine
Wǒ zuì xǐ huan Fàguó cài
我最喜欢法国菜。

Fǎ shì cāntīng
法式餐厅　n. French restaurant
qián cài
前菜　n. starter
zhǔ cài
主菜　n. main course

tián pǐn

甜品 n. dessert

Zhè jiā Fǎ shì cāntīng yǒu yōu huì tào cān bāo kuò yí dào qián cài   liǎng fèn zhǔ cài hé

这家法式餐厅有优惠套餐包括一道前菜，两份主菜和

yí fèn tián pǐn

一份甜品。

zhèng zōng

正宗 adj. original

Zhè lǐ de Fǎ guó cài hěn zhèng zōng

这里的法国菜很正宗。

Activity 6: listening – listen to the guests' preferences for cuisine, and give them suggestions.

Situational dialogue 2 – server Peter recommends dishes to customer Joy

duì huà   fú wù shēng   xiàng kè ren   tuī jiàn cài pǐn

对话2：服务生 Peter 向客人Joy 推荐菜品

Nín hǎo qǐngwèn nín xiǎng diǎn xiē shénme

Peter: 您好，请问您想点些什么？

Joy: Cài dān hěn fēng fù dànshì wǒ yě bù tài quèdìng néng gěi wǒ tuījiàn yìxiē ma
菜单很丰富，但是我也不太确定，能给推荐一些吗？

Peter: Zhè shì wǒmen de xīn càidān qián cài yǒu jīròu shālā sān wén yú shālā tǔdòu
这是我们的新菜单，前菜有鸡肉沙拉，三文鱼沙拉，土豆
shālā zhǔcài yǒu niúpái Déguó xiāngcháng sān wén yú pái hé gālí jīròu
沙拉；主菜有牛排，德国香肠，三文鱼排和咖喱鸡肉。

Joy: Wǒ yào yí fèn sān wén yú shālā jiāshang yí fèn gālí jīròu
我要一份三文鱼沙拉，加上一份咖喱鸡肉。

Peter: Hǎo de qǐngwèn gālí jīròu nín xiǎng dāpèi shénme zhǔshí Yì miàn mǐfàn
好的，请问咖喱鸡肉您想搭配什么主食？ 意面，米饭，
háishì miànbāo ne
还是面包呢？

Joy: Miàn bāo Wǒ xiǎng diǎn yí bēi yǐn pǐn
面包。我想点一杯饮品。

Peter: Hǎo zhè shì jiǔshuǐ dān
好，这是酒水单。

Joy: Qǐng gěi wǒ yí bēi ná tiě Xiè xie
请给我一杯拿铁。谢谢。

Peter: Hǎo de qǐngwèn ná tiě shì xiànzài gěi nín shàng háishì fànhòu
好的，请 问拿铁是现在给您上，还是饭后？

Joy: Fàn hòu ba Qǐng bāng wǒ dào yí bēi rè shuǐ
饭后吧。请帮我倒一杯热水。

Peter: Mǎ shàng sòng dào
马 上 送 到。

Peter: Zhè shì nín de cài kāfēi shāohòu gěi nín duān guòlái
这是您的菜，咖啡稍后给您端过来。

Joy: Xiè xie
谢谢。

Peter: Qǐng nín màn yòng
请 您 慢 用。

🔊 *New words*

cài dān
菜单 n. menu
Zhè shì wǒ men de xīn cài dān
这是我们的新<u>菜单</u>。

shā lā
沙拉 n. salad
Shuǐ guǒ shā lā yīnggāi xiān fàng shuǐguǒ háishì xiān fàng shālā
水果<u>沙拉</u>应该先放水果还是先放沙拉？

tāng
汤 n. soup
Zhōng guó de nán fāng rén xǐ huan fàn qián hē diǎn tāng
中国的南方人喜欢饭前喝点<u>汤</u>。

niú pái
牛排 n. beef steak
Fǎ guó cāntīng de niúpái hěn yǒumíng
法国餐厅的<u>牛排</u>很有名。

yú pái
鱼排 n. fish fillet
zhōngguó zhǎntái hái gōngyìng chūnjuǎn yú pái děng   pō shòu huānyíng
中国展台还供应春卷、<u>鱼排</u>等，颇受欢迎。

Yì dà lì miàn
意大利面 n. spaghetti
Zhè lǐ de fānqié Yì dà lì miàn hěn shòu huānyíng
这里的番茄<u>意大利面</u>很受欢迎。

mǐ fàn
米饭 n. rice
Zhōng guó rén de zhǔ shí yì bān shì mǐ fàn
中国人的主食一般是<u>米饭</u>。

miàn tiáo
面条 n. noodle

Cān tīng de miàn tiáo hěn měi wèi
餐厅的<u>面条</u>很美味。

miàn bāo
面包　n. bread
Tā wèile shěngshì　mǎi le yí gè miànbāo dāng shěngshì wǔcān
他为了省事，买了一个<u>面包</u>当省事午餐。

kā fēi
咖啡 n. café
Tīng shuō hē hēi kā fēi yǒu zhù yú jiǎn féi
听说喝黑<u>咖啡</u>有助于减肥。

hóng jiǔ
红酒　n. red wine
Hóng jiǔ pèi niú pái shì zuì bàng de dā pèi
<u>红酒</u>配牛排是最棒的搭配。

xiāng bīn
香槟　n. champagne
Wǒ men kāi píng xiāngbīn qìng zhù yí xia ba
我们开香<u>槟庆</u>祝一下吧。

sū dá shuǐ
苏打水 n. sparkling water
Qǐng gěi wǒ yì bēi sūdá shuǐ
请给我一杯<u>苏打水</u>。

chéng zhī
橙汁　n. orange juice
Yǒu méi yǒu xiān zhà chéngzhī
有没有鲜榨<u>橙汁</u>?

rè shuǐ
热水　n. hot water
Yù shì hǎo xiàng méi yǒu rè shuǐ
浴室好像没有<u>热水</u>。

Activity 7: role play – imagine that you are a server working in a restaurant, and recommend some popular dishes to your customer.

Situational dialogue 3 – talking about market food

duì huà　　jiè shào jí shì xiǎo chī
对话3：介绍集市小吃

kè ren　Qǐng wèn Bó luó jí shì zěn me qù
客人：请问博罗集市怎么去？

qiántái　Cóng zhè lǐ chū fā xiàng xī zǒu wǔ bǎi mǐ　nín huì kàndào yí zuò qiáo　cóng qiáo
前台：从这里出发向西走五百米，您会看到一座桥，从桥

de xī náncè jiù kěyǐ zǒudào jíshì
的西南侧就可以走到集市。

kè ren　Qǐng wèn nà lǐ de dōng xī guì ma
客人：请问那里的东西贵吗？

qián tái　Nà lǐ zhǔ yào yǐ gè sè xiǎo chī zhù míng　bú tài guì　měi yàng shí pǐn dà gài
前台：那里主要以各色小吃著名，不太贵，每样食品大概

qī zhì shí bàng zuǒ yòu　dàn shì zhǐ shōu xiàn jīn
七至十镑左右，但是只收现金。

kè ren　Kě yǐ tuī jiàn jǐ yàng hào chī de ma
客人：可以推荐几样好吃的吗？

qiántái Jíshì shàng de Zhōngdōng kǎoròu suàn róng shànbèi níngméng hǎidǎn shēng háo
前台：集市上的中东烤肉，　蒜蓉扇贝，　柠檬海胆，　生蚝

　bǐjiào shòu Zhōngguó yóukè xǐhuan　Lìngwài guǒjiǔ yě hěn búcuò　zhídé cháng shì
　比较受中国游客喜欢。　　另外，果酒也很不错,值得尝试。

kè ren　tài hǎo le　xiè xie
客人：太好了,谢谢。

◀)) *New words*

kǎo ròu
烤肉　n. barbecue
Wǒ men zhèng zài jiāo wài kǎo ròu
我们正在郊外烤肉。

suàn róng
蒜蓉　n. minced garlic
Suàn róng qiézi de wèidào fēi cháng bàng
蒜蓉茄子的味道非常棒。

shàn bèi
扇贝　n. scallop
Qīng zhēng shàn bèi shì mā ma de ná shǒu hǎo cài
清蒸扇贝是妈妈的拿手好菜。

hǎi dǎn
海胆　n. sea urchin
Hǎi dǎn hái kě yǐ yòng yú tàn cè yǒu dú de huà xué chéng fèn
海胆还可以用于探测有毒的化学成分。

shēng háo
生蚝　n. oyster
Wǎn shì shí　shànbèi　shēng háo wéi wúxiàn liàng gōngyìng
晚市时,扇贝、生蚝为无限量供应。

shòu　xǐ huan
受…喜欢　v. to be popular among
Zhè ge lǎo shī fēng qù yōu mò　shēn shòu xué shēng xǐ huan
这个老师风趣幽默,深受学生喜欢。

guǒ jiǔ

果酒 n. fruit wine

Zhè kuǎn guǒ jiǔ wèi dào qīng tián

这款果酒味道清甜。

guì ma

贵吗？ Is it expensive?

Zhè jiā cān tīng guì ma

这家餐厅贵吗？

duōshǎo qián

多少钱？ How much?

Zhè ge tào cān duō shǎo qián

这个套餐多少钱？

hěn guì

很贵 adj. very expensive

guì

贵 adj. expensive

bǐjiào guì

比较贵 adj. quite expensive

bù tài guì

不太贵 adj. not very expensive

jiàgé héshì　　jiàgé shíhuì

价格合适/价格实惠 adj. reasonable price

piányi

便宜 adj. cheap

hěn piányi

很便宜 adj. very cheap

Zhè ge cān tīng de jià gé hěn guì　　bǐjiào guì　　　bù tài guì　　　jiàgé héshì

这个餐厅的价格很贵 / 比较贵 / 不太贵 / 价格合适 /

　　jiàgé shíhuì　　　hěn piányi

价格实惠 / 很便宜。

Activity 8: comprehension – answer the following question according to the preceding dialogue.

1　How do I get to Borough Market?
2　Are the things in Borough Market expensive?
3　In Borough Market, can customers pay by card?
4　What is the approximate price of food sold in Borough Market?
5　What food does the front desk recommend?

Situational dialogue 4 – tour guide introduces local food to visitors

duì huà　　　dǎo yóu xiàng dà jiā tuī jiàn tè sè shí wù
对话 4 : 导游向大家推荐特色食物

kèren　　　Qǐng wèn Sū gé lán yǒu shén me dāng dì tè sè shí pǐn ma
客人：请问问苏格兰有什么当地特色食品吗？

dǎoyóu　Sū gé lán bǐ jiào yǒu míng de shì hā jí sī　　　tā shì bǎ duòsuì de yáng gān děng
导游：苏格兰比较有名的是哈吉斯，它是把剁碎的羊肝等
　　　hé yànmài　yángcōng　niúròu yìqǐ sāi jìn yáng yáng wèi lǐ　zài zhǔ shùgèxiǎoshí　Chī
　　　和燕麦、洋葱、牛肉一起塞进羊胃里，再煮数个小时。吃
　　　zhè dào cài de shíhou tōngcháng huì hē yǒumíng de Sū gé lán wēi shì jì
　　　这道菜的时候通常会喝有名的苏格兰威士忌。

kèren　Tīng qǐ lái hé Zhōng guó de xiāng cháng hěn xiàng　Wǒmen yě huì bǎ ròu duò suì
客人：听起来和中国的香肠很像。我们也会把肉剁碎，
　　　bàn shàng làjiāofěn　sǎ shàng jiǔ hé yán　zài sāirù xǐ gān jìng de zhū xiǎo cháng lǐ
　　　拌上辣椒粉，撒上酒和盐，再塞入洗干净的猪小肠里。
　　　Bú guò wǒ men de xiāng cháng xū yào zài dōng tiān shài yí gè yuè　zài ná lái zhǔ
　　　不过我们的香肠需要在冬天晒一个月，再拿来煮。

dǎo yóu　　Tīng qǐ lái hěn xiàng búguò yǒuxiē rén bú tài xǐhuan hā jí sī　　　　Lìng wài Sū

导游：听起来很像，不过有些人不太喜欢哈吉斯。另外苏

gé lán de sān wén yú　Sūgélán huángyóu bǐnggān děngděng dōu hěn yǒu míng

格兰的三文鱼，苏格兰黄油 饼干等等都很有名。

◄)) *New words*

dāng dì

当地 adj. local

Wǒ xiǎng tǐyàn yíxia dāng dì de shēnghuó

我想体验一下当地的生活。

tè sè

特色 n. distinguishing feature

Zhè zhǒng fú zhuāng hěn yǒu tè sè

这种服装很有特色。

yǒu míng

有名　adj. famous

Zhè dào cài hěn yǒumíng

这道菜很有名。

duò suì

剁碎 v. to chop

Zhè dào cài xū yào bǎ ròu duò suì

这道菜需要把肉剁碎。

qiē piàn

切片　v. to slice

Qǐng bǎ jī ròu qiē piàn

请把鸡肉切片。

qiē kuài

切块　v. to dice or cube

Qǐng bǎ huáng yóu qiē kuài

请把黄油切块。

zhǔ

煮 v. to boil

Shuǐ zhǔ yú hěn hǎochī

水<u>煮</u>鱼很好吃。

zhà

炸 v. to fry

Zhà jī hěn yóu

<u>炸</u>鸡很油。

kǎo

烤 v. to bake

Tā xǐ huan kǎo miàn bāo

她喜欢<u>烤</u>面包。

Activity 9: speaking – introduce local food to your guests.

Activity 10: vocabulary – fill in the following blanks with the given words.

	zhèng zōng		tè sè		tuī jiàn		zì		tōng cháng
A	正 宗	B	特色	C	推荐	D	自	E	通常
	yōu huì		mǎn yì		fù jìn		cóng		fēng wèi
F	优惠	G	满意	H	附近	I	从	J	风味

Zhè zhǒng tǔ sī　　　　　hé yīngtáo jiàng dāpèi cái gèng kěkǒu

1　这种吐司（　　　）和樱桃酱搭配才更可口。

Nín shì wǒmen de lǎo gù kè le　wǒ gěi nín　　　　　yìxie

2　您是我们的老顾客了，我给您（　　　）一些。

Nín　　　　zǒuláng zuǒcè de rùkǒu jìnqù jiùshì xǐshǒujiān

3　您（　　　）走廊左侧的入口进去就是洗手间。

Nín duì wǒmen de fúwù gǎndào　　　　ma

4　您对我们的服务感到（　　　）吗？

Sū gé lán de　　　　cài pǐn shì hā jí sī
5　苏格兰的（　　）菜品是哈吉斯。

Zài wǒmen jiǔdiàn　　　yǒu yí gè qǔkuǎnjī　shì bù shōu shǒuxùfèi de
6　在我们 酒店（　　）有一个取款机，是不收手续费的。

Zhè jiā cāntīng de Yì dà lì cài fēicháng
7　这家餐厅的意大利菜非常（　　　）。

Bó luó jíshì shàng yǒu lái zì shì jiè gè dì de　　　xiǎo chī
8　博罗集市上有来自世界各地的（　　　）小吃。

Wǒmen de sān wén yú cì shēn chǎn　　Měi guó Ā lā sī jiā hǎi yù
9　我们的三文鱼刺身产（　　）美国阿拉斯加海域。

Wǒ　　　nín cháng yíxia wǒmen mì zhì de kǎo é gān　fēicháng měiwèi
10　我（　）您尝一下我们秘制的烤鹅肝，非常美味。

Activity 11: role play – imagine that you are a sever in a restaurant, and recommend some popular dishes to your customer.

Text – afternoon tea
duǎn wén　xià wǔ chá
短　文：下午茶

Yīng guó rén hào chá shǒuxiān shì hóngchá Chá wénhuà　shì wánzhěng deYīng
英国人好茶，首先是红茶。茶文化，是完整的英
lún zhī lǚ bùkě quēshǎo de yíbùfen　Zài Yīngguó hēchá　jiǎngjiu de shì fēnwéi
伦之旅不可缺少的一部分。在英国喝茶，讲究的是氛围，
zhè lǐ yǒu chāojí duō zhuānmén hēchá chī diǎnxīn de hǎo dìfang
这里有超级多专门喝茶吃点心的好地方。

英国的茶文化最早由中国传入。一六六二年，葡萄牙公主与英格兰国王联姻，她的嫁妆中便有一箱中国茶叶。由此，饮茶之风便在王室盛行起来。据说英国下午茶的开创者是公爵夫人Bedford七世Anna。

对于上层阶级，下午茶只是正餐之前的'小餐'，更大的作用在于社交。而对于工人阶级而言，时间金钱都承担不起这种精致的生活。传统意义上，上流社会的轻便下午茶叫做'Low Tea'或'Afternoon Tea'，通常在下午四点左右，精致点心搭配飘香红茶，在海德公园大道前消磨时间。中下层的下午茶在五点到七点，内容更加充实，通常有一大杯的茶加上面包、蔬菜和奶酪，偶尔会搭配肉类、馅饼和土豆，被称作high tea或者'Meat Tea'。直到十九世纪，这种传统的'高下午茶'仍是英格兰北部和苏格兰一些地区不可少的一餐。

时间：传统意义上，下午茶于下午四点开始。

Zhuāng zhì Yīng shì xià wǔ chá de biāo pèi shì sān céng cí pán zhuāng chéng de
装置：英式下午茶的标配是三层瓷盘装盛的
diǎn xīn Cóng xià dào shàng dì yī céng fàng sānmíngzhì dì èr céng fàng
点心。从下到上，第一层放三明治，第二层放传
chuántǒng Yīngshì diǎnxīn sī kāng bing dì sān céng fàng dàngāo
统英式　点心司康饼 Scone，第三层放蛋糕和
hé shuǐguǒ tǎ Xuǎn chá Zhèng tǒng de xià wǔ chá yì bān yòng chún pǐn chá
水果塔。选茶：正统的下午茶一般用纯品茶，
bǐ rú dàjí lǐng bójué chá xīlán chá děng Bú guò xiàn zài huā chá
比如大吉岭、伯爵茶、锡兰茶等。不过现在花茶、
nǎichá děng zuòwéi xià wǔchá cháshuǐ yě hěn chángjiàn le
奶茶等作为下 午茶茶水也很常见了。

Shùn xù Chá diǎn de shí yòng cóng dàn dào zhòng yóu xián zhì tián yì bān shì
顺序：茶点的食用从淡到重，由咸至甜，一般是
zìxiàérshàng cóng dǐ xià dì yī céng kāishǐ wǎng shàng chī Hē chá de huà shì xiān
自下而上，从底下第一层开始往上吃。喝茶的话是先
dào chá zài jiā niú nǎi
倒茶再加牛奶。

Dào le Yīng guó   yí dìng yào hǎo hǎo pǐn cháng yí xia zhè lǐ de chá huà wén
到了英国，一定要好好品尝一下这里的茶文化。

Activity 12: comprehension – answer the following questions according to the preceding dialogue.

Yīng guó rén zuì xǐ huan hē shén me chá
1 英国人最喜欢喝什么茶？

Chá shì shénme shíhou cóng Zhōngguó yǐnrù Yīngguó de
2 茶是什么时候从中国引入英国的？

Duì shuí lái shuō   xià wǔchá shì xiǎo cān
3 对谁来说，下午茶是‘小餐’？

Gāo xià wǔ chá zhǔyào zài Yīngguó nǎlǐ bǐjiào liúxíng
4 ‘高下午茶’主要在英国哪里比较流行？

Chuán tǒng yì yì shàng xià wǔchá yú jǐ diǎn kāishǐ
5 传统意义上，下午茶于几点开始？

Yīng shì xià wǔchá yìbān yǒu jǐ céng zhuāng chéng de diǎnxīn

6 英式下午茶一般有几层装盛的点心?

Dì sān céng fàng de shì shénme

7 第三层放的是什么?

Chún pǐn chá yǒu nǎxiē

8 纯品茶有哪些?

Chī chádiǎn de shùnxù shì shénme

9 吃茶点的顺序是什么?

Hē chá yīng gāi xiān dào chá hái shì xiān nǎi

10 喝茶应该先倒茶还是先加奶?

Activity 13: speaking – use the following words to introduce aspects of afternoon-tea culture.

1 History

yóu　　chuánrù　　yóucǐ　　jùshuō　　kāichuàng zhě

由xxx 传入 … 由此… 据说… 开创　者

2 The difference between low tea and high tea

shàngcéng　jiējí　　gōngrénjiējí　　duì　　éryán　　jiàozuò　　tōngcháng

上层　阶级… 工人阶级… 对xxx 而言 … 叫做… 通常

ǒuěr　　bèichēngzuò　　chuántǒng de　　yì cān

… 偶尔… 被 称作 … 传统　的… 一餐

3 The order in which to have afternoon tea

cóng　　dào

从…到…

yóu　　zhì

由…至…

zì　　ér

自…而…

xiān　　zài

先…再…

◀))

Activity 14: interactive listening – imagine that you are a receptionist, listen to what the guest says on the audio, and respond accordingly.

CAT 12: Understanding Chinese food culture

Knowing the Chinese food culture is useful when you are recommending local food to Chinese guests. Chinese people typically eat a wide range of vegetables and meats. Fish and shellfish are also popular sources of food. Dinner is the most important meal of the day and will typically include a variety of dishes, which may start with soup.

Unlike formal Western meals, which usually consist of three courses (starter, main course, and dessert), Chinese meals usually consist of *fan* and *cai*. The former refers to staple foods (e.g. rice, noodles, or steamed buns) and the latter is a vegetable and/or meat dish that would complement *fan*. A rice bowl and a pair of chopsticks, rather than a plate and knives and forks, are the most commonly used tableware for a Chinese meal. Each person has their own rice bowl, and *cai* is served on communal plates for all people to share. Dessert is not a main course in China; instead, Chinese desserts are considered snacks to be eaten between two meals. If dessert is served as part of the meal, it is served during the course of a meal with no firm distinction made. If served at the end of the meal, the dessert is normally fresh fruit.

The following are some of the different types of Chinese courses:

Soups and congees – instead of adding milk or cream to the soup, Chinese soups contain refined starches from corn to thicken them. There are also light soups, which don't use starches. Normal ingredients for soups are vegetables and meat, like pork and chicken. Soups are served after hot dishes. Chinese people believe that soups are good for health.

Cold dishes – cold dishes are the first course in a traditional Chinese banquet. Salt, sugar, chilli powder, light soy sauce, vinegar and sesame oil are often used to make cold dishes. Cold dishes attach great importance to the designing of the dish, which is the 'shape' of the dish. Normally, cold dish can stimulate people's appetites.

Hot dishes – normally, main courses are also called hot dishes. Hot dishes are normally cooked by using techniques like stir-frying, deep-frying, quick frying, hui, and so on.

Staple food and xiaochi – rice is the most popular staple food in southern China, because southern China is the region where rice is farmed. People here always eat steamed rice. In contrast, in northern China, which is a wheat-farming area, people normally eat flour-based food, like noodles, *mantou* (a kind of steamed bun), and dumplings. *Xiaochi* is a kind of snack. They are often sold in street stalls or small restaurants. Normally, one stall only sells one kind of snack. *Xiaochi* is a kind of light meal, and it's often self-contained and easily portable. Different regions have different *xiaochi*. They are popular among tourists and local people. For more, see the information provided by China Discovery: https://www. chinadiscovery.com/chinese-food/food-culture.html.

Experiential exercise

Continue your vlog by producing a dining-out guide: local vs international. It should showcase the best local/traditional cuisine and international cuisine available in your local area that you would recommend.

You may wish to record your own dining and/or drinking experience in various local restaurants, bars, and cafés and in local farmers' markets or food markets, over a period of time, to make it an interesting weekly broadcast.

Revision

- Practise the key expressions and new words you have learnt in this lesson
- Invent imaginary host situations, and try to describe some local food and drinks, or create situational dialogues of your own
- Try to include as many polite expressions and as much new vocabulary as possible in your conversation
- Try to learn additional vocabulary for food and drinks that is specific to your area

Lesson 13 介绍当地风俗
Introducing local customs

Learning objectives

By the end of this lesson, you will be able to:

*   Introduce local customs
*   Use appropriate vocabulary to describe festivals and popular activities
*   Recount historical events

Warm-up

What are your country's local customs that tourists need to know?

Activity 1: pronunciation – listen to and repeat after the recording, paying attention to the pronunciation.

wénhuàjié 文化节	cultural festival
yìshùjié 艺术节	art festival
jiā nián huá kuáng huān jié 嘉年华 / 狂欢节	carnival
chuán tǒng fúz huāng 传统服装	traditional clothing
hūn lǐ xí sú 婚礼习俗	wedding customs
zhǔtí 主题	theme
duō yuán wén huà 多元文化	multiculturalism
jiē tóu wén huà 街头文化	street culture

Activity 2: speaking – after you hear the English word on the recording, say the equivalent word for it in Chinese, paying attention to tone. You will hear the standard pronunciation after your attempt.

Activity 3: vocabulary – working in pairs, student A picks a word in Chinese from the list and says it out loud; student B listens and translates it back into English; and then they change roles.

Activity 4: vocabulary – match each following Chinese word with its English equivalent.

jiā nián huá
1 嘉年华   A theme

jiē tóu wén huà
2 街头文化   B wedding customs

zhǔtí
3 主题   C cultural festival

hūn lǐ xí sú
4 婚礼习俗   D carnival

wén huà jié
5 文化节   E multiculturalism

chuán tǒng fúzh uāng
6 传 统 服 装   F street culture

duō yuán wén huà
7 多 元 文 化   G traditional clothing

Activity 5: speaking – look at the following pictures. Use the words you have learnt, in order to describe the pictures. Then write the correct word for each picture, to improve your memory.

1

2

3

4

5

Key expression: introducing local customs

🔊 Listen to and memorize the following key expressions:

Ài dīng bǎo de fēng sú kě duō le ér qiě hǎo wán de jié rì yě tè bié duō

1 爱丁堡的风俗可多了，而且好玩的节日也特别多 。

There are many customs in Edinburgh, and there are many fun festivals.

yóu yú Ài dīng bǎo guó jì yì shù jié měi dào bā yuè Ài dīng bǎo jiù chéng

2 由于爱丁堡国际艺术节，每到八月爱丁堡就成

le dì qiú shàng zuì rè nao de chéng shì

了地球上最热闹的城市。

Due to the Edinburgh International Art Festival, Edinburgh becomes the busiest city on earth in August.

Wéi qī liù tiān de Wǔ dé fú dé mín sú jiā nián huá shì yì chǎng

3 为期六天的伍德福德民俗嘉年华是一场

xiǎng yù quán qiú de duō yuán huà jié qìng huó dòng

享誉全球的多元化节庆活动。

The six-day Woodford Folk Carnival is a globally renowned and diverse festival.

Jǔ bàn jiā niánhuá de chǎngdì wèiyú Bùlǐsībān yǐběi de

4 举办嘉年华的场地位于布里斯班以北的

Wǔ dé fú dé páng de yí chù zhàn dì liǎng bǎi gōng qǐng de nóng dì

伍德福德旁的一处占地两百公顷的农地，

yīncǐ dé míng Wǔ dé fú díyà cūn

因此得名伍德福迪亚村。

The carnival is located on 200-hectare farmland beside Woodford, north of Brisbane, which is why it is called Woodforde Village.

Nuò dīng shān kuáng huān jié qǐ yuán yú yī jiǔ liù sì nián shì

5 诺丁山狂欢节起源于一九六四年，是

Ōuz hōu guī mó zuì dà de jiē tóu wén huà yìshù jié

欧洲规模最大的街头文化艺术节。

Notting Hill Carnival, which originated in 1964, is the largest street culture and art festival in Europe.

Nuò dīng shān kuáng huān jié shì Yīng guó duō yuán wén huà de xiàng zhēng zhī yī

6 诺丁山狂欢节是英国多元文化的象征之一。

Notting Hill Carnival is one of the symbols of British multiculturalism.

7
Jǐ shí nián hòu　　tā fā zhǎn chéng wéi guī mó shèng dà de duō yuán
几十年后，它发展成为规模盛大的多元
wén huà jié rì hé Lún dūn zuì zhì shǒu kě rè de lǚ yóu xiàng mù zhī yī
文化节日和伦敦最炙手可热的旅游项目之一。
Decades later, it has developed into a large multicultural festival and one of London's hottest tourism attractions.

yǔ yīn
a　语音 Phonetics

biàn yīn biàn dú
1　辨音辨读 Read aloud the following words, paying specific attention to the accuracy of your pronunciation and tone:
fēng sú jié rì rè nao chéng shì jiā nián huá chǎng dì
风俗节日热闹城市嘉年华场地
kuáng huān jié qǐ yuán duō yuán wén huà xiàng zhēng lǚ yóu xiàng mù
狂欢节起源多元文化象征旅游项目
lǎng dú
2　朗读 Read aloud the following phrases, paying specific attention to the fluency of your speech:
guó jì yì shù jié xiǎng yù quán qiú de duō yuán huà jié qìng huó dòng
国际艺术节享誉全球的多元化节庆活动
zhàn dì liǎng bǎi gōng qǐng Ōu zhōu guī mó zuì dà de
占地两百公顷欧洲规模最大的
zuì zhì shǒu kě rè de shì Yīng guó duō yuán wén huà de xiàng zhēng zhī yī
最炙手可热的是英国多元文化的象征之一

b jù zi tì huàn liàn xí

句子替换练习 Substitution exercises

Work in pairs, and complete the following dialogue by substituting the underlined part of the dialogue with the given words:

Ài dīng bǎo yì shù jié zěn me yàng

1A 爱丁堡艺术节怎么样？

Tè bié yǒu yì si

1B 特别有意思。

---

měi dào bā yuè Ài dīng bǎo jiù chéng le dì qiú shàng zuì rè nao de chéng shì

每到八月爱丁堡就成了地球上最热闹的城市

tā fāz hǎn chéng wéi guī mó shèng dà de duō yuán wén huà jié

它发展成为规模盛大的多元文化节

Néng gēn wǒ jiǎng jiǎng Nuò dīng shān kuáng huān jié ma

2A 能跟我讲讲诺丁山狂欢节吗？

Nuò dīng shān kuáng huān jié qǐ yuán yú yī jiǔ liù sì nián

2B 诺丁山狂欢节起源于一九六四年。

Nuò dīng shān kuáng huān jié shì Ōuz hōu guī mó zuì dà de jiē tóu wén huà yì shù jié

诺丁山狂欢节是欧洲规模最大的街头文化艺术节

Nuò dīng shān kuáng huān jié shì Yīng guó duō yuán wén huà de xiàng zhēng zhī yī

诺丁山狂欢节是英国多元文化的象征之一

Nuò dīng shān kuán ghuān jié shì Lún dūn zuì zhì shǒu kě rè de lǚ yóu xiàng mù zhī yī

诺丁山狂欢节是伦敦最炙手可热的旅游项目之一

Situational dialogue 1 – introducing Edinburgh cultural festival to a guest

duì huà　　　xiàng kè ren jiè shào Ài dīng bǎo fēng sú yǐ jí wén huà jié
对话 1：向客人介绍爱丁堡风俗以及文化节

kè ren　　Ài dīng bǎo yǒu méi yǒu shén me yǒu qù de fēng sú hé hǎo wán de jié
客人：爱丁堡有没有什么有趣的风俗和好玩的节

rì
日？

jiē dài yuán　Ài dīng bǎo de fēng sú kě duō le　ér qiě hǎo wán de jié rì
接待员：爱丁堡风俗可多了，而且好玩的节日

yě tè bié duō　Zài zhè lǐ nǐ kě yǐ kàn dào chuān Sū gé lán duǎn qún de
也特别多。在这里你可以看到穿苏格兰短裙的

nán shì　　nà shì tā men de chuán tǒng fúz huāng　zài hūn lǐ shàng nán shì
男士，那是他们的传统服装，在婚礼上男士

yě shì yào chuān zhè zhǒng fú shì de
也是要穿这种服饰的。

kè ren　　Nán guài wǒ zài Sū gé lán chéng bǎo lǐ kàn dào hěn duō chuān qún
客人：难怪我在苏格兰城堡里看到很多穿裙

zi de shì bīng
子的士兵。

jiē dài yuán　Shì de zài　Ài dīng bǎo jiē tóu nǐ yě kě yǐ kàn dào chuān

接待员：是的，在爱丁堡街头你也可以看到穿

zhe Sū gé lán duǎn qún yǎn zòu fēng dí de nán shì

着苏格兰短裙演奏风笛的男士。

kè ren　Zhēn de hěn yǒu tè sè　Nǐ gāng cái shuō de yì shù jié shì shén me

客人：真的很有特色。你刚才说的艺术节是什么

shí hou　　Wǒ yě xiǎng cān jiā

时候？我也想参加。

jiē dài yuán　Ài dīng bǎo guó jì yì shù jié　měi dào bā yuè Ài dīng bǎo

接待员：爱丁堡国际艺术节，每到八月爱丁堡

jiù chéng le dì qiú shàng zuì rè nao de chéng shì　Yì shù jié huì yāo qǐng

就成了地球上最热闹的城市。艺术节会邀请

shì jiè gè dì de jù mù lái biǎo yǎn　　xiǎng yào kàn jù xū yào zhì shǎo tí

世界各地的剧目来表演，想要看剧需要至少提

qián yí gè yuè dìng piào

前一个月订票。

kè ren　Xiàn zài kàn lái shì hěn nán dìng dào piào le　nà wǒ hái néng qù

客人：现在看来是很难订到票了，那我还能去

yì shù jié wán ma

艺术节玩吗？

jiē dài yuán Dāng rán kě yǐ　yì shù jié bù jǐn jǐn yǒu mǎi piào

接待员：当然可以，艺术节不仅仅有买票

cái néng jìn rù de jù chǎng　bā yuè de shí hou jiǔ bā cān guǎn

才能进入的剧场，八月的时候酒吧、餐馆、

guǎng chǎng dōu huì yǒu yǎn chū　tè bié rè nao　Hái yǒu gè zhǒng měi

广场都会有演出，特别热闹。还有各种美

shí chú cǐ zhī wài　yī jiǔ wǔ líng nián bǎo cún zhì jīn de jūn yuè duì

食，除此之外，一九五零年保存至今的军乐队

biǎo yǎn yě shì yì shù jié de bǎo liú xiàng mù

表演也是艺术节的保留项目。

🔊 *New words*

dāng dì
当地 adj. local
Wǒ xiǎng pǐn cháng yí xia dāng dì shí wù
我想品尝一下当地食物。

jǔ bàn
举办 v. to hold
wén huà jié
文化节 n. culture festival
Xià tiān zhè lǐ huì jǔ bàn wén huà jié yǐ jí gè zhǒng yì shù jié
夏天这里会举办文化节以及各种艺术节。

Ài dīng bǎo guó jì yì shù jié
爱丁堡国际艺术节 n. Edinburgh International Festival
Wǒ xiǎng qù guān kàn Ài dīng bǎo guó jì yì shù jié
我想去观看爱丁堡国际艺术节。

fēng sú
风俗 n. customs
Qǐng zūn zhòng dāng dì de fēng sú
请尊重当地的风俗。

Sū gé lán duǎn qún
苏格兰短裙 n. Scottish kilt
Wǒ xiǎng qù shāng diàn mǎi jǐ tiáo Sū gé lán duǎn qún
我想去商店买几条苏格兰短裙。

Sū gé lán fēng dí
苏格兰风笛 n. Scottish bagpipe
Ài dīng bǎo de jiē tóu yǒu rén zài chuī zòu Sū gé lán fēng dí
爱丁堡的街头有人在吹奏苏格兰风笛。

yāo qǐng

邀请 v. invite

Xué shēng men dōu huì yāo qǐng fù mǔ cān jiā zì jǐ de bì yè diǎn lǐ

学生们都会<u>邀请</u>父母参加自己的毕业典礼。

jiǔ bā

酒吧 n. bar

Lún dūn jiē tóu yǒu hěn duō jiǔ bā

伦敦街头有很多<u>酒吧</u>。

bǎo liú xiàng mù

保留项目 n. guaranteed event/item

Yān huǒ biǎo yǎn shì měi nián de bǎo liú xiàng mù

烟火表演是每年的<u>保留项目</u>。

yǎn zòu

演奏 v. to play (an instrument)

Tā tè bié xǐ huan yǎn zòu gāng qín

他特别喜欢<u>演奏钢琴</u>。

◀))

Activity 6: comprehension – answer the following question according to the preceding dialogue.

1   Why do soldiers in Scottish castles wear short skirts?
2   When do Scottish men wear kilts?
3   When is the Edinburgh Art Festival?
4   How long does it take to book a ticket to watch a show at the Edinburgh Art Festival?
5   Can the customer go to the Edinburgh Art Festival without a ticket?

Text – Queensland Woodford Festival

duǎn wén　Kūn shì lán Wǔ dé fú dé mín sú jiā nián huá
短文：昆士兰伍德福德民俗嘉年华

Wéi qī liù tiān de Wǔdé fúdé mín sú jiā nián huá náng kuò liǎng qiān duō míng biǎo yǎn
为期六天的伍德福德民俗嘉年华囊括两千多名表演

zhě yǔ sì bǎi duō xiàng jīng xīn chóu huà de huó dòng　shì yì chǎng xiǎng yù quán qiú de
者与四百多项精心筹划的活动，是一场享誉全球的

duō yuán huà jié qìng huó dòng　cóng yīn yuè huì yǔ jiē tóu jù chǎng dào zuò jiā xiǎo zǔ　shàng yǎn
多元化节庆活动，从音乐会与街头剧场到作家小组，上演

gè zhǒng zuò pǐn　hái yǒu　yì chǎng diàn yǐng jié　ér tóng jiā nián huá yǐ jí yì shù yǔ
各种作品，还有一场电影节、儿童嘉年华以及艺术与

shǒu gōng yì pǐn gōng zuō fang　Jǔ bàn jiā nián huá de chǎng dì wèi yú Bù lǐ sī bān yǐ běi
手工艺品工作坊。举办嘉年华的场地位于布里斯班以北

de Wǔ dé fú dé páng de yí chù zhàn dì liǎng bǎi gōng qǐng de nóng dì yīn cǐ dé míng
的伍德福德旁的一处占地两百公顷的农地，因此得名

Wǔ dé fúdí yà cūn　Yóu yú qí liáng hǎo de shēng tài huán jìng　zhōu wéi hái yǒu xǔ duō bèi
伍德福迪亚村。由于其良的生态环境，周围还有许多被

shù lín wéi rào de yíng dì　chí táng hé yěs hēng dòng wù
树林围绕的营地、池塘和野生动物。

🔊 *New words*

mínsú

民俗 n. folk custom

Liǎo jiě gè gè guó jiā de mín sú fēi cháng yǒu qù

了解各个国家的民俗非常有趣。

jiā niánhuá

嘉年华 n. carnival

Wǒ hěn xǐ huan cān jiā jiā nián huá qìng diǎn

我很喜欢参加嘉年华庆典。

nángkuò

囊括 v. to include

Ào yùn huì náng kuò le quán qiú èr bǎi duō gè guó jiā hé dì qū

奥运会囊括了全球二百多个国家和地区。

jīng xīn chóu huà

精心筹划 adj. carefully planned

Wǒ men gōng sī jīng xīn chóu huà le yì chǎng jiāo liú huó dòng

我们公司精心筹划了一场交流活动。

xiǎng yù quán qiú

享誉全球 v. to be world renowned

Zhè ge chá yè pǐn pái xiǎng yù quán qiú

这个茶叶品牌享誉全球。

zuōfang

作坊 n. workshop

Wǒ hěn xǐ huan chī zhè ge shǒu gōng zuō fang zhì zuò de qiǎo kè lì

我很喜欢吃这个手工作坊制作的巧克力。

gōngqǐng

公顷 n. hectare

Zhè ge yóu lè chǎng zhàn dì liǎng bǎi duō gōng qǐng

这个游乐场占地两百多公顷。

shēng tài huánjìng

生态环境　n. ecosystem

Wǒ men yào bǎo hù shēng tài huán jìng

我们 要保护生态环境。

wéirào

围绕 v. to be around; to focus on

Wéi rào zhè yì wèn　tí dà jiā zhǎn kāi le rè liè de tǎo lùn

围绕这一问题，大家展开了热烈的讨论。

yíngdì

营地 n. camp

Wǒ men de yíng dì jiàn lì zài jìn jiāo

我们的营地建立在近郊。

chítáng

池塘 n. pond

Zhè piàn chí táng lǐ yǒu hěn duō xiǎo dòng wù

这片池塘里有很多小动物。

yěshēngdòngwù

野生动物　n. wild animals

Wǒ xiǎng qù yě shēng dòng wù yuán wán

我想去野生动物园玩。

Activity 7: comprehension – according to the preceding dialogue, determine whether each following sentence is true or false.

Wǔ dé fú dé mín sú jiā nián huá wéi qī wǔ tiān

1　伍德福德民俗嘉年华为期五天。

Wǔ dé fú dé mín sú jiā nián huá náng kuò liǎng qiān duō míng biǎo yǎn

2　伍德福德民俗嘉年华囊括两千多名表演

zhě yǔ sì bǎi duō xiàng jīng xīn chóu huà de huó dòng　shì yì chǎng

者与四百多项精心筹划的活动，是一场

xiǎng yù quán qiú de duō yuán huà jié qìng huó dòng

享誉全球的多元化节庆活动。

Jiā nián huá zhǐ yǒu yīn yuè huì hé jiē tóu jù chǎng
3　嘉年华只有音乐会和街头剧场。

Jǔ bàn jiā nián huá de chǎng dì wèi yú Bù lǐ sī bān yǐ nán de
4　举办嘉年华的场地位于布里斯班以南的

Wǔ dé fú dé páng de yí chù zhàn dì liǎng bǎi gōng qǐng de nóng dì
伍德福德旁的一处占地两百公顷的农地

Wǔ dé fú dí yà cūn yǒu liáng hǎo de shēng tài huán jìng
5　伍德福迪亚村有良好的生态环境。

Text – Notting Hill Carnival

duǎn wén　Nuò dīng shān kuán ghu ānjié
短文：诺丁山狂欢节

Nuò dīng shān kuáng huān jié qǐ yuán yú yī jiǔ liù sì nián　shì Ōuz hōu guī mó
诺丁山狂欢节起源于一九六四年，　是欧洲规模

zuì dà de jiē tóu wén huà yìshù　jié jǐn cì yú Bā xī de Lǐ yuē rè nèi lú kuáng huān jié
最大的街头文化艺术节，仅次于巴西的里约热内卢狂欢节，

měi nián bā yuè dǐ de zuì hòu yí gè zhōu mò zài Yīng guó Lún dūn xī qū Nuò dīng shān dì
每年八月底的最后一个周末在英国伦敦西区诺丁山地

qū jǔ xíng yǐ Fēi zhōu hé Jiā lè bǐ dì qū wén huà wéi zhǔ tí shì Yīng guó duō yuán
区举行，以非洲和加勒比地区文化为主题，是英国多元

wén huà de xiàng zhēng zhī yī　Yīn wéi Nuò dīng shān qū de hēi rén jū mín duō bàn bù lái zì
文化的象征之一。因为诺丁山区的黑人居民多半不来自

Fēizhōu　ér lái zì Jiā lè bǐ hǎi huò Lā měi qí tā dì qū　　　　Zhèng shì Nuò dīng shān de
非洲，而来自加勒比海或拉美其他地区。正是诺丁山的

yí mín wén huà yùn yù le Nuò dīng shān kuáng huān jié Èr shí shì jì liù shí nián dài　　jù jū
移民文化孕育了诺丁山狂欢节。　二十世纪六十年代，聚居

zài Nuò dīng shān dì qū de xī yìn dù qún dǎo yí mín yīn sī xiāng qíng zhòng ér jǔ bàn
在诺丁山地区的西印度群岛移民因思乡情重而举办

kuán ghuān jié　dāng shí bú guò zhǐ yǒu yì xiǎo qún rén chuān zhe mín zú fú zhuāng qiāo zhe gāng
狂欢节，当时不过只有一小群人穿着民族服装，敲着钢

gǔ zài jiē shàng zǒu yì quān éryǐ　Jǐ shí nián hòu　　tā fā zhǎn chéng wéi guī mó shèng dà de
鼓在街上走一圈而已。几十年后，它发展成为规模盛大的

duō yuán wén huà jié rì hé Lún dūn zuì zhì shǒu kě rè de lǚ yóu xiàng mù zhī yī
多元文化节日和伦敦最炙手可热的旅游项目之一。

🔊 **New words**

Lǐyuē rè nèi lú
里约热内卢 n. Rio de Janeiro
Lǐ yuē rè nèi lú shì Bā xī de zhù míng hǎi biān chéng shì
里约热内卢是巴西的著名海边城市。

Jiā lè bǐ
加勒比 n. Caribbean
Jiā lè bǐ hǎi yán àn de jǐng sè hěn měi měi
加勒比海沿岸的景色很美。

xiàngzhēng
象征　n. symbol
Jù dà huá lì de dà běn zhōng shì Yīng guó de xiàng zhēng
巨大华丽的大本钟是英国的象征。

yí mín

移民 n. immigrant

Lún dūn shì yǒu lái zì gè gè guó jiā de yí mín

伦敦市有来自各个国家的<u>移民</u>。

yùn yù

孕育 v. to gestate; to foster

Kùn nan zhōng bāo hán zhe shèng lì   shībài lǐ yùn yù zhe chéng gōng

困难中包含着胜利，失败里<u>孕育</u>着成功。

jù jū

聚居 v. to settle in; to reside collectively

Gāo dì shàng de mù yáng rén xǐ ài jù jū zài zhè lǐ

高地上的牧羊人喜爱<u>聚居</u>在这里。

sī xiāngqíng zhòng

思乡情重   n. homesickness

Lí kāi jiā xiāng jiù le   yuè fā sī xiāng qíng zhòng

离开家乡久了，越发<u>思乡情重</u>。

gāng gǔ

钢鼓 n. steel drum

Wǒ hěn xǐ huan tīng gāng gǔ de shēng yīn

我很喜欢听<u>钢鼓</u>的声音。

zhì shǒu kě rè

炙手可热 adj. extremely popular

Sū shān shì xì jù jié shàng zhì shǒu kě rè de míng xīng

苏珊是戏剧节上<u>炙手可热</u>的明星。

Activity 8: speaking – describe a local custom or festival in your hometown, including its name, when and where it is held, and what people can usually do there.

Activity 9: reading and vocabulary – insert the following words in the right place, then answer the questions.

dú tè de jiǔ bā wén huà
独特的酒吧文化

	xiāo fèi		jù huì		fèi yòng		shè jiāo		lì shǐ
A	消费	B	聚会	C	费用	D	社交	E	历史
	fēng gé		dàochù		tè sè		yǎn zòu		xí guàn
F	风格	G	到处	H	特色	I	演奏	J	习惯

Zài Yīng guó dōu yǒu jiǔ bā hē pí jiǔ yǐ jīng chéng wéi Lún dūn rén de chuán
在英国（ ）都有酒吧，喝啤酒已经成为伦敦人的传

tǒng zhīyī Yīng guó de jiǔ bā dōu hěn yǒu yǒu fēng gé shí shàng qián wèi
统（ ）之一。英国的酒吧都很有（ ），有风格时尚前卫

de xiàn dài jiǔ bā yě yǒu yōu jiǔ de chuán tǒng jiǔ bā Àn dàn de dēng
的现代酒吧，也有（ ）悠久的传 统 酒吧。暗的灯

guāng shēn sè de mù zhì zhuō yǐ yǐ jí suì huā bù yì zhu āng shì shì diǎn xíng de
光，深色的木制桌椅，以及碎花布艺装饰是典型的

Yīng guó jiǔ bā Xiàn zài de jiǔ bā hěn shǎo yǒu yuè duì yì bān dōu
英国酒吧（ ）。现在的酒吧很少有乐队（ ），一般都

zhǐ shì bō fàng bèi jǐng yīn yuè Zhè shì yīn wéi rén lì tài guì jiǔ bā lǎo bǎn zhī fù
只是播放背景音乐。这是因为人力太贵，酒吧老板支付

bù qǐ yuè duì de yǎn chàng suǒ yǐ ji ǎké chóng yuè duì de gù shi yǐ jīng shì
不起乐队的演唱 （ ），所以甲壳虫乐队的故事已经是

jǐ shí nián qián de shì le Jiǔ bā lǐ de tiáo jiǔ shī tài du rè qíng fú wù
几十年前的事了。酒吧里的调酒师态度热情，服务

zhōudào Jiǔ bā yǐ jīng chéng wéi Lún dūn de yì zhǒng wén huà Jiǔ bā yě
周到 。酒吧已经成为伦敦的一种文化。酒吧也

shì zhòng yào de chǎng hé Yīng guó rén hěn xǐ huan zài jiǔ bā lǐ yǔ
是重要的（ ）场合，英国人很喜欢在酒吧里与

péngyǒumen Zài jiǔ bā hòu shì xū yào fù xiǎ ofèi de xiǎ ofèi tōng cháng
朋友们（ ）。在酒吧（ ）后是需要付小费的，小费通常

qíng kuàng xià àn zhàng dān de bǎi fēn zhī shí zuǒ yòu lái zhī fù jiù kě yǐ le
情况 下按账 单 的百分之十左 右来支付就可以了。

1 What is the traditional British bar style?
2 Do many bands still sing in bars?
3 How much is generally paid in tips?

Activity 10: grammar – rearrange the order of the following parts of speech to make complete sentences.

xiǎodòngwù de xǐài shēngcún chítáng lǐ jùjū yìqǐ zài
1 小动物 / 的 / 喜爱 / 生存 / 池塘里 / 聚居 / 一起 / 在。

duōyuán yímín shìjiè gèdì láizì yùnyù de chū wénhuà
2 多元 / 移民 / 世界各地 / 来自 / 孕育 / 的 / 出 / 文化。

xiǎngyùquánqiú zhège mínsú yǒuqù jiérì de
3 享誉 全球 / 这个 / 民俗 / 有趣 / 节日 / 的。

guójiā de zhège nángkuò suǒyǒu le jīn pái yùndòng yuán
4 国家 / 的 / 这个 / 囊括 / 所有 / 了 / 金牌 / 运动员。

běn cì fāng àn jīngxīnchóuhuà wǒ le huódòng de quán bù
5 本次 / 方案 / 精心筹划 / 我 / 了 / 活动 / 的 / 全部。

Text – British royal wedding

duǎnwén Yīng guó wáng shì hūn lǐ xí sú
短文：英国王室婚礼习俗

Yīng guó wáng shì hūn lǐ chuán tǒng de jǔ bàn dì diǎn shì Wēi sī mǐn sī tè dà jiào
英国王室婚礼传统的举办地点是威斯敏斯特大教

堂，从一零五三年开始，就成为王室成员举办婚礼的场所。二零一一年四月二十九日，威廉王子就在此举办了一场世纪婚礼。婚礼上新人交换的婚戒是由产量稀少的威尔士黄金打造的，产自威尔士北部的克罗戈圣戴维金矿。皇室婚纱一般不会暴露太多肌肤，强调对教会的尊重。蕾丝和华丽的真丝缎在皇室婚礼上一直很受青睐，蕾丝全部是由手工制作的。

新郎则需要穿一身戎装步入婚礼现场，这个习俗的由来是因为阿尔伯特亲王身着军装，成为了后世模仿的对象。根据英国王室多年的传统，新娘子的头饰会向女王借王冠戴，女王的王冠件件精美绝伦，价值连城。新娘的捧花中总是会有一小支桃金娘，它象征婚姻与爱情。在王室婚礼上捧花不能随便扔给伴娘，而要放在无名烈士的墓前用于纪念。婚礼上通常会由一群小孩子担任伴童，这些

xiǎo hái chúle yǒu wáng shì chéng yuán zhīwài yě yǒu lái zì gēn wáng shì chéng yuán
小孩除了有王室成员之外，也有来自跟王室成员

guān xì mìqiè de jiā tíng de xiǎo hái Xīn láng xīn niáng zài jiào táng jǔ xíng wán yí shì
关系密切的家庭的小孩。新郎新娘在教堂举行完仪式

zhī hòu jiāng chéng zuò mǎ chē cóng jǔ xíng hū nlǐ yí shì de jiào táng qián wǎng jǔ xíng
之后，将乘坐马车从举行婚礼仪式的教堂前往举行

hūn lǐ jiǔ huì de chǎng suǒ
婚礼酒会的场所。

　　Suí hòu xīn láng hé xīn niáng jiāng huì zài Bái jīn hàn gōng de yáng tái shàng
　　随后新郎和新娘将会在白金汉宫的阳台上

yǔ mín zhòng jiàn miàn Wáng shì hūn lǐ de dàn gāo yí dìng shì yào chuán tǒng de
与民众见面。王室婚礼的蛋糕一定是要传统的

duō céng gān guǒ dàn gāo Yǒu jīng diǎn de Yīng lún huā shì zhǔ tí zhuāng shì dàn gāo
多层干果蛋糕。有经典的英伦花式主题装饰，蛋糕

shàng hái huì tú shàng xiàng zhēng wáng zǐ hé wáng fēi liǎng rén ài qíng de zì mǔ
上还会涂上象征王子和王妃两人爱情的字母。

🔊 *New words*

chuán tǒng
传统　n. tradition
Wǒ hěn xǐ huan kàn chuán tǒng de xì jù biǎo yǎn
我很喜欢看传统的戏剧表演。

jiào táng
教堂　n. church
Wǒ xiǎng qù cān guān wēi sī mǐn sī tè dà jiào táng
我想去参观威斯敏斯特大教堂。

shì jì
世纪　n. century
Wēi lián wáng zǐ hé Kǎi tè wáng fēi de hūn lǐ kān chēng shì jì hūn lǐ
威廉王子和凯特王妃的婚礼堪称世纪婚礼。

chǎn liàng

产量　n. yield

Zhè piàn yú chǎng lǐ xuě yú chǎn liàng hěn duō

这片渔场里鳕鱼产量很多。

dǎzào

打造 adj. handmade

Zhè méi jiè zhǐ shì chún shǒu gōng dǎ zào de

这枚戒指是纯手工打造的。

huángjīn

黄金　n. gold

Zhè tiáo xiàn liàn shì yóu huáng jīn zuò chéng de

这条项链是由黄金做成的。

jīnkuàng

金矿　n. goldmine

Wēi ěr shì běi bù yǒu yí gè hěn dà de jīn kuàng

威尔士北部有一个很大的金矿。

bào lù

暴露 n. exposure

Huài rén bào le shēn fèn

坏人暴露了身份。

lěi　sī

蕾丝 n. lace

Shāng diàn lǐ de zhè tiáo lěi sī qún zi fēi cháng huá lì

商店里的这条蕾丝裙子非常华丽。

zhēn sī duàn

真丝缎 n. silk satin

Zhè tiáo qún zi shì yòng zhēn sī duàn zhì zuò ér chéng de

这条裙子是用真丝缎制作而成的。

qīng lài

青睐 v. to favour

Lún dūn shí zhuāng zhōu shēn shòu yóu kè qīng lài

伦敦时装周深受游客青睐。

róngzhuāng

戎装 adj. armoured

Xīn láng huì zài hūn lǐ shàng chuān yì shēn róng zhuāng

新郎会在婚礼上穿一身戎装。

mó fǎng

模仿 v. to imitate

Xiǎo hái zi hěn xǐ huan mó fǎng dà ren

小孩子很喜欢模仿大人。

tóu shì

头饰 n. headwear

Wǒ hěn xǐ huan xiān yàn de tóu shì

我很喜欢鲜艳的头饰。

jīngměi juélún

精美绝伦 adj. exquisite

Zhè ge shǒu shì hé zhēn shì jīng měi jué lún

这个首饰盒真是精美绝伦。

jià zhí lián chéng

价值连城 adj. priceless

Zhè ge wáng guān jià zhí lián chéng

这个王冠价值连城。

hūnyīn

婚姻 n. marriage

Tā men de hūn yīn hěn xìng fú

他们的婚姻很幸福。

pěng huā

捧 花　n. bouquet

Zhè shù pěng huā fēi cháng měi

这束 捧 花非常美。

liè shi

烈士　n. martyr

Liè shi zhí dé rén men de zūn jìng

烈士值得人们的尊敬。

yí shì

仪式　n. ceremony

Huáng jiā de hūn lǐ yí shì shí fēn tè bié

皇家的婚礼仪式十分特别。

gān guǒ

干果　n. dried fruit

Nǐ xiǎng lái diǎn er gān guǒ ma

你想来点儿干果吗？

zhuāng shì

装 饰　n. decoration

Xīn niáng tóu fà shàng de zhuāng shì hěn piào liang

新娘头发上的装饰很漂亮。

jīng diǎn

经 典　adj. classic

Wǒ hěn xǐ huan kàn jīng diǎn de diàn yǐng

我很喜欢看经典的电影。

Activity 11: speaking – use the following pictures to describe the royal wedding.

1   2

3   4

5   6

Activity 12: interactive listening – imagine that you are a receptionist, listen to what the guest says on the audio, and respond accordingly.

CAT 13: The dos and don'ts of conversation

Much like people in English-speaking countries, Chinese people often open conversations with small talk. Common ice-breaking pleasantries in Chinese culture are 'have you eaten?'

(您/你吃了吗?) and 'where have you been?' (

您/你去哪儿了?). These questions are similar to 'how are you?' in Western culture, and you do not need to answer in detail.

When making a conversation, *do* start with safe topics, such as food, scenery, travel, or weather. Positive comments and impressions of China are always well received. The don'ts are similar to those in Western culture: try to avoid conversations about private life, and try to avoid discussing politically sensitive topics that you are unfamiliar with.

Experiential exercise

Select three to five of the best-known and least-known local traditions from your region, to make a 15-minute presentation in Chinese. You can include photos and short video clips in the presentation. Share your presentation with fellow classmates or your Chinese friends.

Revision

- Practise the key expressions and new words you have learnt in this lesson
- Invent imaginary host situations, and try to describe some local customs and traditions, or create situational dialogues of your own
- Try to include as many polite expressions and as much new vocabulary as possible in your conversation
- Try to learn additional vocabulary of customs and traditions that are specific to your area

Lesson 14 介绍景点 (1)
Describing a place or visitor attraction

Learning objectives

By the end of this lesson, you will be able to:

* Describe historical sites and recount historical events
* Use appropriate vocabulary to explain the design and architecture of cultural attractions

Warm-up

What are the most popular modern or historical sites in your area? What words would you use to describe these places?

◀))

Activity 1: pronunciation – listen to and repeat after the recording, paying attention to the pronunciation.

rén wén jǐng guān 人文景观	**Cultural attractions**
bó wù guǎn 博物馆	Museum
měi shù guǎn 美术馆	Art museum
Dù shā fū rén là xiàng guǎn 杜莎夫人蜡像馆	Madame Tussauds, London
Shā shì bǐ yà gù jū 莎士比亚故居	Shakespeare House
hǎigǎng 海港	Harbour
huánxíng mǎtóu 环形码头	Circular quay
hǎiguān dàlóu 海关大楼	Customs house
Xīnígējùyuàn 悉尼歌剧院	Sydney Opera House
zhíwùyuán 植物园	Botanic gardens
chéng bǎo 城堡	Castle
gōng diàn 宫殿	Palace
Kěn xīn dùn gōng 肯辛顿宫	Kensington Palace
dà běn zhōng 大本钟	Big Ben
Lún dūn tǎ qiáo shèng 伦敦塔桥圣	Tower of London
Bǎo luó dà jiào táng 保罗大教堂	St Paul's Cathedral

jǐng diǎn wēn xīn tí shì

景点温馨提示　　site notices

gēn wǒ lái gēn wǒ yì qǐ

跟我来/跟我一起　　please follow me

jìn zhǐ pāi zhào qǐng wù pāi zhào

禁止拍照/请勿拍照　　no photos

qǐng wù chù mō

请勿触摸　　don't touch

qǐng wù dà shēng xuān huá

请勿大声喧哗　　please keep quiet

qǐng wù yǐn shí

请勿饮食　　no food or drink

Activity 2: speaking – after you hear the English word on the recording, say the equivalent word for it in Chinese, paying attention to tone. You will hear the standard pronunciation after your attempt.

Activity 3: vocabulary – working in pairs, student A picks a word in Chinese from the list and says it out loud; student B listens and translates it back into English; and then they change roles.

Activity 4: vocabulary – match each following Chinese word with its English equivalent.

Bái jīn hàn gōng

1　白金汉宫　　A　castle

chéng bǎo

2　城堡　　B　harbour

bó wù guǎn

3　博物馆　　C　Sydney Opera House

hǎigǎng

4　海港　　D　botanical gardens

zhíwùyuán

5　植物园　　E　museum

Xīnígējùyuàn

6　悉尼歌剧院　　F　Buckingham Palace

Activity 5: speaking – look at the following pictures. Use the words you have learnt, in order to describe the pictures. Then write the correct word for each picture, to improve your memory.

1

2

3

4

5

Key expressions: introducing cultural attractions

🔊 Listen to and memorize the following key expressions:

Dà yīng bó wù guǎn shì Yīng guó zuì dà de zōng hé xìng bó wù guǎn　　yě shì

1 大英博物馆是英国最大的综合性博物馆，也是

shìjiè shàng zuì zhùmíng de bówùguǎn zhīyī

世界上最著名的博物馆之一。The British Museum is the largest comprehensive museum in the UK and one of the most famous museums in the world.

Dà yīng bó wù guǎn mù qián fēn wéi shí gè yán jiū hé zhuān yè guǎn　　nín xiànzài

2 大英博物馆目前分为十个研究和专业馆，您现在

suǒzài de shì dōngfāng guǎn

所在的是东方馆。The British Museum currently has ten research and specialized departments. You are now in the Oriental Pavilion.

Zhè lǐ yǒu dà pī zhēn guì de Zhōng guó wén wù　　zuì zhù míng de bāo kuò Sòng luó

3 这里有大批珍贵的中国文物，最著名的包括宋罗

hàn sān cǎi xiàng　Dūn huáng jīng juàn hé Sòng　Míng liǎng dài míng huà děng

汉三彩像、敦煌经卷和宋、明两代名画等。

A large number of precious Chinese cultural relics are here. The most famous ones include the three-colour images of the Song and Han dynasties, the Dunhuang scriptures and famous paintings of the Song and Ming dynasties.

Xī ní gē jù yuàn shì èr shí shìjì zuì jù tèsè de jiànzhù zhīyī　　yě shì

4 悉尼歌剧院是二十世纪最具特色的建筑之一，也是

shìjiè zhùmíng de biǎoyǎnyìshùzhōngxīn　Xīníshì de biāozhì xìng jiànzhù

世界著名的表演艺术中心、悉尼市的标志性建筑。

The Sydney Opera House is one of the most distinctive buildings of the 20th century. It is also a world-renowned performing arts centre and a landmark of Sydney.

Gāi jùyuàn shèjìzhě wéi Dānmài shèjìshī Yuē ēn　　Wū sōng

5 该剧院设计者为丹麦设计师约恩·乌松。The theatre was designed by Danish designer Joen Usson.

Yú èr líng líng qī nián liù yuè èr shí bā rì zhè dòng jiàn zhù bèi lián hé guó jiào kē

6 于二零零七年六月二十八日这栋建筑被联合国教科

wén zǔ zhī píngwéi shìjiè wénhuà yíchǎn

文组织评为世界文化遗产。The building was named a World Heritage Site by UNESCO on 28 June 2007.

yǔ yīn
a 语音 **Phonetics**

biàn yīn biàn dú

1 辨音辨读 Read aloud the following words, paying specific attention to the accuracy of your pronunciation and tone:

dà yīng bó wù guǎn yán jiū zhuān yè guǎn dōngfāng guǎn
大 英 博 物 馆 研 究 专 业 馆 东 方 馆

jīng juàn míng huà jiànzhù shèjìshī
经 卷 名 画 建 筑 设 计 师

lǎng dú

2 朗读 Read aloud the following phrases, paying specific attention to the fluency of your speech:

zuì dà de zōng hé xìng bó wù guǎn shìjiè shàng zuì zhùmíng de bówùguǎn zhīyī
最 大 的 综 合 性 博 物 馆 世 界 上 最 著 名 的 博 物 馆 之 一

zhēn guì de Zhōng guó wén wù biāozhì xìng jiànzhù
珍 贵 的 中 国 文 物 标 志 性 建 筑

lián hé guó jiào kē wén zǔ zhī shìjiè wénhuà yíchǎn
联 合 国 教 科 文 组 织 世 界 文 化 遗 产

jù zi tì huàn liàn xí
b 句子替换练习 **Substitution exercises**

Work in pairs, and complete the following dialogue by substituting the underlined part of the dialogue with the given words:

Gěi wǒ jièshào yí xià dà yīng bó wù guǎn ba
1A 给我介绍一下大英博物馆吧。

Dà yīng bó wù guǎn shì Yīng guó zuì dà de zōng hé xìng bó wù guǎn
1B 大 英 博 物 馆 是 英 国 最 大 的 综 合 性 博 物 馆。

Dà yīng bó wù guǎn shì shìjiè shàng zuì zhùmíng de bówùguǎn zhīyī

大英博物馆是世界上最著名的博物馆之一

Dà yīng bó wù guǎn mù qián fēn wéi shí gè yán jiū hé zhuān yè guǎn

大英博物馆目前分为十个研究和专业馆

Zhè lǐ yǒu dà pī zhēn guì de Zhōng guó wén wù　zuì zhù míng de bāo kuò Sòng luó hàn

这里有大批珍贵的中国文物，最著名的包括宋罗汉

sān cǎi xiàng Dūn huáng jīng juàn hé Sòng Míng liǎng dài míng huà děng

三彩像、敦煌经卷和宋、明两代名画等

Xī ní gē jù yuàn zěn me yàng

2A　悉尼歌剧院怎么样？

Xī ní gē jù yuàn shì èr shí shìjì zuì jù tèsè de jiànzhù zhīyī

2B　悉尼歌剧院是二十世纪最具特色的建筑之一。

Xī ní gē jù yuàn shì shìjiè zhùmíng de biǎoyǎnyìshùzhōngxīn　Xīníshì de biāozhì

悉尼歌剧院是世界著名的表演艺术中心、悉尼市的标志

xìng jiànzhù

性建筑

Gāi jùyuàn shèjìzhě wéi Dānmài shèjìshī Yuē ēn　Wū sōng

该剧院设计者为丹麦设计师约恩·乌松

Zhè dòng jiàn zhù bèi lián hé guó jiào kē wén zǔ zhī píngwéi shìjiè wénhuà yíchǎn

这栋建筑被联合国教科文组织评为世界文化遗产

Monologue 1 – tour guide describes British Museum

dǎo yóu cí　　　dǎo yóu dài lǐng dà jiā cān guān dà yīng bó wù guǎn
导游词1：导游带领大家参观大英博物馆

dǎoyóu　Gè wèi hǎo　　wǒ shì nǐ men de dǎo yóu　　　　　　　　nín xiànzài wèiyú
导游：各位好，我是你们的导游 Jasmine，您现在位于
dàyīngbówùguǎn　　Dà yīng bó wù guǎn shì Yīng guó zuì dà de zōng hé xìng bó wù
大英博物馆。大英博物馆是英国最大的综合性博物
guǎn　　yě shì shìjiè shàng zuì zhùmíng de bówùguǎn zhīyī　　Yī qī jiǔ wǔ nián tā
馆，也是世界上最著名的博物馆之一。一七九五年它
shǒucì yǐ dàyīngbówùguǎn de míngyì duìwàikāifàng
首次以大英博物馆的名义对外开放。

Dà yīng bó wù guǎn mù qián fēn wéi shí gè yán jiū hé zhuān yè guǎn　　nín xiànzài suǒzài
大英博物馆目前分为十个研究和专业馆，您现在所在
de shì dōngfāng guǎn　　zhèlǐ yǒu dàpī zhēnguì de Zhōngguó wén wù　　zuì zhù míng de
的是东方馆，这里有大批珍贵的中国文物，最著名的
bāo kuò Sòng luó hàn sān cǎi xiàng　　Dūn huáng jīng juàn hé Sòng　　Míng liǎng dài míng
包括宋罗汉三彩像、敦煌经卷和宋、明两代名
huà děng
画等。

Dà yīng bówùguǎn bùjǐn bǎoliú le gǔdài Āijí　　Xīlà　　Luómǎ　　Xīyà　　dōngfāng hé
大英博物馆不仅保留了古代埃及、希腊、罗马、西亚、东方和
Ōuzhōu zhōngshìjì wénwù　　hái bǎoliú le sì gè túshūshì hé yuè lǎn tīng
欧洲中世纪文物，还保留了四个图书室和阅览厅。

◀》 *New words*

shè ji
设计 v. to design

jiàn zào
建造 v. to build

Zhè zuò gōng diàn shì yóu Zhōng guó jiàn zhù shī shè ji bìng jiàn zào de
这座宫殿是由中国建筑师设计并建造的。

zuì dà de
最大的 n. the biggest

Zhè zuò gōng diàn shì Lún dūn dì qū zuì dà de
这座宫殿是伦敦地区最大的。

zuì duō
最多 adj. most

Shǔ qī zhè lǐ de yóu kè zuì duō
暑期这里的游客最多。

zōng hé xìng
综合性 adj. comprehensive

zhù míng
著名 adj. famous

Niú jīn dà xué shì shì jiè zhù míng de zōng hé xìng dà xué
牛津大学是世界著名的综合性大学。

céng　　　　zhǎn tīng
层 n. floor　展厅 n. exhibition hall

Zhǎn tīng zài sān céng
展厅在三层。

zhēn guì de　　　　　　zhǎn pǐn
珍贵的 adj. precious　展品 n. exhibit

Zhè zuò hóng wěi de bó wù guǎn lǐ yǒu hěn duō zhēn guì de zhǎn pǐn
这座宏伟的博物馆里有很多珍贵的展品。

duìwàikāifàng

对外开放 v. to open

Kǎn tè bó léi dà jiào táng dōng jì duì wài kāi fàng de shí jiān shì

坎特伯雷大教堂冬季对外开放的时间是 9:45-15:00。

yǐ   de míng yì

以…的名义 prep. in the name of

Wǒ yǐ gōng sī de míng yì yǔ nín qiān dìng hé tong

我以公司的名义与您签订合同。

Sòngluóhàn sān cǎi xiàng hé Dūnhuáng jīngjuàn

宋罗汉三彩像和敦煌经卷   Song luohan three colour images
  and Dunhuang scriptures

Sòng luó hàn sān cǎi xiàng hé Dūn huáng jīng juàn Zài zhōng guó fēi cháng yǒu míng

宋罗汉三彩像和敦煌经卷在中国非常有名。

Activity 6: comprehension – answer the following question according to the dialogue.

Yīng guó zuì dà de bó wù guǎn shì nǎ yí zuò   Tā nǎ yì nián shǒu cì xiàng gōng zhòng

英国最大的博物馆是哪一座？它哪一年首次向公众

kāi fàng

开放？

Text – Sydney Opera House

duǎn wén   Xīnígējùyuàn
短 文：悉尼歌剧院

Xī ní gē jù yuàn shì èr shí shì jì zuì jù tè sè de jiàn zhù zhī yī   yě shì shìjiè
悉尼歌剧院是二十世纪最具特色的建筑之一，也是世界
zhùmíng de biǎoyǎnyìshùzhōngxīn   Xīníshì de biāozhì xìng jiànzhù   Gāi jù yuàn shè jì
著名的表演艺术中心、悉尼市的标志性建筑。该剧院设计
zhě wéi Dān mài shè jì shī Yuē ēn   Wū sōng   jiànshè gōngzuò cóng yī jiǔ wǔ jiǔ nián kāi shǐ
者为丹麦设计师约恩·乌松，建设工作从一九五九年开始，
yī jiǔ qī sān nián dà jùyuàn zhèngshì luòchéng   Yú èr líng líng qī nián liù yuè èr shí bā
一九七三年大剧院正式落成。于二零零七年六月二十八
rì   zhè dòng jiànzhù bèi liánhéguójiàokēwénzǔzhī píngwéi shìjiè wénhuà yíchǎn
日，这栋建筑被联合国教科文组织评为世界文化遗产，
cóng luòchéng dào lièrù jǐn jiàn gé sān shí sì nián   wéi shǎoshù èr shí shìjì luòchéng
从落成到列入仅间隔三十四年，为少数二十世纪落成
jiànzhùwù lièrù shìjièyíchǎn de lìzi
建筑物列入世界遗产的例子。

🔊 *New words*

biǎoyǎn yìshù

表演艺术 n. performance and art

Wǒ xiǎng liǎojiě biǎo yǎn yì shù zhuān yè

我想了解表演艺术专业。

biāozhì xìng

标志性 adj. iconic

Dà běn zhōng shì Lúndūn de biāozhì xìng jiànzhù

大本钟是伦敦的标志性建筑。

zhèngshì

正式 adj. formal was rated

Jīn tiān wǒ men zhào kāi gōng sī de zhèng shì huì yì

今天我们召开公司的正式会议。

bèi   píngwéi

被…评为 v. to be rated/regarded as

      bèipíngwéi gōngsī de yōuxiù yuángōng

Jessica 被评为公司的优秀员工。

luòchéng

落成 v. to be completed

Wǒ men bàngōng dàlóu zài qùniánshíyuè jiù yǐjīng luòchéng le

我们办公大楼在去年十月就已经落成了。

lièrù

列入 v. to be included

Wǒ yǐjīng bǎ wáng zǒng lièrù wǒmen de kèhù míngdān

我已经把王总列入我们的客户名单。

jiàngé

间隔 v. to be interrupted

Sūn yáng zài jiàn gé yì nián hòu chóng xīn huò dé le yóu yǒng guàn jūn

孙杨在间隔一年后重新获得了游泳冠军。

lìzi

例子 n. example

Zhè ge lì zi zhèng míng le bǎo hù huán jìng de zhòng yào xìng

这个例子证明了保护环境的重要性。

Activity 7: comprehension – according to the preceding dialogue, determine whether each following sentence is true or false.

Xī ní gē jù yuàn shì shí jiǔ shì jì zuì jù tè sè de jiàn zhù zhīyī

1 悉尼歌剧院是十九世纪最具特色的建筑之一。

Xī ní gē jù yuàn shì shì jiè zhù míng de biǎo yǎn yì shù zhōng xīn   Xīníshì de

2 悉尼歌剧院是世界著名的表演艺术中心、悉尼市的

biāozhì xìng jiànzhù

标志性建筑。

Gāi jù yuàn shè jì zhě wéi Dān mài shè jì shī Yuē ēn   Wū sōng

3 该剧院设计者为丹麦设计师约恩•乌松。

Xī ní gē jù yuàn méi yǒu bèi liè wéi shì jiè wén huà yí chǎn

4 悉尼歌剧院没有被列为世界文化遗产。

Yī jiǔ qī sān nián Xīnígējùyuàn zhèngshì luòchéng

5 一九七三年悉尼歌剧院正式落成。

Key expressions: introducing historical sites

🔊 Listen to and memorize the following key expressions:

Dà jiā hǎo   zhèlǐ jiùshì zhùmíng de Wēnshā chéngbǎo le

1 大家好，这里就是著名的温莎城堡了。Hello everyone, this is the famous Windsor Castle.

Mù qián Wēn shā chéng bǎo shì Yīng guó wáng shì Wēn shā wáng cháo de jiā zú

2 目前温莎城堡是英国王室温莎王朝的家族

chéng bǎo   yě shì xiànzài shìjiè shàng yǒurén jūzhù de chéngbǎo zhōng zuìdà de

城 堡，也是现在世界上有人居住的城堡中最大的

yí gè

一个。At present, Windsor Castle is the family castle of the British monarch. It is also the largest inhabited castle in the world.

3 Zhè zuò chéngbǎo zuìchū yóu Wēi lián yíshì yíngjiàn   mùdì zàiyú bǎohù
这 座 城 堡 最 初 由 威 廉 一 世 营 建 , 目 的 在 于 保 护
Tàiwùshì shàng láiwǎng chuánzhī hé wángshì de ānquán
泰 晤 士 上 来 往 船 只 和 王 室 的 安 全 。 The castle was origi-
nally built by William I to protect the ships and the royal family on the Thames.

4 Zì shí èr shìjì yǐlái Wēnshā chéngbǎo yìzhí shì Yīng wáng de xínggōng
自 十 二 世 纪 以 来 温 莎 城 堡 一 直 是 英 王 的 行 宫 。
Windsor Castle has been the palace of the monarch since the 12th century.

5 Zhè lǐ hái yǒu yí duàn làng màn de ài qíng gù shì
这 里 还 有 一 段 浪 漫 的 爱 情 故 事 。 A romantic love story
happened here.

6 Wēn shā chéng bǎo lǐ yǒu hěn duō míng guì de shōu cáng pǐn   lìngwài lǐmiàn de
温 莎 城 堡 里 有 很 多 名 贵 的 收 藏 品 , 另 外 里 面 的
Shèng qiáo zhì lǐbàitáng shì Yīngguó Gētèshìjiànzhù de jīngpǐn
圣 乔 治 礼 拜 堂 是 英 国 哥 特 式 建 筑 的 精 品 。 There are many
valuable collections in Windsor Castle. The St George's Chapel inside is a piece
of fine work of British Gothic architecture.

7 Xiàn zài qǐng suí wǒ gòu piào jìn rù Wēn shā chéng cān guān
现 在 请 随 我 购 票 进 入 温 莎 城 参 观 。 Now please follow
me to buy tickets to visit Windsor City.

8 Qǐng zhù yì chéng bǎo nèi diàn shì jìn zhǐ pāi zhào de
请 注 意 城 堡 内 殿 是 禁 止 拍 照 的 。 Please note that taking
pictures in the castle hall is not allowed.

9 Huáng gōng shì yí zuò sì céng zhèng fāng tǐ huī sè jiàn zhù   xuánguà wángshì
皇 宫 是 一 座 四 层 正 方 体 灰 色 建 筑 , 悬 挂 王 室
huīzhāng de zhuāngyán de zhèngmén   shì Yīng huángquán lì de zhōngxīn
徽 章 的 庄 严 的 正 门 , 是 英 皇 权 力 的 中 心 。
The Royal Palace is a grey cube-shaped four-storey building with a majestic
main entrance that hangs the royal coat of arms. It is the centre of royal power.

> Xiàn zài Bái jīn hàn gōng duì wài kāi fàng cān guān   měi tiān zǎo shang dōu
> 10 现在白金汉宫对外开放参观，每天早上都
> huì jǔ xíng zhù míng de jìn wèi jūn jiāo jiē diǎnlǐ   chéng wéi Yīng guó wáng shì
> 会举行著名的禁卫军交接典礼，成为英国王室
> wén huà de yí dà jǐng guān
> 文化的一大景观。 Buckingham Palace is now open to visitors. The famous Guards Force handover ceremony is held every morning, which has become a great landscape of British royal culture.

yǔ yīn
a 语音 Phonetics

biàn yīn biàn dú
1   辨音辨读 Read aloud the following words, paying specific attention to the accuracy of your pronunciation and tone:

Wēnshā	chéngbǎo	yíngjiàn	xínggōng	míng guì de
温莎	城堡	营建	行宫	名贵的

shōu cáng pǐn	jīngpǐn	cān guān	jǐng guān
收藏品	精品	参观	景观

lǎng dú
2   朗读 Read aloud the following phrases, paying specific attention to the fluency of your speech:

Yīng guó wáng shì
英国王室

Tàiwùshì shàng láiwǎng chuánzhī
泰晤士上来往船只

làng màn de ài qíng gù shi
浪漫的爱情故事

xuánguà wángshì huīzhāng
悬挂王室徽章

zhù míng de jìn wèi jūn jiāo jiē diǎnlǐ
著名的禁卫军交接典礼

Wēn shā wáng cháo de jiā zú chéng bǎo
温莎王朝的家族城堡

wángshì de ānquán
王室的安全

Gētèshìjiànzhù
哥特式建筑

Yīng huángquán lì de zhōngxīn
英皇权力的中心

jù zi tì huàn liàn xí

b 句子替换练习 **Substitution exercises**

Work in pairs, and complete the following dialogue by substituting the underlined part of the dialogue with the given words:

Zhè ge chéng bǎo zhēn piào liang

1A 这个城堡真漂亮！

Dà jiā hǎo　zhèlǐ jiùshì zhùmíng de Wēnshā chéngbǎo le

1B 大家好，这里就是著名的温莎城堡了。

Mù qián Wēn shā chéng bǎo shì Yīng guó wáng shì wēn shā wáng cháo de jiā zú chéng bǎo

目前温莎城堡是英国王室温莎王朝的家族城堡，

yě shì xiànzài shìjiè shàng yǒurén jūzhù de chéngbǎo Zhōng zuìdà de yí gè

也是现在世界上有人居住的城堡中最大的一个

Zhè zuò chéngbǎo zuìchū yóu Wēi lián yíshì yíngjiàn　mùdì zàiyú bǎohù Tàiwùshì

这座城堡最初由威廉一世营建，目的在于保护泰晤士

shàng láiwǎng chuánzhī hé wángshì de ānquán

上来往船只和王室的安全

Zì shí èr shìjì yǐlái Wēnshā chéngbǎo yìzhí shì Yīng wáng de xínggōng

自十二世纪以来温莎城堡一直是英王的行宫

Xiàn zài qǐng suí wǒ gòu piào jìn rù wēn shā chéng cān guān

2A 现在请随我购票进入温莎城参观

Hǎo de

2B 好的。

Qǐng zhù yì chéng bǎo nèi diàn shì jìn zhǐ pāi zhào de

请注意城堡内殿是禁止拍照的

Zhè lǐ hái yǒu yí duàn làng màn de ài qíng gù shi　wǒ lái gěi dà jiā jiǎng jiǎng

这里还有一段浪漫的爱情故事，我来给大家讲讲

Wēn shā chéng bǎo lǐ yǒu hěn duō míng guì de shōu cáng pǐn　lìngwài lǐmiàn de Shèng

温莎城堡里有很多名贵的收藏品，另外里面的圣

qiáo zhì lǐbàitáng shì Yīngguó Gētèshìjiànzhù de jīngpǐn

乔治礼拜堂是英国哥特式建筑的精品

Monologue 2 – guided tour to Windsor Castle

dǎo yóu cí   dǎo yóu dài Wáng xiān sheng zài Wēn shā chéng bǎo qián cān guān
导游词2：导游带王先生在温莎城堡前参观

dǎo yóu   Dà jiā hǎo   zhèlǐ jiùshì zhùmíng de Wēnshā chéngbǎo le   Mùqián Wēnshā
导游：大家好，这里就是著名的温莎城堡了。目前温莎
chéngbǎo shì Yīngguó wáng shìWēn shā wángcháo de jiāzú chéngbǎo   yě shì xiànzài shìjiè
城堡是英国王室温莎王朝的家族城堡，也是现在世界
shàng yǒurén jūzhù de chéngbǎo zhōng zuìdà de yí gè
上有人居住的城堡中最大的一个。

Xiàn rèn de Yīng guó nǚ wáng Yī lì shā bái èr shì měi nián yǒu xiāng dāng duō de shí jiān
现任的英国女王伊丽莎白二世每年有相当多的时间
zài Wēn shā chéng bǎo zhōng dù guò   zài zhèlǐ jǔxíng guójiā huódòng   Zhè zuò
在温莎城堡中度过，在这里举行国家活动。这座
chéngbǎo zuìchū yóu Wēi lián yíshì yíngjiàn   mùdì zàiyú bǎohù Tàiwùshì shàng
城堡最初由威廉一世营建，目的在于保护泰晤士上
láiwǎng chuánzhī hé wángshì de ānquán   zì shí èr shìjì yǐlái yìzhí shì Yīng wáng
来往船只和王室的安全，自十二世纪以来一直是英王

de xínggōng　 Zhè lǐ hái yǒu yí duàn làng màn de ài qíng gù shi　　 Yī jiǔ sān liù

的 行宫。这里还有一段浪漫的爱情故事。一九三六

nián　Yīng wáng Ài dé huá bā shì zàicǐ céng xiàng Měiguó píngmín Xīnpǔsēn fūrén

年，英王爱德华八世在此曾向美国平民辛普森夫人

qiúhūn　 wèile àiqíng fàngqì wángwèi　 yóu yì guó zhī jūn jiàng wéi Wēnshā gōngjué

求婚，为了爱情放弃王位，由一国之君降为温莎公爵，

zhè duàn bú ài jiāngshān àiměi rén de yì shì　 yě wèi Wēnshā zēngtiān le làngmàn

这段不爱江山爱美人的轶事，也为温莎增添了浪漫

qìfēn

气氛。

　　Wēn shā chéng bǎo lǐ yǒu hěn duō míng guì de shōu cáng pǐn　lìngwài lǐmiàn de Shèng

　　温莎城堡里有很多名贵的收藏品，另外里面的圣

qiáo zhì lǐbàitáng shì Yīngguó Gētèshìjiànzhù de jīngpǐn　Cǐ wài　 wèibīng huàngǎng

乔治礼拜堂是英国哥特式建筑的精品。此外，卫兵换岗

yíshì zài měi zhōuyī zhì zhōuliù zhōng wǔ shí yī diǎn jǔ xíng

仪式在每周一至周六中午十一点举行。

　　Xiàn zài qǐng suí wǒ gòu piào jìn rù Wēn shā chéng cān guān　búguò qǐng zhùyì chéngbǎo

　　现在请随我购票进入温莎城参观，不过请注意城堡

nèi diàn shì jìnzhǐ pāizhào de

内殿是禁止拍照的。

🔊 **New words**

wáng cháo

王 朝　n. dynasty

Wēn shā chéng bǎo shì Wēn shā wáng cháo de jiā zú chéng bǎo

温莎城堡是温莎王朝的家族城堡。

nǚ wáng

女 王　n. the Queen

Yīng guó xiàn rèn nǚ wáng shì Yī lì shā bái èr shì

英国现任女王是伊丽莎白二世 Elizabeth II。

jū zhù
居住 v. to live; to reside
Yīng guó xiàn rèn nǚ wáng Yī lì shā bái èr shì zài cǐ jū zhù
英国现任女王伊丽莎白二世在此居住。

gòu piào
购票 v. to buy tickets
Jìn rù chéng bǎo xū yào gòu piào
进入城堡需要购票。

fǔ dǐ
府邸 n. mansion
Zhè shì yí zuò sī rén fǔ dǐ
这是一座私人府邸。

Wēn shā gōng jué
温莎公爵 n. Duke of Windsor
Wēi lián yī shì
威廉一世 n. William I
Ài dé huá bā shì
爱德华八世 n. Edward VIII

cān guān
参观 v. to visit
Qǐng cóng zuǒ cè kāi shǐ cān guān
请从左侧开始参观。

Tài wù shì hé
泰晤士河 n. the Thames
Tài wù shì hé fēi cháng měi lì
泰晤士河非常美丽。

jǔ xíng
举行 v. to hold; to run
wèi bīng huàn gǎng yí shì
卫兵换岗仪式。 n. changing of guard
Zhè lǐ měi tiān shàng wǔ dōu huì jǔ xíng wèi bīng shì yí gǎng huàn
这里每天上午都会举行卫兵换岗仪式。

wángcháo

王朝 n. dynasty

Dū duó wáng cháo shì Yīng guó jūn zhǔ zhuān zhì lì shǐ shàng de huáng jīn qī shí
都铎王朝是英国君主专制历史上的黄金时期。

xínggōng

行宫 n. palace

Hé lǐ lù dé gōng shì Yīng guó nǚ wáng zài Sū gé lán de xíng gōng
荷里路德宫是英国女王在苏格兰的行宫。

yíng jiàn

营建 v. to construct; to build

Jiàn zhù gōng sī zhǔn bèi zài xià gè yuè yíng jiàn yí zuò dà lóu
建筑公司准备在下个月营建一座大楼。

jīng pǐn

精品 n. boutique

Zhè shì wǒ men lǚ xíng shè tuī chū de jīng pǐn xiàng mù
这是我们旅行社推出的精品项目。

qiú hūn

求婚 v. to propose

Xià gè yuè wǒ zhǔn bèi xiàng nǚ péng yǒu qiú hūn
下个月我准备向女朋友求婚。

fàng qì

放弃 v. to give up

Rú guǒ tiān qì bù hǎo wǒ jiù fàng qì zì jià you de jì huà le
如果天气不好，我就放弃自驾游的计划了。

lè qù

乐趣 n. pleasure

Kě ài de xiǎo gǒu gěi yì jiā rén de shēng huó zēng tiān le wú qióng de lè qù
可爱的小狗给一家人的生活增添了无穷的乐趣。

yìshì

轶事 n. anecdote

Wǒ duì míngrén de qùwén yìshì hěn gǎnxìngqù

我对名人的趣闻轶事很感兴趣。

làng màn

浪漫 adj. romantic

Gěi nǚ hái zi sòng méi guī huā de jǔ dòng fēi cháng làng màn

给女孩子送玫瑰花的举动非常浪漫。

Activity 8: speaking – explain why Windsor Castle is attractive.

Monologue 3 – guided tour to Buckingham Palace

dǎo yóu cí   dǎo yóu dài lǐng dà jiā yóu lǎn Bái jīn hàn gōng

导游词3：导游带领大家游览白金汉宫

dǎo yóu   Dà jiā hǎo   zhèlǐ shì Yīngguó zhùmíng de Báijīnhàngōng   shì Yīngguó jūnzhǔ

导游：大家好，这里是英国著名的白金汉宫，是英国君主

wèiyú Lúndūn de zhǔyào qǐngōng jí bàngōngchù   zhèlǐ yě shì guójiā qìngdiǎn hé

位于伦敦的主要寝宫及办公处，这里也是国家庆典和

wángshì huānyíng lǐ jǔxíng chǎngdì zhīyī Yī qī líng sān zhì yī qī líng wǔ nián   Báijīn

王室欢迎礼举行场地之一。一七零三至一七零五年，白金

hàn gōngjué zàicǐ xīngjiàn le yí chù dàxíng zhèn tīng jiànzhù   jiāng fǔdǐ gǎimíng wéi Bái

汉公爵在此兴建了一处大型镇厅建筑，将府邸改名为'白

jīn hàn gōng　　yī qī liùyī nián Qiáo zhì sān shì mǎi xià gāi fǔdǐ　bìng zuòwéi qīzi Xià

金汉宫'，一七六一年乔治三世买下该府邸，并作为妻子夏

luò tè nǚwáng de yí chù sīrén zhùzhái　　Yī bā sānbā nián Wéiduōlìyà nǚwáng zài

洛特女王的一处私人住宅。一八三八年维多利亚女王在

Báijīnhàngōng jiāmiǎn wéi jūnzhǔ　bìng chéngwéi dì yī gè zài cǐ jiā miǎn de jūn zhǔ

白金汉宫加冕为君主，并成为第一个在此加冕的君主。

Huáng gōng shì yí zuò sì céng zhèng fāng tǐ huī sè jiàn zhù　zhèng mén xuán guà zhe zhuāng

　皇宫是一座四层正方体灰色建筑，正门悬挂着庄

yán de wáng shì huī zhāng　zhāng xiǎn chū Yīng huáng quán lì de wēi yán　Gōng diàn qián

严的王室徽章，彰显出英皇权力的威严。宫殿前

mian de guǎng chǎng yǒu hěn duō diāo xiàng　gōngdiàn nèi yǒu diǎnlǐ tīng　　yīnyuètīng

面的广场有很多雕像，宫殿内有典礼厅，音乐厅，

yànhuìtīng　huàláng děng liùbǎi yú jiān tíng shì　Xiànzài Báijīnhàngōng duìwài kāifàng

宴会厅，画廊等六百余间庭室。现在白金汉宫对外开放

cān guān　měitiānzǎoshang dōuhuì jǔxíng zhùmíng de jinwèijūn jiāojiē diǎnlǐ　chéngwéi

参观，每天早上都会举行著名的禁卫军交接典礼，成为

Yīngguó wángshì wénhuà de yí dà jǐngguān

英国王室文化的一大景观。

🔊 **New words**

Bái jīn hàn gōng

白金汉宫　n. Buckingham Palace

wáng shì

王室　n. the royal family

Bái jīn hàn gōng céng shì yí zuò zhù míng de wáng shì qǐn gōng

白金汉宫曾是一座著名的王室寝宫。

jūn zhǔ

君主　n. monarch

Zhè lǐ shì jūn zhǔ jǔ bàn yàn huì de dì fāng

这里是君主举办宴会的地方。

zhuāng yán de

庄严的　adj. majestic

diāo xiàng

雕像　n. status

Gōng diàn lǐ yǒu hěn duō zhuāng yán de diāo xiàng

宫殿里有很多庄严的雕像。

jiāmiǎn

加冕 n. coronation

Nián qīng de wáng zǐ zài zhè zuò jiào táng lǐ wán chéng le jiā miǎn diǎn lǐ

年轻的王子在这座教堂里完成了加冕典礼。

jǐng guān

景观　n. landscape

Qún yá pù bù shì Sū gé lán gāo dì de yí dà jǐng guān

裙崖瀑布是苏格兰高地的一大景观。

bàngōngchù

办公处　n. office; workplace

Zhè ge fáng jiān shì wǒ men gōng sī zǒng cái de bàngōngchù

这个房间是我们公司总裁的办公处。

qǐngōng

寝宫 n. sleeping palace

Zhè fú tú lǐ chéngxiàn de shì wángfēi de qǐngōng

这幅图里呈现的是王妃的寝宫。

huīzhāng

徽章　n. badge

Zhè bǎ jiàn shàng kè yǒu wángshì huīzhāng

这把剑上刻有王室徽章。

fǔdǐ

府邸 n. house

Zhè gè háohuá de sīrén zhùzhái céngshì bójué fūrén de fǔdǐ

这个豪华的私人住宅曾是伯爵夫人的府邸。

qìng diǎn

庆典　n. celebration

Jīn tiān shàng wǔ zài Bái jīn hàn gōng jǔ xíng le shèng dà de qìng diǎn

今天上午在白金汉宫举行了盛大的庆典。

Activity 9: comprehension – answer the following questions according to the preceding dialogue.

1 What are the main functions of Buckingham Palace?
2 Who built Buckingham Palace?
3 What was the purpose of George III's purchase of Buckingham Palace?
4 Who was the first monarch crowned at Buckingham Palace?
5 What's inside Buckingham Palace?

Text: Sydney Harbour

duǎn wén　　Xī ní hǎi gǎng
短　文：悉尼海港

Xī ní hǎi gǎng bèi rèn wéi shì shì jiè shàng zuì měi lì de zì rán hǎi gǎng zhī yī　Cǐ
悉尼海港被认为是世界上最美丽的自然海港之一。此
chù yǒu hǎi tān hé qū zhé de shuǐ dào　cháng dá èr bǎi líng sì duō gōnglǐ　yǒu xǔduō dìfāng
处有海滩和曲折的水道，长达二百零四多公里，有许多地方
zhídé tànfǎng hé fājué　Duì yú Xī ní rén ér yán　Xīní hǎigǎng shì yí gè dàxíng shuǐ
值得探访和发掘。对于悉尼人而言，悉尼海港是一个大型水
shàng yúlè chǎng　Zài wēnnuǎn de qíng rì　hǎigǎng shàng xīxīrǎngrǎng　lánsè hǎimiàn
上娱乐场。在温暖的晴日，海港上熙熙攘攘，蓝色海面
shàng diǎnzhuì zhe shùyǐbǎijì de hángchuán　yóutǐng hé dùlún　Zài Xīní hǎigǎng wàiwéi
上点缀着数以百计的航船、游艇和渡轮。在悉尼海港外围，
háiyǒu guójiāgōngyuán　shìjièyíchǎn jǐngdiǎn　fēngfù de tǔzhù yízhǐ
还有国家公园、世界遗产景点、丰富的土著遗址。

Xī ní hǎi gǎng zuì fán huá de zhōng xīn dì dài shì huán xíng mǎ tóu　shì yí gè zuòluò
悉尼海港最繁华的中心地带是环形码头，是一个坐落
yú Xīníchéngzhōngxīn de dùlún diǎn　Zhěng gè bái tiān　dōu yǒu dùlún cóng zhèlǐ chūfā
于悉尼城中心的渡轮点。整个白天，都有渡轮从这里出发，
qiánwǎng gǎngkǒu de bùtóng wèizhì　Huán xíng mǎ tóu tóng shí yě shì shuǐ shàng dī shì
前往港口的不同位置。环形码头同时也是水上士、
mǎtóu yóulún　gōngjiāo chē huǒchē hé dīshì de zhǔyào jísàn zhōngxīn　Xī ní dāng dài
码头游轮、公交车、火车和的士的主要集散。悉尼当代
měi shù guǎn hé lì shǐ yōu jiǔ de hǎi guān dà lóu yě zuò luò zài huán xíng mǎ tóu　wèi yú
美术馆和历史悠久的海关大楼也坐落在环形码头，位于
qiánwǎng gǔlǎo de yán qū de lùshang　Nín kěyǐ rào zhe Xīnígējùyuàn hé huángjiā
前往古老的岩区的路上。您可以绕着悉尼歌剧院和皇家

zhíwùyuán qūzhé mànbù yántú yǒu xuānxiāo de cānguǎn hé jìniànpǐn shāngdiàn Nín hái

植物园曲折漫步，沿途有喧嚣的餐馆和纪念品商店。您还

　　kěyǐ zhǎodào xǔduō wèizhì yōuyuè de dìdiǎn lái pāishè Xīní hǎigǎng dàqiáo de

可以找到许多位置优越的地点，来拍摄悉尼海港大桥的

zhàopiàn Zhè lǐ yǒu bùshǎo Xī ní zuì jīng zhì de cān guǎn bǐrú shuō yǒng tàn diào cān

照片。这里有不少悉尼最精致的餐馆，比如说咏叹调餐

tīng mǎ tóu cāntīng hé Xīní kāfēiguǎn

厅、码头餐厅和悉尼咖啡馆。

🔊 *New words*

hǎitān

海滩 n. beach

Wǒ xǐ huan zài hǎi tān shàng xiǎng shòu yáng guāng

我喜欢在海滩上享受阳光。

qūzhé

曲折 adj. tortuous

Yán zhe zhè tiáo qū zhé de xiǎo lù yì zhí zǒu jiù néng kàndào yí piàn huāyuán

沿着这条曲折的小路一直走，就能看到一片花园。

shuǐdào

水道 n. water supply

Zhè shì yì tiáo tiān rán de shuǐ dào

这是一条天然的水道。

tànfǎng

探访 v. to visit

Ràng wǒ men yì qǐ qù tàn fǎng Shā shì bǐ yà de gù jū ba

让我们一起去探访莎士比亚的故居吧。

fājué

发掘 n. excavation

Kǎo gǔ xué jiè zài jìn lì fā jué chū lì shǐ de zhēn xiàng

考古学界在尽力发掘出历史的真相。

xīxīrǎngrǎng

熙熙攘攘 adj. bustling

Yóu lè yuán lǐ shì xī xī rǎng rǎng de qún rén

游乐园里是熙熙攘攘的人群。

diǎnzhuì

点缀 v. embellishment

Lǜ sè de cǎodì shàng diǎnzhuì zhe xiānyàn de huāduǒ

绿的草地上点缀着鲜艳的花朵。

shùyǐbǎijì

数以百计 n. hundreds

Měi nián dōu yǒu shù yǐ bǎi jì de yóu kè lái Yīng guó yóu wán

每年都有数以百计的游客来英国游玩。

yóutǐng

游艇 n. yacht

hángchuán

航船 n. boat

dùlún

渡轮 n. ferry

Zhè ge gǎng kǒu tíng kào zhe hěn duō yóu tǐng   hángchuán hé dùlún

这个港口停靠着很多游艇，航船和渡轮。

tǔzhù

土著 adj. indigenous

Jiā lè bǐ hǎi yán àn dì qū yǒu yì xiē tǔ zhù jū mín

加勒比海沿岸地区有一些土著居民。

yízhǐ

遗址 n. ruins

Zhè lǐ shì Dū duó wáng cháo de yí zhǐ

这里是都铎王朝的遗址。

fánhuá

繁华 adj. flourishing

Lún dūn de jiē dào fēi cháng fán huá

伦敦的街道非常繁华。

huánxíng

环形 n. ring

Wǒ xǐhuan lái zhège huánxíng guǎngchǎng yóuwán

我喜欢来这个环形广场游玩。

jísàn

集散 n. distribution

Mǎ tóu shì gè fēi cháng zhòng yào de jí sàn zhōng xīn

码头是个非常重要的集散中心。

mànbù

漫步 v. to stroll

Xià rì wǒ xǐ huan màn bù zài gōng yuán

夏日我喜欢漫步在公园。

xuānxiāo

喧嚣 adj. noisy

Zhōu mò de jiǔbā fēicháng xuānxiāo

周末的酒吧非常喧嚣。

yōuyuè

优越 adj. superior

Zhè ge gǎngkǒu de dìlǐwèizhì fēicháng yōuyuè

这个港口的地理位置非常优越。

yǒngtàndiào

咏叹调 n. aria

Jīn yè wú rén rù shuì　shì yì shǒu fēicháng zhùmíng de yǒngtàndiào

《今夜无人入睡》是一首非常著名的咏叹调。

🔊

Activity 10: comprehension – try to answer the following questions, according to the audio.

1
Duì yú Xī ní rén éryán　wèishénme shuō Xīní hǎigǎng shì yí gè dàxíng shuǐ shàng
对于悉尼人而言，为什么说悉尼海港是一个大型水上
yúlè chǎng
娱乐场？

2
Zài Xīní hǎigǎng wàiwéi yǒu shénme jǐngguān
在悉尼海港外围有什么景观？

3
Xī ní zuì fán huá de zhōng xīn dì dài shì shén me Bìng qiě jiǎn dān jiè shào yí xia
悉尼最繁华的中心地带是什么？并且简单介绍一下。

Activity 11: vocabulary and reading – read and complete the text with the given words.

jí kě	jiǎn dān	yuè lǎn	chú le	biàn lì	shōu cáng
A 即可	B 简单	C 阅览	D 除了	E 便利	F 收藏

zhǎn shì	zhēn guì	bèi chēng wéi	bówùguǎn	guī dìng
G 展示	H 珍贵	I 被称为	J 博物馆	K 规定

Dà yīng túshūguǎn nèi　le shìjiè gèdì zuì　de shūběn rú Shāshìbǐyà
大英图书馆内（　）了世界各地最（　）的书本,如莎士比亚
de zhùzuò　dà xiàn zhāng　shèng jīng děng　búyòng mǎi ménpiào de gāo jí
的著作,《大宪章》,《圣经》等,（　）不用买门票的高级（　）。
zhèxiē háiyǒu duì shūfǎ　yìnshuā pǐn hé gè lèi wén wù de　Bàn lǐ dà
（　）这些,还有对书法,印刷品和各类文物的（　）。办理大
yīng tú shū guǎn chū rù zhèng shǒu xù　zhǐxū yào jǐfēnzhōng tiánxiě biǎogé
英图书馆出入证手续（　）,只需要几分钟填写表格（　）
píngzhèng kě zài guǎn nèi　dàn shūjí bùnéng wàidài　fùyìn yě bìxū zūnshǒu
凭证可在馆内（　）,但书籍不能外带,复印也必须遵守
yángé de　dúzhě kěyǐ lìyòng guǎn nèi de diàn zǐ xì tǒng zài diàn nǎo shàng
严格的（　）,读者可以利用馆内的电子系统在电脑上
chá kàn gè gè zhēn pǐn hé wén wù　fēi cháng
查看各个珍品和文物,非常（　）。

Activity 12: grammar – rearrange the following Chinese words to make grammatically correct sentences.

jiànzhù shícái chéngbǎo yóu shì jiāngù gòuzào de zhǔyào

1　建筑／石材／城堡／由／是／坚固／构造／的／主要

fāzhǎn jǐngdiǎn lǚyóu xiànzài dàduō chéngbǎo chéngwéi

2　发展／景点／旅游／现在／大多／城堡／成为

fēngfù zhēncáng lǐ chéngbǎo zhe yìshùpǐn de

3　丰富／珍藏／里／城堡／着／艺术品／的

zhōngshìjì xiūjiàn zǎoqī chéngbǎo huálì zhuàngguān yú zhè zuò

4　中世纪／修建／早期／城　堡／华丽　壮　观／于／这座

zhuīsù kě yǐ dào lì shǐ de Shèng mǐ xiē ěr shān chéng bǎo gōngyuán qī bǎi
5　追溯／可以／到／历史／的／圣 米 歇 尔 山 城 堡／公 元 七 百
líng bā nián
零八年

◀))

Activity 13: interactive listening – imagine that you are a tour guide, listen to what the guest says on the audio, and respond accordingly.

CAT 14: The importance of face and respect

Guānxi (关系) and face (*Miànzi* 面子) are known as two of the most difficult cultural concepts to grasp when interacting with Chinese guests – both of which are quite inter-linked. In the West, *guanxi* (networking) is becoming more predominant in business. It has not become as predominant as it is in China, but it is still growing.

The concept of face and the giving/gaining and losing of face, however, are not so famil-iar in the West. 'Face' as we know it, translates loosely to 'respect', 'honour', 'prestige', 'reputation', 'status', and 'self-esteem', and it is vital in Chinese social, political, and busi-ness circles. Face can be split into two parts:

- Losing face – someone's showing weakness or criticizing someone in public will dam-age their reputation, and both they and you could lose face.
- Giving/gaining face – giving someone a compliment or giving an expensive gift will earn you or someone else face.

It is considered impolite to make comments with strong negative statements or to give a directly negative answer, such as no. Try to replace no with a euphemistic maybe or 'let's think about it', to save someone's face. The following are some basic tips on face: remember to have it; give it; gain it; don't lose it, and never cause anyone else to lose it.

Experiential exercise

Continue your vlog by personally visiting two famous human-built attractions in your local area, such as historical landmarks, palaces, theme parks, museums, or bridges. Record your experience from a tourist's perspective, one that aims to promote the attractions to Chinese tourists, and offer them some visiting tips.

Revision

- Practise the key expressions and new words you have learnt in this lesson
- Invent imaginary host situations, and try to describe some cultural and historical attractions, or create situational dialogues of your own
- Try to include as many polite expressions and as much new vocabulary as possible in your conversation and guided tour talks
- Try to learn additional vocabulary of cultural and historical attractions that are specific to your area

Lesson 15 介绍景点 (2)
Describing a place or visitor attraction

Learning objectives

By the end of this lesson, you will be able to:

* Use appropriate vocabulary to describe natural sceneries and landscapes
* Narrate in chunks
* Introduce simple legends

Warm-up

What are the most popular modern or historical sites in your area? How would you describe these places?

Activity 1: pronunciation – listen to and repeat after the recording, paying attention to the pronunciation.

zì rán jǐng guān jǐng diǎn
自然（景观）景点 *natural scenery*

gāo dì
高地 highland

gāo yuán
高原 plateau

shān qiū
山丘 hill

yuán yě
原野 field

dà xiá gǔ
大峡谷 Grand Canyon

dàn shuǐ hú
淡水湖 freshwater lake

hé liú
河流 river

shān fēng
山峰 mountain peak

xiá gǔ
峡谷 canyon

dòng xué
洞穴 cave

shā mò
沙漠 desert

sēn lín
森林 forest

guó jiā gōng yuán
国家公园 national park

ní sī hú
尼斯湖 Loch Ness

Wēn dé méiě rhú qū gōng yuán

温德梅尔湖区公园　　　　Windermere Lake District Park

Sū gé lán gāo dì

苏格兰高地　　　　Scottish Highlands

Tài wù shì hé

泰晤士河　　　　the Thames

Měi guó huáng shí guó jiā gōng yuán

美国黄石国家公园　　Yellowstone National Park

Ní yà jiā lā pù bù

尼亚加拉瀑布　　　　Niagara Falls

Xià wēi yí

夏威夷　　　　Hawaii

Activity 2: speaking – after you hear the English word on the recording, say the equivalent word for it in Chinese, paying attention to tone. You will hear the standard pronunciation after your attempt.

Activity 3: vocabulary – working in pairs, student A picks a word in Chinese from the list and says it out loud; student B listens and translates it back into English; and then they change roles.

Activity 4: vocabulary – match each following Chinese word with its English equivalent.

xiá gǔ

1　峡谷　　　　A　freshwater lake

guó jiā gōng yuán

2　国家公园　　　B　desert

dàn shuǐ hú

3　淡水湖　　　　C　mountain peak

gāo dì

4　高地　　　　D　canyon

shān fēng

5　山峰　　　　E　national park

yuán yě

6　原野　　　　F　field

shā mò

7　沙漠　　　　G　highland

Activity 5: speaking – look at the following pictures. Use the words you have learnt, in order to describe the pictures. Then write the correct word for each picture, to improve your memory.

Key expression: introducing natural scenery

🔊 Listen to and memorize the following key expressions:

1 Dà jiā hǎo　xiàn zài wǒ men suǒ zài de dì qū jiù shì zhù míng de Sū gé lán
大家好，现在 我们所在的地区就是著名的苏格兰
gāo dì le
高地了。Hello, everyone. We are now in the famous Scottish Highlands.

2 Xǔ duō rén jiāng Sū gé lán gāo dì chēng wéi Ōu zhōu fēng jǐng zuì yōu měi de dì qū
许多人将苏格兰高地称为欧洲风景最优美的地区。
Many people regard the Scottish Highlands as the most scenic region in Europe.

3 Zài dà jiā miàn qián de jiù shì zhù míng de Ní sī hú le
在大家面前的就是著名的尼斯湖了。What's in front of every-
one is the famous Loch Ness.

4 Ní sī hú yǒu sān shí qī gōng lǐ cháng　zuì kuān de dì fāng yǒu èr diǎn sì gōng lǐ
尼斯湖有三十七公里长,最宽的地方有二点四公里,
miàn jī bú dà　què hěn píng jūn shēn dù dá liǎng bǎi mǐ　zuì shēn chù yǒu èr bǎi
面积不大,却很深平均深度达两百米,最深处有二百
jiǔ shí bā mǐ
九十八米。Loch Ness is 37 kilometres long and is 2.4 kilometres across at its
widest spot. Although the lake is not large, the average depth is 200 metres and the
deepest point 298 metres.

5 Zhè lǐ wèi yú héng guàn Sū gé lán gāo dì de dà xiá gǔ duàn céng běi duān　shì
这里位于横贯苏格兰高地的大峡谷断层北端,是
Yīng guó dì sān dà de dàn shuǐ hú
英国第三大的淡水湖。Located at the northern end of the Grand Canyon
fault across the Scottish Highlands, this is the third-largest freshwater lake in the
United Kingdom.

6 Zhè lǐ zhī suǒ yǐ chū míng　chú le měi lì de zìr án fēng guāng　hái yǒu shuǐ guài de
这里之所以出名, 除了美丽的自然风光, 还有水怪的
chuán shuō
传 说。It is famous because of not only the beautiful natural scenery but also the
legend of the water monster.

7 Shuǐ guài de zuì zǎo jì zǎi kě yǐ zhuī sù dào gōng yuán wǔ bǎi liù shí wǔ nián　jù shuō
水怪的最早记载可以追溯到公元五百六十五年,据说
... The earliest records of water monsters date back to 565 BCE and are said to be....

yǔ yīn

a 语音 Phonetics

biàn yīn biàn dú

1　辨音辨读 Read aloud the following words, paying specific attention to the accuracy of your pronunciation and tone:

Sū gé lán	gāo dì	Ní sī hú	miàn jī	dà xiá gǔ	duàn céng
苏格兰	高地	尼斯湖	面积	大峡谷	断 层

dàn shuǐ hú	shuǐ guài	chuán shuō	jù shuō
淡水湖	水怪	传说	据说

lǎng dú

2　朗读 Read aloud the following phrases, paying specific attention to the fluency of your speech:

wéi Ōu zhōu fēng jǐng zuì yōu měi de dì qū　　píng jūn shēn dù

为欧洲风景最优美的地区　　平均深度

héng guàn sū gé lán gāo dì　　zhè lǐ zhī suǒ yǐ chū míng

横 贯苏格兰高地　　这里之所以出名

zuì zǎo jì zǎi kě yǐ zhuī sù dào

最早记载可以追溯到

jù zi tì huàn liàn xí

b 句子替换练习 Substitution exercises

Work in pairs, and complete the following dialogue by substituting the underlined part of the dialogue with the given words:

Zhè lǐ zhēn měi

1A 这里真美。

Dà jiā hǎo　xiàn zài wǒ men suǒ zài de dì qū jiù shì zhù míng de Sū gé lán gāo dì le

1B 大家好, 现在我们所在的地区就是著名的苏格兰高地了。

Xǔ duō rén jiāng Sū gé lán gāo dì chēng wéi Ōu zhōu fēng jǐng zuì yōu měi de dì qū

许多人将苏格兰高地称为欧洲风景最优美的地区。

Zài dà jiā miàn qián de jiù shì zhù míng de Ní sī hú le

在大家面前的就是著名的尼斯湖了。

Wǒ Men Dào Le Ní Sī Hú Le

2A 我们到了尼斯湖了。

Zhè lǐ wèi yú héng guàn Sū gé lán gāo dì de dà xiá gǔ duàn céng běi duān   shì Yīng guó

2B 这里位于横贯苏格兰高地的大峡谷断层北端，是英国

dì sān dà de dàn shuǐ hú

第三大的淡水湖。

Ní sī hú yǒu sān shí qī gōng lǐ cháng   zuì kuān de dì fāng yǒu èr diǎn sì gōng lǐ

尼斯湖有三十七公里长，最宽的地方有二点四公里，

miàn jī bú dà   què hěn shēn   píng jūn shēn dù dá liǎng bǎi mǐ   zuì shēn chù yǒu èr

面积不大，却很深，平均深度达两百米，最深处有二

bǎi jiǔ shí bā mǐ

百九十八米

Zhè lǐ zhī suǒ yǐ chū míng   chú le měi lì de zìrán fēng guāng   háiyǒu shuǐguài de

这里之所以出名，除了美丽的自然风光，还有水怪的

chuán shuō

传说

Monologue 1 – guided tour of a highland

dǎo yóu cí   dǎo yóu dài dà jiā yóu lǎn Sū gé lán gāo dì

导游词1：导游带大家游览苏格兰高地

导游： 大家好，现在我们所在的地区就是著名的苏格兰高地了，苏格兰高地是对苏格兰边界断层以西和以北的山地的称呼，许多人将苏格兰高地称为欧洲风景最优美的地区。这里的山外形很像馒头的形状，三三两两，四平八稳地散坐在这块寂寞的高原上。苏格兰的流水干净无比，据说那驰名世界的苏格兰威士忌，也正得益于这独特的矿质水源。

苏格兰的山丘与原野，不仅仅可以传递出电影《勇敢的心》中的粗犷与寂寞，也可以将《哈利波特》中的童真表达得淋漓尽致。

🔊 **New words**

gāo dì
高地 n. highland
Gāo dì yǒu fēi cháng zhuàng měi de jǐng sè
高地有非常壮美的景色。

duì   de chēng hu
对...的 称 呼 n. address/name of
Yú shì qī jiě mèi jiù chéng le duì zhè bái yá de chēng hu
于是'七姐妹'就成了对这片白崖的称呼。

zhù míng

著名 adj. famous

Zhè ge zì rán gōng yuán yǒu fēi cháng zhù míng de duàn céng dì mào

这个自然公园有非常著名的断层地貌。

jiāng   chēng wéi

将...称为   v. to be named as

Zài Zhōng guó   rén men xǐ huan jiāng yín shān shù chēng wéi huó huà shí

在中国，人们喜欢将银杉树称为活化石。

wài xíng

外形 n. shape

Wǒ fēi cháng xǐ huan zhè fù ěr jī jiǎn yuē de wài xíng

我非常喜欢这副耳机简约的外形。

xíng zhuàng

形状   n. appearance

Zhè xiē shān fēng de xíng zhuàng dōu bù xiāng tóng

这些山峰的形状都不相同。

sān sān liǎng liǎng

三三两两 adj. in two or three; some; a few

Yóu kè sān sān liǎng liǎng de jù jí dào yì qǐ

游客三三两两地聚集到一起。

sì píng bā wěn

四平八稳 adj. very steady

Luò tuó zài shā mò shàng sì píng bā wěn de zǒu zhe

骆驼在沙漠上四平八稳地走着。

liú shuǐ

流水 n. stream

Zhōng guó jiāng nán dì qū yǐ xiǎo qiáo liú shuǐ chū míng

中国江南地区以小桥流水出名。

wú bǐ

无比 adj. incomparable; matchless

Zhè shān fēng de xíng zhuàng wú bǐ qí tè

这山峰的形状无比奇特。

chí míng

驰名　adj. well known

Lún dūn tǎ qiáo chí míng shì jiè

伦敦塔桥驰名世界。

dé yì yú

得益于 v. to benefit from

Wǒ men gōng sī kěn dìng huì dé yì yú xīn de hé tong

我们公司肯定会得益于新的合同。

shuǐ yuán

水源 n. water source

Tiān kōng dǎo yǒu fēi cháng gān jìng de shuǐ yuán

天空岛有非常干净的水源。

dú tè

独特 adj. unique

Zhè zhǒng shí wù yǒu dú tè de fēng wèi

这种食物有独特的风味。

shān qiū

山丘 n. hill

Zài shān qiū shàng yǒu yí kuài jù dà de shí tou

在山丘上有一块巨大的石头。

yuán yě

原野 n. wilderness

Yuán yě shàng kāi mǎn le xiān yàn de huā duǒ

原野上开满了鲜艳的花朵。

chuán dì

传递　v. to transfer

Shǒu jī shì yòng lái chuán dì xìn xī de gōng jù

手机是用来传递信息的工具。

cū guǎng

粗犷　adj. rough

Tā de wài biǎo kàn shàng qù yǒu xiē cū guǎng

他的外表看上去有些粗犷。

jì mò

寂寞　adj. lonely

Jì mò de shí hou kàn kan niǎo ér xīn qíng jiù huì biàn hǎo

寂寞的时候看看鸟儿心情就会变好。

tóng zhēn

童真　adj. childlike

Chéng rén yě yīng gāi yǒu yì kē chōng mǎn tóng zhēn de xīn

成人也应该有一颗充满童真的心。

biǎo dá

表达 v. to express

Wǒ yǐ jīng bǎ wǒ de xiǎng fǎ biǎo dá qīng chǔ le

我已经把我的想法表达清楚了。

lín lí jìn zhì

淋漓尽致 adv. incisively and vividly

Gāng cái jīng xiǎn de chǎng miàn　tā xù shù de lín lí jìn zhì

刚才惊险的场面，他叙述得淋漓尽致。

Activity 6: vocabulary – match the following pictures to the given Chinese words.

1

tóng zhēn de hái zi
A 童真的孩子

2

cū guǎng de dì mào
B 粗犷的地貌

3

gān jìng de liú shuǐ
C 干净的流水

4

yōu měi de fēng jǐng
D 优美的风景

5

jì mò de gāo yuán
E 寂寞的高原

6

dú tè de zào xíng
F 独特的造型

Activity 7: comprehension – please answer the following questions in Chinese.

Wǒ men xiàn zài suǒ zài de jǐng diǎn jiào shén me míng zì
1 我们现在所在的景点叫什么名字？

Sū gé lán gāo dì jù tǐ zhǐ de nǎ
2 苏格兰高地具体指的哪？

Sū gé lán gāo dì de shān xíng xiàng shén me
3 苏格兰高地的山形像什么？

Sū gé lán wēi shì jì dé yì yú shén me
4 苏格兰威士忌得益于什么？

Sū gé lán de shān qiū hé yuán yě kě yǐ chuán dì chū shén me
5 苏格兰的山丘和原野可以传递出什么？

Monologue 2 – guided tour to Loch Ness in Scotland

dǎo yóu cí　　dǎo yóu dài dà jiā cān guān Ní sī hú
导游词：导游带大家参观尼斯湖

导游：在大家面前的就是著名的尼斯湖了。尼斯湖有三十七公里长，最宽的地方有二点四公里，面积不大，却很深，平均深度达两百米，最深处有二百九十八米。这里位于横贯苏格兰高地的大峡谷断层北端，是英国第三大的淡水湖。

大家看到湖水表面的波动是由温差引起的。这里之所以出名，除了美丽的自然风光，还有水怪的传说。水怪的最早记载可以追溯到公元五百六十五年，据说爱尔的一位传教士和他的仆人在湖中游泳，水怪突然向仆人袭来，多亏传教士相救才保住了性命。从此以后的十多个世纪里，有关水怪的消息多达一万多条。

虽然水怪的传说很多，但是当时的人们对此并不相信，直到一九三四年，伦敦一位名叫威尔逊的医生途径尼斯湖拍下了水怪的照片。照片虽然不清晰，但是显示了水怪的特征，长长的脖子和扁小的头部，看起来很像早在

qī qiān wàn duō nián qián miè jué de jù dà pá xíng dòng wù shé jǐng lóng　Yī jiǔ liù líng nián yòu
七千万多年前灭绝的巨大爬行动物蛇颈龙。一九六零年又

yǒu Yīng guó háng kōng gōng chéng shī pāi xià le hēisè cháng jǐng de jù xíng shēng wù yóu guò
有英国航空工程师拍下了黑色长颈的巨型生物游过

Ní sī hú　Qī shí nián dài hòu kē xué jiā men kāi shǐ jiè zhù xiān jìn de yíqì shè bèi　dà jǔ
尼斯湖。七十年代后科学家们开始借助先进的仪器设备，大举

sōu suǒ shuǐ guài dàn shì yī wú suǒ huò
搜索水怪，但是一无所获。

Yī jiǔ sān sì nián de zhè zhāng zhào piàn duō niá nlái yì zhí bèi rèn wéi shì Ní sī hú
一九三四年的这张照片多年来一直被认为是尼斯湖

shuǐ guài cún zài de zuì yǒu lì zhèng jù　dàn shì　zhè shì yì zhāng wěi zào de zhào piàn　Yī
水怪存在的最有力证据，但是，这是一张伪造的照片。一

jiǔ jiǔ sì nián Kè lǐ sī dì ān　Sī bǎo lín zài lín zhōng qián chàn huǐ le zì jǐ cān yù
九九四年克里斯蒂安·斯堡林在临终前忏悔了自己参与

wěi zào ní sī hú shuǐ guài zhào piàn de shì qing　dàn shì réng yǒu xǔ duō rén xiāng xìn shuǐ guài
伪造尼斯湖水怪照片的事情，但是仍有许多人相信水怪

yí dìng cún zài
一定存在。

🔊 *New words*

cháng
长　adj. long
Zhè tiáo sī jīn fēi cháng cháng
这条丝巾非常长。

kuān
宽　adj. wide
Zhè zhāng chuáng duì wǒ lái shuō tài kuān le
这张床对我来说太宽了。

shēn
深　adj. deep
Yǒng chí hěn shēn　nǐ yóu yǒng de shí hou yào xiǎo xīn
泳池很深，你游泳的时候要小心。

dá
达 v. to reach
Zhè piàn hú de shēn dù dá   mǐ
这片湖的深度达500米。

héng guàn
横贯   v. to traverse
Yǔ guò tiān qíng yì tiáo cǎi hóng héng guàn zài tiān kōng
雨过天晴，一条彩虹横贯在天空。

shuǐ guài
水怪   n. water monster
Ní sī hú yǒu guān yú shuǐ guài de chuán shuō
尼斯湖有关于水怪的传说。

jù shuō
据说 adv. reportedly
Jù shuō zhè lǐ yǒu yí gè měi lì de chuán shuō
据说 这里有一个美丽的传说。

jì zǎi
记载 v. to record
Zhè běn shū jì zǎi le rén lèi de yí duàn fāz hǎn shǐ
这本书记载了人类的一段发展史。

zhuī sù
追溯 v. to trace back
Zhè ge jiā zú de xìng shì kě yǐ zhuī sù dào Nuò màn dǐ shí dài
这个家族的姓 氏可以追溯到诺 曼底时代。

tū rán
突然 adv. suddenly
Tū rán tiān kōng jiù xià qǐ le yǔ
突然天 空 就下起了雨。

xí lái

袭来 v. to hit

Yí zhèn kuáng fēng tū rán xí lái

一阵 狂 风 突然袭来。

duō kuī

多亏 phrase. thanks to

Duō kuī nǐ de bāng zhù huì yì cái néng shùn lì jìn xíng

多亏你的帮助，会议才能顺利进行。

xiāng jiù

相 救 v. to rescue

Yǎn kàn hái zi jiù yào luò shuǐ le duō kuī tā chū shǒu xiàng jiù

眼看孩子就要落水了，多亏他出手 相 救。

xìng mìng

性命 n. life

Yī shēng zài quán lì qiǎng jiù bìng rén de xìng mìng

医 生 在 全力抢 救病人的性 命。

qīng xī

清晰adj. limpid

Chuāng wài de jǐng wù yuè fā qīng xī le

窗 外的景 物越发清晰了。

qīng chǔ

清楚 adj. limpid

Píng mù shàng qīng chǔ dì xiǎn shì zhe yí chuàn shù zì

屏幕 上 清 楚地显 示着一串 数字。

tè zhēng

特征 n. feature

Dà xīng xing jù yǒu rén lèi de mǒu xiē tè zhēng

大猩 猩具有人 类的某 些特征。

miè jué

灭绝 v. to die out

Kǒng lóng miè jué de yuán yīn yǒu hěn duō zhǒng

恐龙灭绝的原因有很多种。

jiè zhù

借助 phrase. with the help of

Wǒ men kě yǐ jiè zhù kē jì de lì liàng fā xiàn shì wù de zhēn xiàng

我们可以借助科技的力量发现事物的真相。

xiān jìn

先进 adj. advanced

Wǒ men gōng sī jìn kǒu le liǎng tái xiān jìn de yí qì shè bèi

我们公司进口了两台先进的仪器设备。

dà jǔ

大举 n. big move

Zhè ge hù lián wǎng gōng sī dà jǔ kuò zhāng   yǐ bǎo chí zài háng yè nèi de lǐng xiān

这个互联网公司大举扩张，以保持在行业内的领先。

sōu suǒ

搜索 v. to search for

Nǐ kě yǐ shǐ yòng shǒu jī de sōu suǒ gōng néng

你可以使用手机的搜索功能。

yīwú suǒ huò

一无所获 v. to have achieved nothing

Jǐng chá sōu suǒ le hǎo jiǔ   zuì zhōng què yī wú suǒ huò

警察搜索了好久，最终却一无所获。

lín zhōng

临终   phrase. on one's deathbed

Nǎi nai zài lín zhōng qián hái yǒu yí gè yāo qiú

奶奶在临终前还有一个要求。

chàn huǐ

忏悔 v. to repent

Zuì fàn wéi zì jǐ fàn xià de zuì xíng chàn huǐ

罪犯为自己犯下的罪行忏悔。

wěi zào

伪造 v. to counterfeit; to fake

Tā zhōn gyú chén grèn suǒ yǒu zhèng jù dōu shì yóu tā wěi zào de

他终于承认所有证据都是由他<u>伪造</u>的。

Activity 8: speaking – tell a legend by using the following words.

chū míng chuán shuō zuì zǎo jì zǎi zhuī sù dào jù shuō cóng cǐ yǐ hòu suī rán

出名，传说，最早记载，追溯到，据说，从此以后，虽然，

dàn shì zhí dào kàn qǐ lái duō nián qián kāi shǐ xiāng xìn

但是，直到，看起来，多年前，开始，相信

Text – Franklin-Gordon Wild Rivers National Park

duǎn wén Tǎsīmǎníyà Fùlánkèlín Gē dēngyuányě hé guójiāgōngyuán

短文：塔斯马尼亚,富兰克林-戈登原野河国家公园

Fù lán kè lín Gē dēng huāng yě hé liú guó jiā gōng yuán wèi yú Tǎ sī mǎ ní yà

富兰克林戈登荒野河流国家公园位于塔斯马尼亚

zhōu xī bù wǎng běi yǔ yáo lán shān Shèng kè lái ěr hú guó jiā gōng yuán jiē rǎng zhàn dì sì

州西部，往北与摇篮山圣-克莱尔湖国家公园接壤， 占地四

qiān sì bǎi liù shí sān diǎn èr píng fāng gōng lǐ shì lián hé guó jià okē wén zǔ zhī píng dìng de

千四百六十三点二平 方公里，是联合国教科文组织 评定的

shìjiè wén huà zì rán shu āng chóng yí chǎn Tǎsī mǎní yà hu āng yuán de yí bù fen

世界文化自然双重遗产：塔斯马尼亚荒原的一部分。

Fù lán kè lín　Gē dēng huāng yě hé liú guó jiā gōng yuán yǐ gōng yuán jìng nèi de liǎng
富兰克林-戈登荒野河流国家公园以公园境内的两

tiáo hé liú mìng míng　Fù lán kèlín hé hé Gē dēn ghé　Gōng yuán zuì zhǔ yào hé zhī míng
条河流命名：富兰克林河和戈登河。公园最主要和知名

de dì xíng tè zhēng shì hǎi bá yī qiān sì bǎi sì shí liù mǐ de fǎ guó mào　zhè shì yí zuò
的地形特征是海拔一千四百四十六米的法国帽，这是一座

hěn xiàng Fǎ guó Bèi léi mào de shān fēng　zài dōng jì huì bèi bīng xuě fù gài　duì pān yán hé
很像法国贝雷帽的山峰，在冬季会被冰雪覆盖，对攀岩和

yu ǎnzú ài hào zhě lái shuō　shì yí zuò jù yǒu xiāng dāng tiǎo zhàn xìng de shān fēng
远足爱好者来说，是一座具有相当挑战性的山峰。

Nín kě yǐ cān jiā　Tǎ sī mǎ ní yà zhōu Fù lán kè lín hé jīng xiǎn cì jī de bái shuǐ
您可以参加塔斯马尼亚州富兰克林河惊险刺激的白水

piāo liú qī rì you　yí lù shè guò tuān jí shuǐ liú　níng jìng xiá gǔ　táo jīn niáng sēn lín　gǔ
漂流七日游，一路涉过湍急水流、宁静峡谷、桃金娘森林、古

lǎo lèi bǎi jí qí tā tǔ lù fēn fāng de huā cǎo shù mù　huò zhě xuǎn zé zhù míng de yáo shèng
老泪柏及其他吐露芬芳的花草树木；或者选择著名的摇圣

tú bù dào liù rì tú bù zhī lù　zǒu guò qí qū měi lì de yáo lán shān　Shèng kè láiě rhú
徒步道六日徒步之路，走过崎岖美丽的摇篮山－圣克莱尔湖

guó jiā gōng yuán　rù zhù zhuān xiǎng de shēng tài xiǎo wū
国家公园，入住专享的生态小屋。

New words

jiē rǎng
接壤 v. to share a border (with another country)
Yīng guó yǔ Ài ěr lán jiē rǎng
英国与爱尔兰接壤。

lián hé guó jiào kē wén zǔzhī
联合国教科文组织 n. UNESCO
Lián hé guó jiào kē wén zǔ zhī shì lián hé guó jiào yù　kē xué jí wén huà zǔ zhī de
联合国教科文组织是联合国教育，科学及文化组织的
jiǎn chēng
简称。

shuāng chóng

双 重　adj. double

Zhè ge wén xué jué sè yǒu shuāng chóng de rén wù xíng xiàng

这个文学角色有<u>双重</u>的人物形象。

bù fen

部分 n. part

Jīn tiān de lǚ chéng bāo kuò bù xíng hé qí mǎ liǎng gè bù fen

今天的旅程包括步行和骑马两个<u>部分</u>。

mìng míng

命名　v. to name

Zhè piàn bái yá bèi mìng míng wéi qī jiě mèi bái yá

这片白崖被<u>命名</u>为'七姐妹'白崖。

hǎi bá

海拔 n. altitude

Zhè zuò shān fēng de hǎi bá hěn gāo

这座山峰的<u>海拔</u>很高。

bèi léi mào

贝雷帽 n. berets

Wǒ hěn xǐ huan zhè dǐng hóng sè de bèi léi mào

我很喜欢这顶红色的<u>贝雷帽</u>。

bīng xuě

冰雪　n. ice and snow

Nán jí zhōu de biǎo miàn fù gài zhe hòu hòu de bīng xuě

南极洲的表面覆盖着厚厚的<u>冰雪</u>。

pān yán

攀岩 n. rock climbing

shì gè pān yán yùn dòng yuán

Leo 是个<u>攀岩</u>运动员。

tiǎo zhàn

挑战 n. challenge

wǒ xǐ huan gōng zuò zhōng yǒu tiǎo zhàn

我喜欢工作中有<u>挑战</u>。

jīng xiǎn
惊险　adj. thrilling
Diàn yǐng lǐ de qíng jié hěn jīng xiǎn
电影里的情节很惊险。

cì jī
刺激 adj. stimulating, exciting
wǒ xǐ huan gāo cì jī de yùn dòng　bǐ rú tiào sǎn　　chōng làng děng
我喜欢高刺激的运动，比如跳伞，冲浪等。

piāo liú
漂流　v. to drift
yí piàn luò yè shùn zhe xiǎo xī piāo liú ér xià
一片　落叶顺　着　小溪漂　流而下。

tuān jí
湍急 adj. urgent; rapid (refers to water flow)
Dà shān hòu mian shì tuān jí de hé liú
大山　后　面是　湍急的河流。

tǔ lù fēn fāng
吐露芬芳 v. to reflux
Chūn tiān dào le　hu āer zài yuàn zi lǐ tǔ　lù　fēn　fāng
春天到了，花儿在院子里吐露芬芳。

qí qū
崎岖 adj. rugged
Zhè tiáo shān jiān xiǎo lù fēi cháng qí qū
这条　山　间　小路非常　崎岖。

shēng tài
生态　n. ecology
Wǒ men yào bǎo hù hǎo shēng tài huán jìng
我们　要保护好　生　态环　境。

Activity 9: comprehension – according to the preceding dialogue, determine whether each following sentence is true or false.

Fù lán kè lín　Gē dēng huāng yě hé liú guó jiā gōng yuán wèi yú Tǎ sī mǎ ní yà zhōu

1　富兰克林-戈登 荒 野河流国家公 园 位于塔斯马尼亚州

dōng bù

东 部。

Fù lán kè lín　Gē dēng huāng yě hé liú guó jiā gōng yuán shì yǐ gōng yuán jìng nèi de

2　富兰克林-戈 登 荒 野河流国家公 园 是以公 园 境内的

yì tiáo hé liú mìng míng de

一条河流 命 名 的。

Tǎ sī mǎ ní yà huāng yuán shì lián hé guó kē jiào wén zǔ zhī píng dìng de shì jiè wén

3　塔斯马尼亚 荒 原是 联合国科教 文组织评 定 的世界文

huà zì rán shuāng chóng yí chǎn

化自然双重遗产。

Gōng yuán zuì zhī míng de Fǎ guó mào bú jù yǒu tiǎo zhàn xìng

4　公 园 最知 名的法国帽不具有挑 战 性。

Nǐ kě yǐ cān jiā Tǎ sī mǎ ní Yà zhōu Fù lán kè lín hé bái shuǐ piāo liú qī rì you

5　你可以参加塔斯马尼亚州 富兰克林河白水漂 流七日游

háiyǒu yáo shèng tú bù dào liù rì tú bù zhī lǚ

还有摇 圣 徒步道六日徒步之旅。

Text – the red centre

duǎn wén Ào dà lì yà hóng tǔ zhōng xīn

短文：澳大利亚红土中心

Hóng tǔ zhōng xīn yōng yǒu de shā mò píng yuán jǐng guān　fēng huà de shān mài　yán
红土中心拥有的沙漠平原景观、风化的山脉, 岩

shí lín lì de xiá gǔ hé Ào dà lì yà yuán zhù mín zuì wéi shén shèng de jǐng diǎn　Wū lǔ
石林立的峡谷和澳大利亚原住民最为神圣的景点: 乌鲁

lǔ hé Kǎ tǎ qiū tǎ　Nín kě yǐ zài fù dì shuǐ kēng zhōng piāo liú　bàn zhe dí jí lǐ dù guǎn
鲁和卡塔丘塔。您可以在腹地水坑中漂流, 伴着迪吉里杜管

de yīn yuè　zài màn tiān xīng xiù xià xiǎng yòng měishí　guān shǎng shì jiè shàng zuì zhù
的音乐, 在漫天星宿下享用美食, 观赏世界上最著

míng de biàn sè yán shí zài chén xī yǔ huáng hūn de guāng yùn zhōng huàn biàn sè cǎi　Ér
名的变色岩石在晨曦与黄昏的光晕中幻变色彩。而

zhè zhǒng zhǒng　zhǐ bú guò shì hóng tǔ zhōng xīn　Ào dà lì yà dú xiǎng　tǐ yàn zhōng de
这 种 种, 只不过是红土中心 '澳大利亚独享' 体验中的

yí bù fen　Nín kě yǐ chéng fēi jī qián wǎng Ài lì sī quán huò Ài yǎ sī yán jī chǎng
一部分。您可以乘飞机前往爱丽斯泉或艾雅斯岩机场

cóng Xīní zhífēi yuē sān xiǎoshí　Cóng Ài lì sī quán qū chē wǔ zhì liù xiǎoshí jí kě
(从悉尼直飞约三小时)。从爱丽斯泉驱车五至六小时即可

dǐdá Àiěrsīyán dùjiàcūn　Jīng gōnglù zì Ādéláidé běi háng　huò zì Dáěrwén gǎng nán
抵 达 度 假 村。经公路自阿德莱德北行, 或自达尔文港南

háng qiánwǎng Ài lì sī quán jūn yǒu yī qiān wǔ gōnglǐ　jiǔ bǎi sānshí èr yīnglǐ　de
行 前 往 爱 丽 斯 泉 均 有 一 千 五 公 里 (九 百 三 十 二 英 里) 的

lùchéng　Dá ěr wén zhì Ā dé lái dé de chuán qí jiā ēn hào liè chē quán chéng sì tiān　jīng
路程。达尔文至阿德莱德的传奇加恩号列车全程四天, 经

tíng Kǎi sè lín　Ài lì sī quán hé Kù bó pèi dì
停凯瑟琳、爱丽斯泉和库伯佩地。

Activity 10: comprehension – complete the following sentences according to the preceding text.

Ào dà lì yà hóng tǔ zhōng xīn yōng yǒu　　　　　　　　　　hé zuì shén shèng

1　澳大利亚红土中心拥有 ＿＿＿, ＿＿＿, ＿＿＿和最神圣
de jǐng diǎn　　　　　hé
的景点 ＿＿＿和＿＿＿。

Dào dá hóng tǔ zhōng xīn de fāng fǎ shì

2　到达红土中心的方法是＿＿＿＿＿＿＿。

Xiàn lù yī   cóng Xī ní chū fā chéng   qián wǎng Ài lì sī quán huò
3 线路一：从悉尼出发乘 _____ 前往爱丽斯泉或

Ài yā sī yán jī chǎng Cóng Ài lì sī quán   jí kě dǐ dá Ài ěr sī yán
艾雅斯岩机场。从爱丽斯泉 _____ 即可岩斯尔艾达抵

dù jià cūn
度假村。

Xiàn èr lù   cóng Dá ěr wén chū fā chéng   zhì Ā dé lái dé   zài cóng
4 线路二：从达尔文出发乘 _____ 至阿德莱德，再从

Ā dé lái dé chū fā   jīng   qián wǎng Ài lì sī quán yóu Ài lì sī quán dào
阿德莱德出发，经 _____ 前往爱丽丝泉，由爱丽丝泉到

Ài ěr sī yán dù jià cūn
艾尔斯岩度假村。

Activity 11: reading and vocabulary – read and complete the following sentences by using the given words.

fán huá	hú guāng shān sè	miàn jī	dù jià	níng jìng
A 繁华	B 湖光山色	C 面积	D 度假	E 宁静
tè zhēng	fāng biàn	xī liú	chēng zuò	biān jiè
F 特征	G 方便	H 溪流	I 称作	J 边界

Yīng gé lán hú qū wèi yú Yīng gé lán xī běi hǎi àn   kào jìn Sū gé lán   shì
英格兰湖区位于英格兰西北海岸，靠近苏格兰（ ），是

Yīng gé lán hé Wēi ěr shì guó jiā gōng yuán zhōng   zuìdà de yí gè   yòng   lái
英格兰和威尔士国家公园中   （ ）最大的一个，用 '（ ）' 来

xíngróng hú qū de jǐngsè shì zài héshì bú guò le fēi cháng shì hé rén men   Hú qū
形容湖区的景色是再合适不过了，非常适合人们（ ）。湖区

yóu dà piàn de sēn lín   húpō   gāo shān zǔ chéng bèi Yīng guó rén   shì zìjǐ de
由大片的森林，湖泊（ ），高山组成，被英国人（ ）是自己的

hòu huā yuán Hú qū xiǎo zhèn zhī jiān dōu yǒu gōng jiāo chē zhàn jiāo tōng fēi cháng bào
后花园。湖区小镇之间都有公交车站，交通非常（ ）。鲍

ní sī xiǎo zhèn jǐnlín Wēn dé mǐ ěr hú　　shì hú qū zuì　　　de dìdài　　xiǎo zhèn shàng de
尼斯小镇紧邻温德米尔湖，是湖区最（ ）的地带。小镇上的
fáng wū dà dōu bǎo liú le Wéi duō lìyà shí qī de jiàn zhù　　　　pèi yǐ Yīng shì huā yuán
房屋大都保留了维多利亚时期的建筑（ ），　　配以英式花园，
jìn xiǎn yōu yǎ hé
尽显优雅和（ ）。

Activity 12: vocabulary – match each word in the left column with the one that best corresponds to another in the right column.

1	míng xiǎn de 明显的	A	hé liú 河流
2	xiān jìn de 先进的	B	shān lù 山路
3	wěi zào de 伪造的	C	piāo liú 漂流
4	tuān jí de 湍急的	D	shēng tài 生态
5	jiē rǎng de 接壤的	E	tè zhēng 特征
6	dú tè de 独特的	F	zhèng jù 证据
7	jīng xiǎn de 惊险的	G	xíng xiàng 形象
8	shuāng chóng de 双重的	H	shè bèi 设备
9	qí qū de 崎岖的	I	lǐng tǔ 领土
10	jiàn kāng de 健康的	J	wài xíng 外形

◀))

Activity 13: interactive listening – imagine that you are a tour guide, listen to what the guest says on the audio, and respond accordingly.

CAT 15: Parting etiquette – saying farewells in China

Farewells in China, like welcoming receptions, follow a certain etiquette. In formal business situations, the following procedures are usually followed for a proper farewell: first, determine the level of the farewell ceremony. Then arrange proper transportation; give or exchange gifts; and finally see the guest off. As guests leave, hosts will usually observe the following etiquette: urge the guests stand up, and then walk with the guests. Staff will not usually initiate handshakes with their guests.

Gifts are usually exchanged before guests leave. Gifts are expected to be nice but not too expensive. Expensive gifts might make the other party feel uncomfortable and even cause a misunderstanding. In general, special local products are good choices. It is always proper to accept gifts with two hands and then shake hands with the gift giver while saying 'xiexie' (thank you). For final farewells, guests usually say 'gao ci le' (see you later), while hosts may say 'yi lu shun feng' (have a good trip), 'lu tu ping'an' (have a safe trip), or 'chang lian xi' (keep in touch). The host may also ask the guest to say hello from the host to the guest's family or colleagues. Sometimes, both parties may say 'duo bao zhong' (take care) to each other.

The information for this CAT was provided by https://www.echineselearning.com/blog/parting-etiquette-in-china.

Experiential exercise

Visit your national destination marketing organization's (DMO) official website, such as Visit Britain (https://www.visitbritain.com/gb/en), which even provides a Chinese-language option. Choose one popular nature-based attraction (e.g. national park, mountain, valley, beach, lake, forest etc.) to visit and continue your vlog by recording your visit in Chinese.

You could act as a tour guide for Chinese tourists and provide comprehensive information about the attraction, such as its history or any legends associated with the site, and any travel tips. Also, based on your visiting experience, compare and critique the information provided on DMO's official website. Share your vlog and your learning journey with others and see how they respond!

Revision

- Practise the key expressions and new words you have learnt in this lesson
- Invent imaginary host situations, and try to describe some natural landscapes and legends of your area, or create situational dialogues of your own
- Try to include as many polite expressions and as much new vocabulary as possible in your conversation and guided tour talks
- Try to learn additional vocabulary of natural attractions and legends that are specific to your area

Appendix

A list of World Heritage Sites in the UK, the US, Australia, and Canada – in Chinese and in English

Properties inscribed on the World Heritage List (32) – UK

yīng guó liè rù shì jiè yí chǎn míng lù de sān shí èr xiàng yí chǎn
英国列入世界遗产名录的三十二项遗产

wén huà
Cultural (27) 文化

bù lái nà wén gōng yè jǐng guān
Blaenavon Industrial Landscape (2000) 布莱纳文工业景观

bù lái ní mǔ gōng
Blenheim Palace (1987) 布莱尼姆宫

kǎn tè
Canterbury Cathedral, St Augustine's Abbey, and St Martin's Church (1988) 坎特

bó léi dà jiào táng   shèng ào gǔ sī dīng xiū dào yuàn hé shèng mǎ dīng jiào táng
伯雷大教堂,圣奥古斯丁修道院和圣马丁教堂

guī nèi sī jùn ài dé huá
Castles and Town Walls of King Edward in Gwynedd (1986) 圭内斯郡爱德华

guó wáng de chéng bǎo hé chéng qiáng
国王的城堡和城墙

bā sī shì
City of Bath (1987) 巴斯市

kāng wò ěr hé xī déwén jùn
Cornwall and West Devon Mining Landscape (2006) 康沃尔和西德文郡

kuàng yè jǐng guān
矿业景观

déwén tè héliú yù gōng chǎng qún

Derwent Valley Mills (2001) 德文特河流域工厂群

dá lè mǔ chéng bǎo hé dà jiào táng

Durham Castle and Cathedral (1986) 达勒姆城堡和大教堂

luó mǎ dì guó de biān jiāng

Frontiers of the Roman Empire (1987,2005,2008) 罗马帝国的边疆

gāo hàn mǔ de dòng xué jiàn zhù qún

Gorham's Cave Complex (2016) 高汉姆的洞穴建筑群

xīn shí qì shí dài de ào kè ní de zhōng xīn

Heart of Neolithic Orkney (1999) 新石器时代的奥克尼的中心

bǎi mùdà shèng

Historic Town of St George and Related Fortifications, Bermuda (2000) 百慕大圣

qiáo zhì lì shǐ gǔ chéng jí xiāng guān fáng yù gōng shì

乔治历史古城及相关防御工事

tiě qiáo xiá gǔ

Ironbridge Gorge (1986) 铁桥峡谷

qiáo dé léi ěr yínháng tiānwéntái

Jodrell Bank Observatory (2019) 乔德雷尔银行天文台
Liverpool – Maritime

lì wù pǔ   hǎi shāng chéng shì

Mercantile City (2004) 利物浦 – 海商城市

gé lín wēi zhì hǎi àn dì qū

Maritime Greenwich (1997) 格林威治海岸地区

xīn lā nà kè

New Lanark (2001) 新拉纳克

ài dīng bǎo de xīn jiù chéng

Old and New Towns of Edinburgh (1995)爱丁堡的新旧城

Palace of Westminster and Westminster Abbey including Saint Margaret's Church (1987)

wēi sī mǐn sī tè gōng hé wēi sī mǐn sī tèdà jiào táng   bāo kuò shèng mǎ gé lì

威斯敏斯特宫和威斯敏斯特大教堂，包括圣玛格丽

tè jiào táng

特教堂

páng tè jī xī sī tè shū shuǐ dào hé yùn hé

Pontcysyllte Aqueduct and Canal (2009) 庞特基西斯特输水道和运河

Royal Botanic Gardens, Kew (2003) 邱园皇家植物园

qiū yuán huáng jiā zhí wù yuán

Saltaire (2001) 索尔泰尔

suǒ ěr tài ěr

Stonehenge, Avebury and Associated Sites (1986) 巨石阵，埃夫伯里及

jù shí zhèn āi fū bó lǐ jí

周围巨石遗迹

zhōuwéi jù shí yí jì

Studley Royal Park including the Ruins of Fountains Abbey (1986) 斯塔德利

sī tǎ dé lì

皇家公园和喷泉修道院遗址

huáng jiā gōng yuán hé pēn quán xiū dào yuàn yízhǐ

The English Lake District (2017) 英格兰湖区

yīng gé lán hú qū

The Forth Bridge (2015) 第四桥

dì sì qiáo

Tower of London (1988) 伦敦塔

lún dūn tǎ

Natural (4) 自然

zì rán

Dorset and East Devon Coast (2001) 多塞特和东德文海岸

duō sāi tè hé dōng dé wén hǎi àn

Giant's Causeway and Causeway Coast (1986) 巨人之路和堤道海岸

jù rén zhī lù hé dī dào hǎi àn

Gough and Inaccessible Islands (1995, 2004) 戈夫岛和伊纳克塞瑟布尔岛

gē fū dǎo hé yī nà kè sāi sè bùer dǎo

Henderson Island (1988) 亨德森岛

hēng dé sēn dǎo

Mixed (1) 混合

hùn hé

St Kilda (1986, 2004, 2005) 圣基尔达岛

shèng jī ěr dá dǎo

Properties inscribed on the World Heritage List (24) – US

měi guó liè rù shì jiè yí chǎn míng lù de èr shí sì xiàng yí chǎn

美国列入世界遗产名录的二十四项遗产

wén huà

Cultural (11) 文化

kǎ é jī yà tǔqiū lìshǐ yízhǐ

Cahokia Mounds State Historic Site (1982) 卡俄基亚土丘历史遗址

chá kē wénhuà

Chaco Culture (1987) 查科文化

dú lì dà tīng

Independence Hall (1979) 独立大厅

bō duō lí gè

La Fortaleza and San Juan National Historic Site in Puerto Rico (1983) 波多黎各

de yào sài hé shèng hú ān guó jiā lì shǐ yí zhǐ

的要塞和圣胡安国家历史遗址

méi sà wò dé guó jiā gōng yuán

Mesa Verde National Park (1978) 梅萨沃德国家公园

xià luò cí wéi ěr de

Monticello and the University of Virginia in Charlottesville (1987) 夏洛茨维尔的

méng dì sāi luò hé fú jí ní yà dà xué

蒙蒂塞洛和弗吉尼亚大学

bō fú dì jiǎo jì niàn tǔ zhǒng

Monumental Earthworks of Poverty Point (2014) 波弗蒂角纪念土冢

shèng ān dōng ní ào jiào táng

San Antonio Missions (2015) 圣安东尼奥教堂

zì yóu nǚ shén xiàng

Statue of Liberty (1984) 自由女神像

táo sī de yìn dì ān cūn

Taos Pueblo (1992) 陶斯的印第安村

fú lán kè   láo āi dé

The 20th-Century Architecture of Frank Lloyd Wright (2019) 弗兰克•劳埃德

lài tè de   shì jì jiàn zhù zuò pǐn

• 赖特的20世纪建筑作品

zì rán
Natural (12) 自然

kǎ ěr sī bā dé dòng xué guó jiā gōng yuán
Carlsbad Caverns National Park (1995) 卡尔斯巴德洞穴国家公园

dà zhǎo zédì guó jiā gōng yuán
Everglades National Park (1979) 大沼泽地国家公园

dà xiágǔ guó jiā gōng yuán
Grand Canyon National Park (1979) 大峡谷国家公园

dàwù shān guó jiā gōng yuán
Great Smoky Mountains National Park (1983) 大雾山国家公园

xià wēi yí huǒ shān gōng yuán
Hawaii Volcanoes National Park (1987) 夏威夷火山公园

kè lú
Kluane/Wrangell–St Elias/Glacier Bay/Tatshenshini–Alsek (1979,1992, 1994) 克卢

ēn lán gé ěr shèng yī lái yà sī bīng chuān wān tǎ qín xī ní   ā ěr sāi kè
恩/兰格尔-圣伊莱亚斯/ 冰川湾 /塔琴希尼-阿尔塞克

měng mǎ dòng xué guójiā gōng yuán
Mammoth Cave National Park (1981) 猛犸洞穴国家公园

àolín pǐkè guó jiā gōng yuán
Olympic National Park (1981) 奥林匹克国家公园

hóng shān shù guó jiā hé zhōu lì gōng yuán
Redwood National and State Parks (1980) 红杉树国家和州立公园

wò tè dùn bīng chuān guó jì hépíng
Waterton Glacier International Peace Park (1995) 沃特顿冰川国际和平

gōng yuán
公园

huáng shí guó jiā gōng yuán
Yellowstone National Park (1978) 黄石国家公园

yuē sāi mǐ dì guó jiā gōng yuán
Yosemite National Park (1984) 约塞米蒂国家公园

fùhé

Mixed (1) 复合

pà pà hā nǎo mò kuā jī yà hǎi yáng bǎo hù qū

Papahānaumokuākea (2010) 帕帕哈瑙莫夸基亚海洋保护区

Properties inscribed on the World Heritage List (20) – Australia

ào dà lì yà liè rù shì jiè yí chǎn míng lù de èr shí xiàng yí chǎn

澳大利亚列入世界遗产名录的二十项遗产

wén huà

Cultural (4) 文化

ào dà lì yà jiān yù dì zhǐ

Australian Convict Sites (2010) 澳大利亚监狱地址

bù jí bì mǔ wén huà jǐng guān

Budj Bim Cultural Landscape (2019) 布吉必姆文化景观

huáng jiā zhǎn lǎn guǎn hé kǎ ěr

Royal Exhibition Building and Carlton Gardens (2004) 皇家展览馆和卡尔

dùn yuán lín

顿园林

xīní gē jù yuàn

Sydney Opera House (2007) 悉尼歌剧院

zì rán

Natural (12) 自然

ào dà lì yà bǔ rǔ

Australian Fossil Mammal Sites (Riversleigh/Naracoorte) (1994) 澳大利亚哺乳

dòng wù huà shí yí zhǐ   lǐ fú sī léi hé nà kē tè lā

动物化石遗址 – 里弗斯雷和纳科特拉

fú léi zé dǎo

Fraser Island (1992) 弗雷泽岛

ào dà lì yà gǎng dé wǎ nà yǔlín

Gondwana Rainforests of Australia (1986,1994) 澳大利亚岗得瓦纳雨林

dà bǎo jiāo
Great Barrier Reef (1981) 大堡礁

dà lán shāndì qū
Greater Blue Mountains Area (2000) 大兰山地区

hè dé dǎo hé mài kè táng nà qún dǎo
Heard and McDonald Islands (1997) 赫德岛和麦克唐纳群岛

háo xūn jué zhū dǎo
Lord Howe Island Group (1982) 豪勋爵诸岛

mài kuā lǐ dǎo
Macquarie Island (1997) 麦夸里岛

níng dé luó hǎiàn
Ningaloo Coast (2011) 宁德罗海岸

bō nú lǔ lǔ guó jiā gōng yuán
Purnululu National Park (2003) 波奴鲁鲁国家公园

xī ào dà lì yà de shā kè wān
Shark Bay, Western Australia (1991) 西澳大利亚的沙克湾

kūn shì lán zhōu de rè dài yǔ lín
Wet Tropics of Queensland (1988) 昆士兰州的热带雨林

fùhé
Mixed (4) 复合

kǎ kǎ dù guó jiā gōng yuán
Kakadu National Park (1981, 1987, 1992) 卡卡杜国家公园

tǎ sī mǎ ní yà huāng yuán
Tasmanian Wilderness (1982, 1989) 塔斯马尼亚荒原

wū lú lǔ kǎ tǎ qǔ tǎ guó jiā gōng yuán
Uluru-Kata Tjuta National Park (1987, 1994) 乌卢鲁卡塔曲塔国家公园

wéi lán dé lā hú qū yù
Willandra Lakes Region (1981) 韦兰德拉湖区域

Properties inscribed on the World Heritage List (20) – Canada

jiā ná dà liè rù shì jiè yí chǎn míng lù de èr shí xiàng yí chǎn
加拿大列入世界遗产名录的二十项遗产

wén huà
Cultural (9) 文化

měi zhōu yěniú jiàn dìdài
Head-Smashed-In Buffalo Jump (1981) 美洲野牛涧地带

kuí běi kè gǔ chéng qū
Historic District of Old Québec (1985) 魁北克古城区

àng zī mù chǎng guó jiā lì shǐ yí zhǐ
L'Anse aux Meadows National Historic Site (1978) 盎兹牧场国家历史遗址

gé lǎng pǔ léi jǐng guān
Landscape of Grand Pré (2012) 格朗普雷景观

lú nèn bǎo lǎo chéng
Old Town Lunenburg (1995) 卢嫩堡老城

hóng wān bā sī kè bǔ jīng zhàn
Red Bay Basque Whaling Station (2013) 红湾巴斯克捕鲸站

lǐ duō yùn hé
Rideau Canal (2007) 里多运河

sī gāng guā yī
SGang Gwaay (1981) 斯冈瓜伊

ā yī sī nài pí shí kè
Writing-on-Stone/Áísínai'pi (2019) 阿伊斯奈皮石刻

zì rán
Natural (10) 自然

jiā ná dà luò jī shān gōng yuán qún
Canadian Rocky Mountain Parks (1984, 1990) 加拿大落基山公园群

ā ěr bó tǎ shěng kǒng lóng gōng yuán
Dinosaur Provincial Park (1979) 阿尔伯塔省恐龙公园

luó sī mò nè guó jiā gōng yuán
Gros Morne National Park (1987) 格罗斯莫讷国家公园

qiáo jīn sī huà shí duàn yá
Joggins Fossil Cliffs (2008) 乔金斯化石断崖

kè lú
Kluane/Wrangell–St. Elias/Glacier Bay/Tatshenshini–Alsek (1979, 1992, 1994) 克卢

ēn lán gé ěr   shèng yī lái yà sī bīngchuān wān tǎ qín xī ní   ā ěr sāi kè
恩/兰格尔-圣伊莱亚斯/ 冰川湾 /塔琴希尼-阿尔塞克

mǐ guā shā guójiā gōngyuán
Miguasha National Park (1999) 米瓜沙国家公园

mǐ sī tǎ kěn jiǎo
Mistaken Point (2016) 米斯塔肯角

nà hàn ní guójiā gōngyuán
Nahanni National Park (1978) 纳汉尼国家公园

wò tè dùn bīngchuān guójì hépíng
Waterton Glacier International Peace Park (1995) 沃特顿冰川国际和平

gōngyuán
公园

wǔ dé bù fǎ luó guójiā gōngyuán
Wood Buffalo National Park (1983) 伍德布法罗国家公园

fùhé
Mixed (1) 复合

pí mǎ xī wàng   ā qí
Pimachiowin Aki (2018) 皮玛希旺 • 阿奇

Index

Printed in the United States
by Baker & Taylor Publisher Services